फ़ैज़ अहमद 'फ़ैज़'

जन्म : 13 फ़रवरी, 1911; गाँव–काला कादर, सियालकोट (पाकिस्तान)।

शिक्षा : आरम्भिक धार्मिक शिक्षा मौलवी मुहम्मद इब्राहिम मीर सियालकोटी से प्राप्त की। मैट्रिक स्कॉच मिशन स्कूल और स्नातकोत्तर मुरे कॉलेज, सियालकोट से। वामपंथी विचारधारा के जुझारू पैरोकार फ़ैज़ ने 1936 में *प्रगतिशील लेखक संघ* की एक शाखा पंजाब में आरम्भ की। 1935 में एम.ए.ओ. कॉलेज, अमृतसर और बाद में हेली कॉलेज ऑफ़ कॉमर्स, लाहौर में अध्यापन। 1938-1942 के दौरान उर्दू मासिक *अदबे-लतीफ़* का सम्पादन। कुछ समय तक फ़ैज़ ब्रिटिश इंडियन आर्मी में भी रहे, जहाँ 1944 में उन्हें लेफ़्टिनेंट कर्नल के पद पर पदोन्नत किया गया था। 1947 में सेना से इस्तीफ़ा देने के बाद *पाकिस्तान टाइम्स* के पहले प्रधान सम्पादक बने। 1959 से 1962 तक *पाकिस्तान आर्ट्स काउंसिल* के सचिव रहे।

1964 में लंदन से वापस आने के बाद फ़ैज़ कराची में अब्दुल्लाह हारून कॉलेज के प्रिंसिपल नियुक्त हुए।

1951 में फ़ैज़ को रावलपिंडी षड्यंत्र केस में चार साल की जेल की सज़ा भी हुई, जहाँ उन्होंने जीवन की कड़वी सच्चाइयों से सीधा साक्षात्कार किया।

प्रमुख रचनाएँ : *नक़्श-ए-फ़रियादी* (1941), *दस्ते-सबा* (1953), *ज़िन्दाँनामा* (1956), *मीज़ान* (1956), *दस्ते-तहे-संग* (1965), *सरे-वादिए-सीना* (1971), *शामे-शह्‌रे-याराँ* (1979), *मिरे दिल मिरे मुसाफ़िर* (1981), *ग़ुबारे-अय्यम*, *सारे सुख़न हमारे* (फ़ैज़ समग्र) लंदन से और *नुस्ख़हा-ए-वफ़ा* (फ़ैज़ समग्र) पाकिस्तान से, *पाकिस्तानी कल्चर* (उर्दू और अंग्रेज़ी में) (1984)। राजकमल से *प्रतिनिधि कविताएँ* प्रकाशित।

फ़ैज़ की रचनाओं का अंग्रेज़ी, रूसी, बलोची, हिन्दी सहित दुनिया की अनेक भाषाओं में अनुवाद हो चुका है।

पुरस्कार : *लेनिन पीस प्राइज़*, *द पीस प्राइज़* (पाकिस्तानी मानवाधिकार सोसायटी), *निगार अवार्ड*, *द एविसेना अवार्ड*, *निशाने-इम्तियाज़* (मरणोपरान्त)। 1984 में मृत्यु से पहले *नोबेल प्राइज़* के लिए नामांकन हुआ था।

निधन : 20 नवम्बर, 1984, लाहौर।

सारे सुख़न हमारे

फ़ैज़ अहमद फ़ैज़

संपादक
अब्दुल बिस्मिल्लाह

राजकमल पेपरबैक्स

पहला पुस्तकालय संस्करण
राजकमल प्रकाशन प्राइवेट लिमिटेड द्वारा
1987 में प्रकाशित

राजकमल पेपरबैक्स में
पहला संस्करण : 1987
सत्रहवाँ संस्करण : 2025

राजकमल पेपरबैक्स : उत्कृष्ट साहित्य के जनसुलभ संस्करण

राजकमल प्रकाशन प्रा.लि.
1-बी, नेताजी सुभाष मार्ग, दरियागंज
नई दिल्ली-110 002
द्वारा प्रकाशित

शाखाएँ : अशोक राजपथ, साइंस कॉलेज के सामने, पटना-800 006
पहली मंजिल, दरबारी बिल्डिंग, महात्मा गांधी मार्ग, प्रयागराज-211 001
1, अनमोल सोराबजी सन्तुक लेन, धोबी तलाव, मरीन लाइंस, मुम्बई-400 002

वेबसाइट : www.rajkamalprakashan.com
ई-मेल : info@rajkamalprakashan.com

बी.के. ऑफसेट
नवीन शाहदरा, दिल्ली-110 032
द्वारा मुद्रित

मूल्य : ₹499

SARE SUKHAN HAMARE
Compute Poems of Faiz Ahmad Faiz

ISBN : 978-81-267-1760-6

इन्तिसाब*

आज के नाम
और
आज के ग़म के नाम
आज का ग़म केः है ज़िन्दगी के भरे गुलसिताँ से ख़फ़ा
ज़र्द पत्तों का बन
ज़र्द पत्तों का बन जो मेरा देस है
दर्द की अंजुमन जो मेरा देस है
किलर्कों की अफ़सुर्दा जानों के नाम
किर्मख़ुर्दा दिलों और ज़बानों के नाम
पोस्टमैनों के नाम
ताँगेवालों के नाम
रेलवानों के नाम
कारख़ानों के भोले जियालों के नाम
बादशाहे-जहाँ, वालिए-मासिवा, नायबुल्लाहे-फ़िल-अर्ज़,
दहक़ाँ के नाम
जिसके ढोरों को ज़ालिम हँका ले गए
जिसकी बेटी को डाकू उठा ले गए
हाथ-भर खेत से एक अंगुश्त पटवार ने काट ली है

*फ़ैज़ साहब ने अपनी यह नज़्म 'सरे-वादी-ए-सीना' नामक कविता-संग्रह के समर्पण-स्वरूप दी थी, जिसे यहाँ उनकी समूची शायरी के समर्पण-स्वरूप दिया जा रहा है।

दूसरी मालिये के बहाने से सरकार ने काट ली है
जिसकी पग ज़ोरवालों के पाँवों तले
धज्जियाँ हो गई है
उन दुखी माओं के नाम
रात में जिनके बच्चे बिलखते हैं और
नींद की मार खाए हुए बाजुओं से सँभलते नहीं
दुख बताते नहीं
मिन्नतों ज़ारियों से बहलते नहीं

उन हसीनाओं के नाम
जिनकी आँखों के गुल
चिलमनों और दरीचों की बेलों पे बेकार खिल-खिल के
मुर्झा गये हैं

उन ब्याहताओं के नाम
जिनके बदन
बेमुहब्बत रियाकार सेजों पे सज-सज के उकता गये हैं
बेवाओं के नाम
कटड़ियों और गलियों, मुहल्लों के नाम
जिनकी नापाक ख़ाशाक से चाँद रातों
को आ-आ के करता है अक्सर वज़ू
जिनके सायों में करती हैं आहो-बुका
आँचलों की हिना
चूड़ियों की खनक
काकुलों की महक
आरज़ूमंद सीनों की अपने पसीने में जलने की बू

तालिबइल्मों के नाम

वो जो असहाबे-तब्लो-अलम
के दरों पर किताब और क़लम
का तक़ाज़ा लिये, हाथ फैलाये
पहुँचे, मगर लौटकर घर न आये
वो मासूम जो भोलेपन में
वहाँ अपने नन्हें चिराग़ों में लौ की लगन
ले के पहुँचे, जहाँ
बँट रहे थे घटाटोप, बेअंत रातों के साये

उन असीरों के नाम
जिनके सीनों में फ़र्दा के शबताब गौहर
जेलख़ानों की शोरीदः रातों की सरसर में
जल-जल के अंजुम-नुमाँ हो गये हैं

आनेवाले दिनों के सफ़ीरों के नाम
वो जो .ख़ुशबू-ए-गुल की तरह
अपने पैग़ाम पर ख़ुद फ़िदा हो गये हैं।

कैफ़ियत

शायरी की दुनिया में **फ़ैज़ अहमद 'फ़ैज़'** के मुकाम, उनकी शख़्सियत और उनके फ़न की बुलन्दियों को लेकर कुछ भी कहना हमारे लिए आसान नहीं है, इसलिए हम यहाँ सिर्फ़ इस पुस्तक के बारे में ही कुछ कहना चाहेंगे।

हिन्दी पाठकों के लिए **फ़ैज़** की शायरी का एक ख़ास मतलब है। वह सही मायनों में ज़िन्दगी की शायरी है—उसकी समग्रता का गर्माहट-भरा राग। लोग उसे दिल की गहराइयों से प्यार करते हैं और ज़िन्दगी के अहम मोड़ों पर उससे रोशनी पाते हैं। इसलिए बहुत दिनों से, ख़ासकर उनके देहावसान के बाद, यह ज़रूरत महसूस की जा रही थी कि उनकी समूची शायरी को हिन्दी में एक ही जिल्द में उपलब्ध कराया जाए। हालाँकि उनकी अधिसंख्य कविताएँ **राजकमल** से पूर्व-प्रकाशित **शीशों का मसीहा, फ़ैज़, मेरे दिल मेरे मुसाफ़िर** तथा **प्रतिनिधि कविताएँ**-जैसे संकलनों के माध्यम से हिन्दी-पाठकों के सामने आ चुकी थीं, फिर भी उनकी शायरी का एक बड़ा हिस्सा ऐसा था, जिसका समावेश उक्त संकलनों में नहीं हो सका था। कहना न होगा कि इस पुस्तक का प्रकाशन उसी अभाव को पूरा करने के लिए किया गया है।

दावा तो हम नहीं करते, लेकिन हमारी पूरी कोशिश रही है कि **फ़ैज़** की समूची शायरी इस संकलन में आ जाए। इसके लिए हमने उनके स्वतन्त्र संग्रहों के अलावा लन्दन और पाकिस्तान से प्रकाशित क्रमशः **सारे सुख़न हमारे** तथा **नुस्खःहा-ए-वफ़ा** नामक संकलनों को आधार बनाया, लेकिन पाया यह गया कि घोषित रूप से 'समग्र फ़ैज़' होते हुए भी उक्त दोनों संकलन अधूरे हैं और उनमें उनकी सम्पूर्ण शायरी का समावेश नहीं हो पाया है। अतः इस संकलन को पूर्ण और प्रामाणिक बनाने के लिए हमने दूसरे अनेक प्रयत्न किये और कुछ अन्य स्रोतों से भी पर्याप्त मदद ली गयी। उल्लेखनीय

है कि इस प्रक्रिया में कई चौंकानेवाले तथ्य प्रकाश में आए। मसलन–

1. इससे पहले तक हिन्दी में उपलब्ध **फ़ैज़** की कई ग़ज़लों में अनेक शे'र ग़ायब मिले।
2. उनकी रचनाओं के जो अनेक संस्करण उर्दू में हुए हैं, उनमें जहाँ-तहाँ पाठान्तर है।
3. कई रचनाएँ उनकी किताबों में बार-बार शामिल हुई हैं।
4. उनके द्वारा अनूदित कविताएँ भी कहीं-कहीं उनकी मूल रचनाओं के रूप में छपी हुई हैं। और,
5. हिन्दी-लिप्यन्तरकारों ने अपने-अपने ढंग से उर्दू के उच्चारण-स्वरूप बना रखे हैं, जिनमें से कुछ ऐसे भी हैं जो हिन्दी पाठकों के लिए सहज ग्राह्य नहीं।

प्रस्तुत संकलन में उक्त सभी समस्याओं का समाधान करते हुए **फ़ैज़** की शायरी का प्रामाणिक रूप सामने लाने का प्रयास किया गया है। जहाँ-जहाँ पाठान्तर है, अथवा किसी भी प्रकार का संशोधन है, वहाँ आवश्यक पाद-टिप्पणी दे दी गयी है। भाषायी उच्चारण के लिए वही ध्वनि-रूप इस्तेमाल किये गये हैं, जो हिन्दी पाठकों के लिए सहज ग्राह्य हों। रचनाओं की प्रस्तुति में हर तरह से एकरूपता का ध्यान रखा गया है और उनका विभाजन भी परम्परागत ढंग, यानी उनकी पुस्तकों के आधार पर नहीं किया गया है, बल्कि विधागत विविधता को ही ध्यान में रखा गया है। ग़ज़लें, नज़्में, पंजाबी कविताएँ, अनूदित कविताएँ तथा क़तआ'त एवं अशआ'र–यही इस विभाजन का मुख्य आधार रहे हैं। 'असंकलित ग़ज़लें' और 'असंकलित नज़्में' के अंतर्गत वे रचनाएँ दी गई हैं जो सामान्यतया उनके संग्रहों में नहीं पाई जातीं–अब तक वे इधर-उधर विभिन्न पत्र-पत्रिकाओं में बिखरी हुई थीं। **नुस्खःहा-ए-वफ़ा** में उनकी एक फ़ारसी रचना भी मिली है। उर्दू डाइजेस्ट 'शबिस्ताँ' के 'फ़ैज़ विशेषांक' तथा श्री अब्दुल बिस्मिल्लाह के सौजन्य से **फ़ैज़** की ऐसी अनेक रचनाएँ प्राप्त हुईं, जो उनके प्रकाशित कविता-संग्रहों में नहीं हैं। **अली सरदार जाफ़री** तथा **शमशेर बहादुरसिंह** द्वारा क्रमशः **शीशों का मसीहा** एवं **फ़ैज़** संग्रहों के लिए किये गये काव्य-रूपान्तरणों से भी यहाँ भरपूर मदद ली गयी है, लेकिन आवश्यकतानुसार उनमें संशोधन भी किया गया है। इस प्रकार **फ़ैज़ अहमद फ़ैज़** की समूची शायरी के इस हिन्दी-संस्करण को अधिकतम सम्पूर्ण तथा अधिकतम प्रामाणिक बनाने की पूरी कोशिश की गयी है, लेकिन

फिर भी यदि कुछ छूट गया हो तो उसके लिए हम क्षमा प्रार्थी हैं और हमारे पाठक यदि ऐसी भूल-चूक की ओर हमारा ध्यान आकर्षित करेंगे तो अगले संस्करण में उसका समाहार करने का वादा हम करते हैं।

पुस्तक के इस संस्करण को तैयार करने में **श्री अब्दुल बिस्मिल्लाह** ने अपनी तमाम व्यस्तताओं के बावजूद जिस गहरी लगन, समझदारी और आत्मीयता से काम किया है, उसके लिए उनके प्रति धन्यवाद अथवा आभार-जैसा कोई भी शब्द बहुत कम होगा। साथ ही इसके शीर्षक के लिए हम लन्दनवाले संस्करणकर्ताओं के आभारी हैं, क्योंकि उनके द्वारा रखे गये शीर्षक–**सारे सुख़न हमारे**–का हमने अक्षरशः उपयोग किया है।

–शीला सन्धू

पुनश्च :

फ़ैज़ की दो रचनाएँ इस संस्करण में और जोड़ी जा रही हैं। (द्वितीय संस्करण)

इस संस्करण में कुछ रचनाएँ और जोड़ी गयी हैं। काफ़ी-कुछ संशोधन भी किया गया है।

–संपादक

अनुक्रमणिका

ग़ज़लें

नक़्शे-फ़रियादी

दस्ते-सबा

ज़िन्दाँनामा

दस्ते-तहे-संग

असंकलित ग़ज़लें

नज़्में

गुबारे-अय्याम

असंकलित नज़्में

पंजाबी नज़्में

अनूदित नज़्में

नाज़िम हिकमत के अनुवाद

रसूल हम्ज़ातोव के अनुवाद

उल्जुज़ उमर अली का अनुवाद

अन्य उपलब्ध रचनाएँ

ग़ज़लें

नक़्शे-फ़रियादी

1

हुस्न मरहूने - जोशे-बादः - ए - नाज़[1]
इश्क़ मिन्नतकशे - फ़ुसूने - नियाज़[2]

दिल का हर तार लरज़िशे - पैहम[3]
जाँ का हर रिश्तः वक्फ़े-सोज़ो-गुदाज़[4]

सोज़िशे - दर्दे - दिल किसे मालूम
कौन जाने किसी के इश्क़ का राज़

मेरी ख़ामोशियों में लरज़ाँ है
मेरे नालों की गुमशुदा आवाज़

हो चुका इ'श्क़ अब हवस ही सही
क्या करें फ़र्ज़ है अदा - ए - नमाज़

तू है और इक तग़ाफ़ुले - पैहम[5]
मैं हूँ और इंतज़ारे - बेअंदाज़

ख़ौफ़े - नाकामी - ए - उमीद है 'फ़ैज़'
वरनः दिल तोड़ दे तिलिस्मे-मजाज़[6]

---

1. शराब और सौंदर्य की उमंग में डूबा हुआ, 2. दर्शन के जादू का अभिलाषी, 3. निरंतर कम्पन, 4. जलन और नर्मी पर निछावर, 5. निरंतर उपेक्षा, 6. संसार का भ्रम, मायाजाल।

2

इ'श्क़ मिन्नतकशे - क़रार[1] नहीं
हुस्न मजबूरे - इंतज़ार नहीं

तेरी रंजिश की इंतिहा मालूम
हसरतों का मिरी शुमार नहीं

अपनी नज़रें बिखेर दे साक़ी
मय बअंदाज़ः - ए - ख़ुमार[2] नहीं

ज़ेरे - लब है अभी तबस्सुमे - दोस्त
मुन्तशिर[3] जल्वः - ए - बहार नहीं

अपनी तकमील[4] कर रहा हूँ मैं
वरनः तुझसे तो मुझको प्यार नहीं

चारः - ए - इंतज़ार[5] कौन करे
तेरी नफ़रत भी उस्तवार नहीं

'फ़ैज़' ज़िंदा रहें वो हैं तो सही
क्या हुआ गर वफ़ाशेआ'र[6] नहीं

---

1. चैन का इच्छुक, 2. उतरा नशा पूरा करने भर को, 3. विच्छिन्न, बिखरा हुआ, 4. पूर्ति, 5. प्रतीक्षा का समाधान, 6. वफ़ा करनेवाला।

3

हर हक़ीक़त मजाज़[1] हो जाये
काफ़िरों की नमाज़ हो जाये

दिल रहीने-नियाज़[2] हो जाये
बेकसी कारसाज़ हो जाये

मिन्नते-चारःसाज़ कौन करे
दर्द जब जाँ-नवाज़ हो जाये

इश्क़ दिल में रहे तो रुस्वा[3] हो
लब पे आये तो राज़ हो जाये

लुत्फ़ का इंतज़ार करता हूँ
जौर[4] ता-हद्दे-नाज़ हो जाये

उम्र बे-सूद कट रही है 'फ़ैज़'
काश अफ़शा-ए-राज़[5] हो जाये

---

1. भ्रम, 2. श्रद्धा से पूर्ण, 3. बदनाम, 4. अत्याचार, 5. रहस्योद्घाटन।

4

वो अह्‌दे-ग़म[1] की काहिशहा-ए-बेहासिल[2] को क्या समझे
जो उनकी मुख़्तसर रूदाद भी सब्र-आज़मा[3] समझे

यहाँ वाबस्तगी, वाँ बरहमी[4], क्या जानिये क्यों है
न हम अपनी नज़र समझे, न हम उनकी अदा समझे

फ़रेबे-आरज़ू की सह्‌ल-अंगारी[5] नहीं जाती
हम अपने दिल की धड़कन को तिरी आवाज़े-पा समझे

तुम्हारी हर नज़र से मुनसलिक[6] है रिश्तः-ए-हस्ती
मगर ये दूर की बातें कोई नादान क्या समझे

न पूछो अह्‌दे-उल्फ़त की, बस इक ख़्वाबे-परीशाँ[7] था
न दिल को राह पर लाये, न दिल का मुद्‌दआ'[8] समझे

मूल संग्रह में यह ग़ज़ल 'अशआ'र' शीर्षक से प्रकाशित हुई है।

---

1. दुःख के दिन, 2. व्यर्थ वेदना, 3. उकता देनेवाला, 4. नाराज़गी, 5. सुगमता की खोज, 6. बँधा हुआ, 7. बिखरा हुआ सपना, 8. उद्‌देश्य, अभीष्ट।

5

हिम्मते-इल्तिजा नहीं बाक़ी
ज़ब्त का हौसला नहीं बाक़ी

इक तिरी दीद छिन गयी मुझसे
वरनः दुनिया में क्या नहीं बाक़ी

अपनी मश्क़े-सितम[1] से हाथ न खेंच
मैं नहीं या वफ़ा नहीं बाक़ी

तेरी चश्मे-अलमनवाज़[2] की ख़ैर
दिल में कोई गिला नहीं बाक़ी

हो चुका ख़त्म अ'हूदे-हिज्रो-विसाल[3]
ज़िंदगी में मज़ा नहीं बाक़ी

---

1. अत्याचार का अभ्यास, 2. दुःख को पूछनेवाली (सहानुभूति रखनेवाली) आँख, 3. विरह और मिलन के दिन।

6

चश्मे-मयगूँ[1] ज़रा इधर कर दे
दस्ते-कुदरत[2] को बे-असर कर दे

तेज़ है आज दर्दे-दिल साक़ी
तल्ख़ी-ए-मय को तेज़तर कर दे

जोशे-वहशत[3] है तिश्नःकाम[4] अभी
चाक-दामन को ता-जिगर कर दे

मेरी क़िस्मत से खेलनेवाले
मुझको क़िस्मत से बे-ख़बर कर दे

लुट रही है मिरी मताए'-नियाज़[5]
काश वह इस तरफ़ नज़र कर दे

'फ़ैज़' तकमीले-आरज़ू[6] मा'लूम
हो सके तो युँ ही बसर कर दे

---

1. मद-भरी आँख, 2. प्रकृति का हाथ, 3. उन्माद की तीव्रता, 4. अतृप्त, 5. विनय की पूँजी, 6. कामना की पूर्ति।

7

दोनों जहान तेरी मुहब्बत में हार के
वो जा रहा है कोई शबे-ग़म गुज़ार के

वीराँ है मयकदः, ख़ुमो-साग़र उदास हैं
तुम क्या गये कि रूठ गये दिन बहार के

इक फ़ुर्सते-गुनाह मिली, वो भी चार दिन
देखे हैं हमने हौसले परवरदिगार के

दुनिया ने तेरी याद से बेगानः कर दिया
तुझसे भी दिलफ़रेब हैं ग़म रोज़गार के

भूले से मुस्करा तो दिये थे वो आज 'फ़ैज़'
मत पूछ वलवले दिले-नाकर्दःकार[1] के

1. अनुभवहीन हृदय।

8

वफ़ा-ए-वा'दः नहीं, वा'दः-ए-दिगर भी नहीं
वो मुझसे रूठे तो थे, लेकिन इस क़दर भी नहीं

बरस रही है हरीमे-हवस[1] में दौलते-हुस्न
गदा-ए-इ'श्क़[2] के कासे में इक नज़र भी नहीं

न जाने किसलिए उम्मीदवार बैठा हूँ
इक ऐसी राह पे जो तेरी रहगुज़र भी नहीं

निगाहे-शौक़ सरे-बज़्म बे-हिजाब[3] न हो
वो बे-ख़बर ही सही, इतने बे-ख़बर भी नहीं

ये अ'ह्दे-तर्के-मुहब्बत[4] है किसलिए आख़िर
सुकूने-क़ल्ब[5] इधर भी नहीं, उधर भी नहीं

---

1. वासना का घर, 2. प्रेम का भिखारी, 3. निर्लज्ज, 4. प्रेम को त्याग देने का प्रण, 5. हृदय की शान्ति।

9

राज़े-उल्फ़त छुपा के देख लिया
दिल बहुत कुछ जला के देख लिया

और क्या देखने को बाक़ी है
आप से दिल लगा के देख लिया

वो मिरे हो के भी मेरे न हुए
उनको अपना बना के देख लिया

आज उनकी नज़र में कुछ हमने
सबकी नज़रें बचा के देख लिया

'फ़ैज़' तकमीले-ग़म[1] भी हो न सकी
इश्क़ को आज़मा के देख लिया

'नक़्शे-फ़रियादी' के एक प्रारम्भिक संस्करण में इस ग़ज़ल के अन्तर्गत यह शे'र भी मिलता है :

आस उस दर से टूटती ही नहीं
जा के देखा, न जा के देख लिया

1. दुःख की पूर्ति।

10

कुछ दिन से इंतज़ारे-सवाले-दिगर[1] में है
वह मुज़्महिल[2] हया जो किसी की नज़र में है

सीखी यहीं मिरे दिले-काफ़िर ने बंदगी
रब्बे-करीम है तो तिरी रहगुज़र में है

माज़ी में जो मज़ा मिरी शामो-सहर में था
अब वह फ़क़त तसव्वुरे-शामो-सहर में है

क्या जाने किसको किससे है अब दाद की तलब
वह ग़म जो मेरे दिल में है तेरी नज़र में है

---

1. दूसरे सवाल की प्रतीक्षा, 2. बुझी हुई, क्षीण।

11

फिर हरीफ़े-बहार[1] हो बैठे
जाने किस-किस को आज रो बैठे

थी मगर इतनी रायगाँ[2] भी न थी
आज कुछ ज़िंदगी से खो बैठे

तेरे दर तक पहुँच के लौट आये
इ'श्क़ की आबरू डुबो बैठे

सारी दुनिया से दूर हो जाये
जो ज़रा तेरे पास हो बैठे

न गयी तेरी बे-रुख़ी न गयी
हम तिरी आरज़ू भी खो बैठे

'फ़ैज़' होता रहे जो होना है
शे'र लिखते रहा करो बैठे

1. बहार के दुश्मन, 2. व्यर्थ।

12

फिर लौटा है ख़ुरशीदे-जहाँताब[1] सफ़र से
फिर नूरे-सहर[2] दस्तो-गरेबाँ[3] है सहर से

फिर आग भड़कने लगी हर साज़े-तरब[4] में
फिर शो'ले लपकने लगे हर दीदः-ए-तर[5] से

फिर निकला है दीवानः कोई फूँक के घर को
कुछ कहती है हर राह हर इक राहगुज़र से

वो रंग है इमसाल गुलिस्ताँ की फ़ज़ा का
ओझल हुई दीवारे-क़फ़स हद्दे-नज़र से

साग़र तो खनकते हैं शराब आये न आये
बादल तो गरजते हैं घटा बरसे न बरसे

पापोश[6] की क्या फ़िक्र है, दस्तार[7] सँभालो
पायाब[8] है जो मौज गुज़र जायेगी सर से

---

1. दुनिया को रौशनी देनेवाला सूरज, 2. सुबह की रौशनी, 3. उलझी हुई (गरेबाँ हाथ में पकड़े हुए), 4. मस्ती का साज़, 5. भीगी आँख, 6. जूता, 7. पगड़ी, 8. पैर तक।

13

कई बार इसका दामन भर दिया हुस्ने-दो-आलम[1] से
मगर दिल है केः उसकी ख़ानःवीरानी नहीं जाती

कई बार इसकी ख़ातिर ज़र्रे-ज़र्रे का जिगर चीरा
मगर ये चश्मे-हैराँ, जिसकी हैरानी नहीं जाती

नहीं जाती मताए'-लालो-गौहर[2] की गराँयाबी[3]
मताए'-ग़ैरतो-ईमाँ[4] की अरज़ानी[5] नहीं जाती

मिरी चश्मे-तन आसाँ[6] को बसीरत[7] मिल गई जब से
बहुत जानी हुई सूरत भी पहचानी नहीं जाती

सरे-ख़ुसरव[8] से नाज़े-कजकुलाही[9] छिन भी जाता है
कुलाहे-ख़ुसरवी[10] से बू-ए-सुल्तानी नहीं जाती

ब-जुज़ दीवानगी वाँ और चारः ही कहो क्या है
जहाँ अक़्लो-ख़िरद[11] की एक भी मानी नहीं जाती

---

1. लोक-परलोक की सुन्दरता, 2. हीरे-मोती की दौलत, 3. महँगापन, 4. स्वाभिमान और सच्चाई की दौलत, 5. सस्तापन, 6. आलसी, निकम्मा, 7. ज्ञान-चक्षु, देखने की शक्ति, 8. बादशाह का सर, 9. राजत्व का गौरव, 10. बादशाह का ताज, 11. समझ-बूझ।

14

नसीब आज़माने के दिन आ रहे हैं
क़रीब उनके आने के दिन आ रहे हैं

जो दिल से कहा है, जो दिल से सुना है
सब उनको सुनाने के दिन आ रहे हैं

अभी से दिलो-जाँ सरे-राह रख दो
केः लुटने-लुटाने के दिन आ रहे हैं

टपकने लगी उन निगाहों से मस्ती
निगाहें चुराने के दिन आ रहे हैं

सबा फिर हमें पूछती फिर रही है
चमन को सजाने के दिन आ रहे हैं

चलो 'फ़ैज़' फिर से कहीं दिल लगायें
सुना है ठिकाने के दिन आ रहे हैं

दस्ते-सबा

15

कभी-कभी याद में उभरते हैं नक़्शे-माज़ी मिटे-मिटे से
वो आज़माइश दिलो-नज़र की, वो क़ुरबतें-सी, वो फ़ासले से

कभी-कभी आरज़ू के सहरा में आके रुकते हैं क़ाफ़िले से
वो सारी बातें लगाव की सी, वो सारे उनवाँ[1] विसाल के से

निगाहो-दिल को क़रार कैसा, निशातो-ग़म[2] में कमी कहाँ की
वो जब मिले हैं तो उनसे हर बार की है उल्फ़त नये सिरे से

बहुत गराँ है ये ऐ'शे-तनहा, कहीं सुबुकतर[3], कहीं गवारा
वो दर्दे-पिन्हाँ केः सारी दुनिया रफ़ीक़[4] थी जिसके वास्ते से

तुम्हीं कहो रिंदो-मुहतसिब[5] में है आज शब कौन फ़र्क़ ऐसा
ये आके बैठे हैं मयकदे में, वो उठ के आये हैं मयकदे से

---

1. शीर्षक, 2. उल्लास और वेदना, 3. कोमलतर, 4. साथी, 5. शराब पीनेवाला और पीने से रोकनेवाला।

16

तुम आये हो न शबे-इन्तिज़ार गुज़री है
तलाश में है सहर बार-बार गुज़री है

जुनूँ में जितनी भी गुज़री ब-कार गुज़री है
अगरचे दिल पे ख़राबी हज़ार गुज़री है

हुई है हज़रते-नासेह से गुफ़्तगू जिस शब
वो शब ज़रूर सरे-कू-ए-यार[1] गुज़री है

वो बात सारे फ़साने में जिसका ज़िक्र न था
वो बात उनको बहुत नागवार गुज़री है

न गुल खिले हैं, न उनसे मिले, न मय पी है
अजीब रंग में अब के बहार गुज़री है

चमन पे ग़ारते-गुलचीं[2] से जाने क्या गुज़री
क़फ़स से आज सबा बेक़रार गुज़री है

---

1. यार की गली में, 2. फूल चुननेवाली की लायी हुई तबाही।

17

तुम्हारी याद के जब ज़ख़्म भरने लगते हैं
किसी बहाने तुम्हें याद करने लगते हैं

हदीसे-यार के उनवाँ निखरने लगते हैं
तो हर हरीम[1] में गेसू सँवरने लगते हैं

हर अजनबी हमें महरम[2] दिखायी देता है
जो अब भी तेरी गली से गुज़रने लगते हैं

सबा से करते हैं गुर्बत-नसीब[3] ज़िक्रे-वतन
तो चश्मे-सुब्ह में आँसू उभरने लगते हैं

वो जब भी करते हैं इस नुत्क़ो-लब[4] की बख़ियःगरी
फ़ज़ा में और भी नग़्मे बिखरने लगते हैं

दरे-क़फ़स[5] पे अँधेरे की मुहर लगती है
तो 'फ़ैज़' दिल में सितारे उतरने लगते हैं

---

1. घर, 2. परिचित, 3. परदेसी, 4. वाणी और होंठ, 5. कारागार का द्वार।

18

शफ़क़[1] की राख में जल-बुझ गया सितारः-ए-शाम,
शबे-फ़िराक़[2] के गेसू फ़ज़ा में लहराये

कोई पुकारो कि इक उम्र होने आयी है
फ़लक को क़ाफ़िलः - ए - रोज़ो - शाम[3] ठहराये

ये ज़िद है यादे-हरीफ़ाने-बादः पैमाँ[4] की
केः शब को चाँद न निकले, न दिन को अब्र आये

सबा ने फिर दरे-ज़िंदाँ पे आ के दी दस्तक
सहर क़रीब है, दिल से कहो न घबराये

---

1. सूर्यास्त की लाली, 2. विरह की रात, 3. दिन और रात का क्रम, 4. शराब पीनेवालों के प्रतिद्वंद्वी।

19

इ'ज्ज़े-अह्ले-सितम[1] की बात करो
इ'श्क़ के दम-क़दम की बात करो

बज़्मे-अह्ले-तरब[2] को शरमाओ
बज़्मे-असहाबे-ग़म[3] की बात करो

बज़्मे-सरवत[4] के खुशनसीबों से
अज़्मते-चश्मे-नम[5] की बात करो

है वही बात यूँ भी और यूँ भी
तुम सितम या करम की बात करो

ख़ैर, हैं अह्ले-दैर जैसे हैं
आप अह्ले-हरम की बात करो

हिज्र की शब तो कट ही जायेगी
रोज़े-वस्ले-सनम[6] की बात करो

जान जायेंगे जानने वाले
'फ़ैज़' फ़रहादो-जम[7] की बात करो

---

1. अत्याचार करनेवालों की बेबसी, 2. सुखी लोग, 3. दुखी लोगों की दुनिया, 4. समृद्धि की महफ़िल, 5. भीगी आँखों की महानता, 6. प्रिय-मिलन का दिन, 7. फ़रहाद और बादशाह जमशेद।

20

नज़्रे-सौदा[1]

फ़िक्रे-दिलदारी-ए-गुलज़ार[2] करूँ या न करूँ
ज़िक्रे-मुर्ग़ानि-गिरफ़्तार[3] करूँ या न करूँ

क़िस्सः-ए-साज़िशे-अग़यार कहूँ या न कहूँ
शिकवः-ए-यारे-तरहदार करूँ या न करूँ

जाने क्या वज़्अ' है अब रस्मे-वफ़ा की ऐ दिल
वज़्ए'-दैरीना[4] पे इसरार[5] करूँ या न करूँ

जाने किस रंग में तफ़सीर[6] करें अह्ले-हवस
मदहे-ज़ुल्फ़ो-लबो-रुख़सार[7] करूँ या न करूँ

यूँ बहार आई है इमसाल कि गुलशन में सबा
पूछती है गुज़र इस बार करूँ या न करूँ

गोया इस सोच में है दिल में लहू भर के गुलाब
दामनो-जेब को गुलनार करूँ या न करूँ

है फ़क़त मुर्ग़े-ग़ज़लख़्वाँ[8] कि जिसे फ़िक्र नहीं
मो'तदिल[9] गर्मी-ए-गुफ़्तार करूँ या न करूँ

---

1. सौदा के प्रति, 2. चमन के आकर्षण की चिन्ता, 3. पिंजरे में बन्द पंछियों की चर्चा, 4. पुरानी पद्धति, 5. आग्रह, 6. व्याख्या, 7. बालों, होंठों और गालों की प्रशंसा, 8. गाता हुआ पंछी, 9. जिसमें सर्दी-गर्मी बराबर हो, सन्तुलित।

21

गरानी-ए-शबे-हिज्राँ[1] दुचंद[2] क्या करते
इ'लाजे-दर्द तिरे दर्दमंद क्या करते

वहीं लगी है जो नाज़ुक मुक़ाम थे दिल के
ये फ़र्क़ दस्ते-अ'दू के गज़ंद[3] क्या करते

जगह-जगह पे थे नासेह तो कू-ब-कू दिलबर
इन्हें पसंद, उन्हें नापसंद क्या करते

हमीं ने रोक लिया पंजः-ए-जुनूँ वरना
हमें असीर ये कोतःकमन्द क्या करते

जिन्हें ख़बर थी कि शर्ते-नवागरी[4] क्या है
वो ख़ुशनवा गिलः-ए-क़ैदो-बंद क्या करते

गुलू-ए-इ'श्क़ को दारो-रसन[5] पहुँच न सके
तो लौट आये तिरे सरबलंद,[6] क्या करते

---

1. विरह की रात का बोझ, 2. दुगुना, 3. भाला, 4. गाने की शर्त, 5. फाँसी का फन्दा, 6. स्वाभिमानी।

22

वहीं है, दिल के क़राइन्[1] तमाम कहते हैं
वो इक ख़लिश कि जिसे तेरा नाम कहते हैं

तुम आ रहे हो कि बजती हैं मेरी ज़ंजीरें
न जाने क्या मिरे दीवारो-बाम कहते हैं

यही कनारे-फ़लक[2] का सियहतरीं गोशा
यही है मत्लए'-माहे-तमाम[3] कहते हैं

पियो कि मुफ़्त लगा दी है ख़ूने-दिल की क़शीद
गराँ है अब के मये-लालफ़ाम कहते हैं

फ़क़ीहे-शह्र[4] से मय का जवाज़ क्या पूछें
केः चाँदनी को भी हज़रत हराम कहते हैं

नवा-ए-मुर्ग़[5] को कहते हैं अब ज़ियाने-चमन[6]
खिले न फूल इसे इन्तज़ाम कहते हैं

कहो तो हम भी चलें 'फ़ैज़' अब नहीं सरे-दार
वो फ़र्क़े-मर्तबः-ए-ख़ासो-आम कहते हैं

---

1. निकट, 2. आसमान की गोद, 3. पूरे चाँद की पृष्ठभूमि, 4. शहर में धर्मशास्त्र का ज्ञाता, 5. चिड़ियों का गाना, 6. बाग की क्षति।

23

रंग पैराहन का, ख़ुशबू ज़ुल्फ़ लहराने का नाम
मौसमे-गुल है तुम्हारे बाम पर आने का नाम

दोस्तो उस चश्मो-लब की कुछ कहो जिसके बग़ैर
गुलसिताँ की बात रंगीं है न मयख़ाने का नाम

फिर नज़र में फूल महके, दिल में फिर शम्एँ जलीं
फिर तसव्वुर ने लिया उस बज़्म में जाने का नाम

दिलबरी ठहरा ज़बाने-ख़ल्क़[1] खुलवाने का नाम
अब नहीं लेते परी-रू[2] ज़ुल्फ़ बिखराने का नाम

अब किसी लैला को भी इक़रारे-महबूबी नहीं
इन दिनों बदनाम है हर एक दीवाने का नाम

मुहतसिब की ख़ैर, ऊँचा है उसी के फ़ैज़ से
रिंद का, साक़ी का, मय का, खुम का, पैमाने का नाम

हम से कहते हैं चमन वाले, ग़रीबाने-चमन[3]
तुम कोई अच्छा-सा रख लो अपने वीराने का नाम

'फ़ैज़' उनको है तक़ाज़ा-ए-वफ़ा हम से जिन्हें
आशना के नाम से प्यारा है बेगाने का नाम

---

1. दुनिया की ज़बान, 2. परियों-जैसे चेहरेवाले, 3. जो चमन से बाहर चले गए।

24

दिल में अब यूँ तिरे भूले हुए ग़म आते हैं
जैसे बिछुड़े हुए का'बे में सनम[1] आते हैं

एक-इक करके हुए जाते हैं तारे रौशन
मेरी मंज़िल की तरफ़ तेरे क़दम आते हैं

रक़्से-मय[2] तेज़ करो साज़ की लय तेज़ करो
सू-ए-मयख़ानः[3] सफ़ीराने-हरम[4] आते हैं

कुछ हमीं को नहीं एहसान उठाने का दिमाग़
वो तो जब आते हैं माइल-ब-करम[5] आते हैं

और कुछ देर न गुज़रे शबे-फ़ुरक़त[6] से कहो
दिल भी कम दुखता है, वो याद भी कम आते हैं

---

1. मूर्तियाँ, 2. मदिरा का नृत्य, 3. मयख़ाने की तरफ़, 4. मस्जिद के दूत, 5. कृपा करने को तैयार, 6. विरह की रात।

25

अब वही हर्फ़े-जुनूँ[1] सबकी ज़बाँ ठहरी है
जो भी चल निकली है, वो बात कहाँ ठहरी है

आज तक शैख़ के इकराम[2] में जो शै थी हराम
अब वही दुश्मने'-दीं[3] राहते-जाँ[4] ठहरी है

है ख़बर गर्म कि फिरता है गुरेज़ाँ[5] नासेह
गुफ़्तगू आज सरे-कू-ए-बुताँ[6] ठहरी है

है वही आरिज़े-लैला,[7] वही शीरीं का दहन[8]
निगाहे-शौक़ घड़ी-भर को जहाँ ठहरी है

वस्ल की शब थी तो किस दर्जः सुबुक[9] गुज़री थी
हिज्र की शब है तो क्या सख़्त गराँ ठहरी है

बिखरी इक बार तो हाथ आई है कब मौजे-शमीम
दिल से निकली है तो कब लब पे फ़ुग़ाँ ठहरी है

दस्ते-सैयाद[10] भी आजिज़ है, कफ़े-गुलचीं[11] भी
बू-ए-गुल ठहरी न बुलबुल की ज़बाँ ठहरी है

आते-आते यूँ ही दम-भर को रुकी होगी बहार
जाते-जाते यूँ ही पल-भर को ख़िज़ाँ ठहरी है

हमने जो तर्ज़े-फ़ुग़ाँ की है क़फ़स में ईजाद
'फ़ैज़' गुलशन में वही तर्ज़े-बयाँ ठहरी है

---

1. उन्माद का शब्द, 2. अनुकम्पा, कृपादृष्टि, 3. दीन-धर्म की दुश्मन, 4. प्राणों को सुख देनेवाली, 5. भागा-भागा, 6. हसीनों की गली में, 7. लैला के गाल, 8. मुँह, 9. हल्की, 10. शिकारी का हाथ, 11. फूल चुननेवाली का हाथ।

26

आये कुछ अब्र, कुछ शराब आये
उसके बा'द आये जो अज़ाब[1] आये

बामे-मीना[2] से माहताब[3] उतरे
दस्ते-साक़ी[4] में आफ़्ताब[5] आये

हर रगे-ख़ूँ में फिर चिराग़ाँ हो
सामने फिर वो बे-नक़ाब आये

उ'म्र के हर वरक़ पे दिल को नज़र
तेरी मेह्रो-वफ़ा[6] के बाब[7] आये

कर रहा था ग़मे-जहाँ का हिसाब
आज तुम याद बे-हिसाब आये

न गयी तेरे ग़म की सरदारी
दिल में यूँ रोज़ इनक़लाब आये

जल उठे बज़्मे-ग़ैर के दरो-बाम
जब भी हम ख़ानमाँ-ख़राब[8] आये

इस तरह अपनी ख़ामशी गूँजी
गोया हर सिम्त से जवाब आये

'फ़ैज़' थी राह सर-ब-सर मंज़िल
हम जहाँ पहुँचे कामयाब आये

---

1. मुसीबत, 2. सुराही के छज्जे पर से, 3. चाँद, 4. साक़ी का हाथ, 5. सूरज, 6. कृपा और निष्ठा, 7. अध्याय, 8. जिसका घर उजड़ गया हो।

27

नज़्रे-ग़ालिब[1]

किसी गुमाँ[2] पे तवक़्क़ो'[3] ज़ियादः रखते हैं
फिर आज कू-ए-बुताँ[4] का इरादः रखते हैं

बहार आयेगी जब आयेगी, यह शर्त नहीं
कि तश्नःकाम[5] रहें गरचः बादः रखते हैं

तिरी नज़र का गिला क्या जो है गिला दिल को
तो हमसे है कि तमन्ना ज़ियादः रखते हैं

नहीं शराब से रंगीं तो ग़र्क़े-ख़ूँ[6] हैं केः हम
ख़याले-वज़्ए-क़मीसो-लबादः[7] रखते हैं

ग़मे-जहाँ हो, ग़मे-यार हो केः तीरे-सितम
जो आये, आये केः हम दिल कुशादः[8] रखते हैं

जवाबे-वाइ'ज़े-चाबुक-ज़बाँ[9] में 'फ़ैज़' हमें
यही बहुत है जो दो हर्फ़े-सादः रखते हैं

---

1. ग़ालिब को समर्पित, 2. भ्रम, 3. आशा, 4. हसीनों की गली, 5. प्यासा, 6. ख़ून में डूबे, 7. क़मीज़ और लबादे की शक्ल के अंतर का ध्यान, 8. चौड़ा, बड़ा, 9. पैनी ज़बानवाले वाइ'ज़ का जवाब।

28

तेरी सूरत जो दिलनशीं की है
आशनः शक्ल हर हसीं की है

हुस्न से दिल लगाके हस्ती की
हर घड़ी हमने आतशीं[1] की है

सुब्हे-गुल[2] हो कि शामे-मयख़ानः
मदह उस रू-ए-नाज़नीं की है

शैख़ से बे-हिरास[3] मिलते हैं
हमने तौबः अभी नहीं की है

ज़िक्रे - दोज़ख़, बयाने - हूरो - कुसूर[4]
बात गोया यहीं कहीं की है

अश्क तो कुछ भी रंग ला न सके
ख़ूँ से तर आज आस्तीं की है

कैसे मानें हरम के सहल-पसन्द
रस्म जो आ'शिक़ों के दीं[5] की है

'फ़ैज़' औजे-ख़याल[6] से हमने
आसमाँ सिंध की ज़मीं की है

---

1. आग जैसी जलती हुई, 2. फूल (बाग़) की सुबह, 3. निडर, 4. सुंदरियों और महलों की चर्चा, 5. धर्म, 6. कल्पना की उड़ान।

29

यादे - ग़िज़ालचश्माँ,[1] ज़िक्रे - समनूइ'ज़ाराँ[2]
जब चाहा कर लिया है कुंजे-क़फ़स बहाराँ

आँखों में दर्दमन्दी, होंठों पे उज़्रख़्वाही[3]
जानानः-वार आई शामे-फ़िराक़े-याराँ

नामूसे-जानो-दिल[4] की बाज़ी लगी थी वरनः
आसाँ न थी कुछ ऐसी राहे-वफ़ाशआ'राँ[5]

मुजरिम हो ख़्वाह कोई, रहता है नासेहों का
रू-ए-सुख़न[6] हमेशा सू-ए-जिगरफ़िगाराँ[7]

है अब भी वक़्त ज़ाहिद,[8] तरमीमे-जुहूद[9] कर ले
सू-ए-हरम चला है अंबोहे-बादःख़्वाराँ[10]

शायद क़रीब पहुँची सुब्हे-विसाल[11] हमदम
मौजे-सबा लिये है ख़ुशबू-ए-खुशकनाराँ[12]

है अपनी किश्ते-वीराँ[13] सरसब्ज़ इस यक़ीं से
आयेंगे इस तरफ़ भी इक रोज़ अब्रो-बाराँ[14]

आयेगी 'फ़ैज़' इक दिन बादे-बहार लेकर
तस्लीमे - मयफ़रोशाँ,[15] पैग़ामे - मयगुसाराँ[16]

---

1. मृगनयनियों की याद, 2. चमेली के फूल-जैसे गालवालों की चर्चा, 3. विवशता प्रकट करना, 4. जान और दिल की मर्यादा, 5. वफ़ा करनेवालों का रास्ता, 6. बात की दिशा, 7. घायल जिगरवालों की तरफ़, 8. तपस्वी, विरक्त, 9. वैराग्य में सुधार, 10. शराबियों की भीड़, 11. मिलन-प्रभात, 12. सुंदर गोदवालों की सुगंध, 13. उजड़ी क्यारी, 14. बादल और बारिश, 15. शराब बेचनेवालों का सलाम, 16. शराब पीनेवालों का संदेश।

30

क़र्ज़े-निगाहे-यार अदा कर चुके हैं हम
सब कुछ निसारे-राहे-वफ़ा कर चुके हैं हम

कुछ इम्तहाने-दस्ते-जफ़ा कर चुके हैं हम
कुछ उनकी दस्तरस[1] का पता कर चुके हैं हम

अब एहतियात की कोई सूरत नहीं रही
क़ातिल से रस्मो-राह सिवा[2] कर चुके हैं हम

देखें है कौन-कौन, ज़रूरत नहीं रही
कू-ए-सितम में सबको खफ़ा कर चुके हैं हम

अब अपना इख़्तियार है चाहें जहाँ चलें
रहबर से अपनी राह जुदा कर चुके हैं हम

उनकी नज़र में क्या करें फीका है अब भी रंग
जितना लहू था सर्फ़े-क़बा[3] कर चुके हैं हम

कुछ अपने दिल की ख़ू[4] का भी शुक्रानः चाहिये
सौ बार उनकी ख़ू का गिला कर चुके हैं हम

---

1. पहुँच, 2. अधिक, 3. वस्त्र पर व्यय, 4. स्वभाव, आदत।

31

शैख़ साहब से रस्मो-राह न की
शुक्र है ज़िन्दगी तबाह न की

तुझको देखा तो सैर-चश्म[1] हुए
तुझको चाहा तो और चाह न की

तेरे दस्ते-सितम का इ'ज्ज़[2] नहीं
दिल ही काफ़िर था जिसने आह न की

थे शबे-हिज्र काम और बहुत
हमने फ़िक्रे-दिले-तबाह न की

कौन क़ातिल बचा है शहर में 'फ़ैज़'
जिससे यारों ने रस्मो-राह न की

---

1. आँखें तृप्त होना, 2. कमज़ोरी।

32

सब क़त्ल होके तेरे मुक़ाबिल से आये हैं
हम लोग सुर्ख़-रू[1] हैं कि मंज़िल से आये हैं

शम्ए-नज़र, ख़याल के अंजुम[2], जिगर के दाग़
जितने चिराग़ हैं तिरी महफ़िल से आये हैं

उठकर तो आ गये हैं तिरी बज़्म से मगर
कुछ दिल ही जानता है कि किस दिल से आये हैं

हर इक क़दम अजल[3] था, हर इक गाम ज़िन्दगी
हम घूम-फिर के कूचः-ए-क़ातिल से आये हैं

बादे-ख़िज़ाँ[4] का शुक्र करो 'फ़ैज़' जिसके हाथ
नामे[5] किसी बहार-शमाइल[6] से आये हैं

---

1. सफल, विजयी, 2. सितारे, 3. मौत, 4. पतझड़ की हवा, 5. चिट्ठियाँ, 6. बहार जैसे स्वभाववाला।

33

सितम की रस्में बहुत थीं लेकिन, न थी तिरी अंजुमन से पहले
सज़ा ख़ता-ए-नज़र से पहले, इ'ताब[1] जुर्मे-सुख़न से पहले

जो चल सको तो चलो केः राहे-वफ़ा बहुत मुख़्तसर हुई है
मुक़ाम है अब कोई न मंज़िल, फ़राज़े-दारो-रसन[2] से पहले

नहीं रही अब जुनूँ की ज़ंजीर पर वह पहली इजारःदारी
गिरफ़्त करते हैं करनेवाले ख़िरद[4] पे दीवानःपन से पहले

करे कोई तेग़ का नज़ारा, अब उनको यह भी नहीं गवारा
ब-ज़िद है क़ातिल केः जाने-बिस्मिल फ़िगार[3] हो जिस्मो-तन से पहले

गुरूरे-सर्वो-समन से कह दो केः फिर वही ताजदार होंगे
जो ख़ारो-ख़स वाली-ए-चमन थे उ'रूजे-सर्वो-समन[5] से पहले

इधर तक़ाज़े हैं मसलहत के, उधर तक़ाज़ा-ए-दर्दे-दिल है
ज़बाँ सँभालें केः दिल सँभालें, असीर[6] ज़िक्रे-वतन से पहले

हैदराबाद जेल
17-22 मई, 1954

---

1. कोप, 2. फाँसी का तख़्तः, 3. अक़्ल, 4. घायल, 5. सर्व और समन का उत्थान, 6. बंदी।

34

शामे-फ़िराक़[1] अब न पूछ आई और आके टल गई
दिल था केः फिर बहल गया, जाँ थी केः फिर सँभल गई

बज़्मे-ख़्याल में तिरे हुस्न की शम्अ जल गई
दर्द का चाँद बुझ गया, हिज्र की रात ढल गई

जब तुझे याद कर लिया, सुब्ह महक-महक उठी
जब तिरा ग़म जगा लिया, रात मचल-मचल गई

दिल से तो हर मुआ'मला करके चले थे साफ़ हम
कहने में उनके सामने बात बदल-बदल गई

आख़िरे-शब[2] के हमसफ़र 'फ़ैज़' न जाने क्या हुए
रह गई किस जगह सबा[3], सुब्ह किधर निकल गई

जिनाह अस्पताल, कराची
जुलाई, 1953

1. विरह की शाम, 2. पिछला पहर, 3. सुगंधित पवन।

35

रहे-ख़िज़ाँ[1] में तलाशे-बहार करते रहे
शबे-सियह[2] से तलब हुस्ने-यार करते रहे

ख़याले-यार, कभी ज़िक्रे-यार करते रहे
इसी मताअ'[3] पे हम रोज़गार करते रहे

नहीं शिकायते-हिज्राँ केः इस वसीले से
हम उनसे रिश्तः-ए-दिल उस्तवार[4] करते रहे

वो दिन केः कोई भी जब वज्हे-इंतज़ार न थी
हम उनमें तेरा सिवा[5] इंतज़ार करते रहे

हम अपने राज़ पे नाज़ाँ थे, शर्मसार न थे
हर एक से सुख़ने-राज़दार[6] करते रहे

ज़िया-ए-बज़्मे-जहाँ[7] बार-बार माँद हुई
हदीसे-शो'लःरुख़ाँ[8] बार-बार करते रहे

उन्हीं के फ़ैज़ से बाज़ारे-अक़्ल रौशन है
जो गाह-गाह जुनूँ इख़्तियार करते रहे

जिनाह अस्पताल, कराची
21 अगस्त, 1953

---

1. पतझड़ का रास्ता, 2. काली रात, 3. पूँजी, 4. मज़बूत, 5. निरर्थक, 6. भेद की बात, 7. दुनिया की चमक-दमक, 8. आग की लपटों-जैसे (प्रकाशमान) चेहरेवालों की चर्चा।

36

बात बस से निकल चली है
दिल की हालत सँभल चली है

जब जुनूँ हद से बढ़ चला है
अब तबीअ'त बहल चली है

अश्क ख़ूँनाब[1] हो चले हैं
ग़म की रंगत बदल चली है

या यूँ ही बुझ रही हैं शम्एँ
या शबे-हिज्र टल चली है

लाख पैग़ाम हो गये हैं
जब सबा एक पल चली है

जाओ, अब सो रहो सितारो
दर्द की रात ढल चली है

मांटगोमरी जेल
21 नवंबर, 1953

1. ख़ून के रंग के।

37

शाख़ पर ख़ूने-गुल रवाँ है वही
शोख़ी-ए-रंगे-गुलसिताँ है वही

सर वही है तो आस्ताँ[1] है वही
जाँ वही है तो जाने-जाँ है वही

अब जहाँ मेह्रबाँ नहीं कोई
कूचःए-यारे-मेह्रबाँ है वही

बर्क़[2] सौ बार गिरके ख़ाक हुई
रौनक़े-ख़ाके-आशियाँ है वही

आज की शब विसाल की शब है
दिल से हर रोज़ दास्ताँ है वही

चाँद-तारे इधर नहीं आते
वरनः ज़िंदाँ में आसमाँ है वही

मांटगोमरी जेल

---

1. चौखट, 2. बिजली।

38

कब याद में तेरा साथ नहीं, कब हात में तेरा हात नहीं
सद शुक्र के: अपनी रातों में अब हिज्र की कोई रात नहीं

मुश्किल है अगर हालात वहाँ, दिल बेच आयें जाँ दे आयें
दिलवालो कूचः-ए-जानाँ में क्या ऐसे भी हालात नहीं

जिस धज से कोई मक़तल में गया, वो शान सलामत रहती है
ये जान तो आनी-जानी है, इस जाँ की तो कोई बात नहीं

मैदाने-वफ़ा दरबार नहीं, याँ नामो-नसब की पूछ कहाँ
आ'शिक़ तो किसी का नाम नहीं, कुछ इ'श्क़ किसी की ज़ात नहीं

गर बाज़ी इ'श्क़ की बाज़ी है, जो चाहो लगा दो डर कैसा
गर जीत गये तो क्या कहना, हारे भी तो बाज़ी मात नहीं

मांटगोमरी जेल

39

हम पर तुम्हारी चाह का इल्ज़ाम ही तो है
दुश्नाम[1] तो नहीं है ये इकराम[2] ही तो है

करते हैं जिस पे ता'न[3] कोई जुर्म तो नहीं
शौक़े-फ़ुज़ूलो-उल्फ़ते-नाकाम ही तो है

दिल मुद्दई के हर्फ़े-मलामत[4] से शाद है
ऐ जाने-जाँ ये हर्फ़ तिरा नाम ही तो है

दिल ना-उम्मीद तो नहीं, नाकाम ही तो है
लंबी है ग़म की शाम मगर शाम ही तो है

दस्ते-फ़लक[5] में गर्दिशे-तक़दीर तो नहीं
दस्ते-फ़लक में गर्दिशे-अय्याम ही तो है

आख़िर तो एक रोज़ करेगी नज़र वफ़ा
वो यारे-ख़ुशख़साल[6] सरे-बाम ही तो है

भीगी है रात 'फ़ैज़' ग़ज़ल इब्तिदा करो
वक़्ते-सरोद[7], दर्द का हंगाम ही तो है

मांटगोमरी जेल
9 मार्च, 1954

---

1. गाली, 2. कृपा, 3. व्यंग्य, 4. निंदा का शब्द, 5. आसमान का हाथ, 6. अच्छे गुणोंवाला यार, 7. गाने का वक़्त।

40

गुलों में रंग भरे बादे-नौबहार चले
चले भी आओ कि गुलशन का कारोबार चले

क़फ़स उदास है यारो सबा से कुछ तो कहो
कहीं तो बह्रे-खुदा आज ज़िक्रे-यार चले

कभी तो सुब्ह तिरे कुंजे-लब[1] से हो आग़ाज़
कभी तो शब सरे-काकुल[2] से मुश्कबार चले

बड़ा है दर्द का रिश्तः ये दिल ग़रीब सही
तुम्हारे नाम पे आयेंगे ग़मगुसार चले

जो हम पे गुज़री सो गुज़री मगर शबे-हिज्राँ
हमारे अश्क तिरी आक़बत सँवार चले

हुज़ूरे-यार हुई दफ़्तरे-जुनूँ की तलब
गिरह में लेके गरेबाँ का तार-तार चले

मुक़ाम, 'फ़ैज़' कोई राह में जचा ही नहीं
जो कू-ए-यार से निकले तो सू-ए-दार चले

मांटगोमरी जेल
29 जनवरी, 1954

---

1. होंठ का कोना, 2. लटों का सिरा।

41

कुछ मुहतसिबों[1] की ख़ल्वत में, कुछ वाइ'ज़[2] के घर जाती है
हम बादःकशों के हिस्से की, अब जाम में कमतर जाती है

यूँ अ'र्ज़ो-तलब[3] से कब ऐ दिल, पत्थरदिल पानी होते हैं
तुम लाख रज़ा की ख़ू डालो, कब ख़ू-ए-सितमगर जाती है

बेदादगरों[4] की बस्ती है, याँ दाद कहाँ ख़ैरात कहाँ
सर फोड़ती फिरती है नादाँ फ़रियाद जो दर-दर जाती है

हाँ, जाँ के ज़ियाँ की हमको भी तशवीश है लेकिन क्या कीजे
हर रह जो उधर को जाती है, मक़तल[5] से गुज़रकर जाती है

अब कूचः-ए-दिलबर का रहरव, रहज़न भी बने तो बात बने
पहरे से अ'दू[6] टलते ही नहीं और रात बराबर जाती है

हम अह्ले-क़फ़स तनहा भी नहीं, हर रोज़ नसीमे-सुब्ह-वतन
यादों से मुअ'त्तर[7] आती है, अश्कों से मुनव्वर[8] जाती है

मांटगोमरी जेल
17 जून, 1954

---

1. प्रतिबंध लगानेवाला, 2. धर्मोपदेशक, 3. प्रार्थना और याचना, 4. अन्यायियों, 5. क़त्ल करने की जगह, 6. दुश्मन, 7. सुगंधित, 8. आलोकित।

42

गर्मि-ए-शौक़े-नज़ारा[1] का असर तो देखो
गुल खिले जाते हैं वह साय-ए-दर तो देखो

ऐसे नादाँ भी न थे जाँ से गुज़रनेवाले
नासेहो, पन्दगरो[2], राहगुज़र तो देखो

वह तो वह है, तुम्हें हो जायेगी उल्फ़त मुझसे
इक नज़र तुम मिरा महबूबे-नज़र तो देखो

वो जो अब चाक गरेबाँ भी नहीं करते हैं
देखनेवालो, कभी उनका जिगर तो देखो

दामने-दर्द को गुलज़ार बना रक्खा है
आओ, इक दिन दिले-पुरख़ूँ[3] का हुनर तो देखो

सुब्ह की तरह झमकता है शबे-ग़म का उफ़क
'फ़ैज़' ताबन्दगी-ए-दीदः-ए-तर तो देखो

मांटगोमरी जेल
4 मार्च, 1955

---

1. दर्शन की अभिलाषा का उत्साह, 2. उपदेश देनेवालो, 3. ख़ून से भरा हुआ दिल।

43

यूँ बहार आई है इस बार कि जैसे क़ासिद[1]
कूचः-ए-यार से बे-नैलो-मराम[2] आता है

हर कोई शहर में फिरता है सलामत-दामन
रिंद मयख़ाने से शाइस्तः-ख़राम आता है

हवसे-मुतरिबो-साक़ी[3] में परीशाँ अकसर
अब्र आता है कभी माहे-तमाम आता है

शौक़वालों की हज़ीं[4] महफ़िले-शब में अब भी
आमदे-सुब्ह की सूरत तिरा नाम आता है

अब भी ए'लाने-सहर करता हुआ मस्त कोई
दाग़े-दिल करके फ़रोज़ाँ सरे-शाम आता है

[अपूर्ण]

लाहौर
मार्च, 1956

---

1. संदेश लानेवाला, 2. निराश, 3. गायक और शराब पिलानेवाले की लालसा, 4. दुःखी।

44

सुब्ह की आज जो रंगत है वो पहले तो न थी
क्या ख़बर आज ख़रामाँ सरे-गुलज़ार है कौन

शाम गुलनार हुई जाती है देखो तो सही
ये जो निकला है लिये मशअले-रुख़सार है कौन

रात महकी हुई आई है कहीं से, पूछो
आज बिखराये हुए ज़ुल्फ़े-तरहदार है कौन

फिर दरे-दिल पे कोई देता है रह-रह दस्तक
जानिए फिर दिले-वहशी का तलबगार है कौन

जिनाह अस्पताल, कराची
जुलाई, 1953

यह ग़ज़ल 'कलामे-फ़ैज़' शीर्षक संकलन में 'नक्शे-फ़रियादी' के अंतर्गत है।

45

तिरी उमीद, तिरा इंतज़ार जब से है
न शब को दिन से शिकायत, न दिन को शब से है

किसी का दर्द हो करते हैं तेरे नाम रक़म
गिला है जो भी किसी से तिरे सबब से है

हुआ है जब से दिले-नासुंबूर[1] बे-क़ाबू
कलाम तुझसे नज़र को बड़े अदब से है

अगर शरर[2] है तो भड़के, जो फूल है तो खिले
तरह-तरह की तलब, तेरे रंगे-लब से है

कहाँ गये शबे-फ़ुरक़त[3] के जागने वाले
सितारः-ए-सहरी[4] हमकलाम कब से है

लाहौर
मार्च, 1957

1. अधीर हृदय, 2. चिंगारी, 3. विरह की रात, 4. सुबह का सितारा।

46

बिसाते-रक़्स पे सद[1] शर्क़ो-ग़रब[2] से सरे-शाम
दमक रहा है तेरी दोस्ती का माहे-तमाम

छलक रही है तिरे हुस्ने-मेह्रबाँ की शराब
भरा हुआ है लबालब हर इक निगाह का जाम

गले में तंग तिरे हर्फ़े-लुत्फ़ की बाँहें
पसे-ख़याल कहीं साइते-सफ़र का पयाम

❐

अभी से याद में ढलने लगी है सोहबते-शब
हरेक रू-ए-हसीं हो चला है बेश हसीं

मिले कुछ ऐसे जुदा यूँ हुए कि 'फ़ैज़' अबके
जो दिल पे नक़्श बनेगा वो गुल है दाग़ नहीं

हांगचाओ (चीन)
जुलाई, 1956

---

1. सैकड़ों, 2. उदयाचल और अस्ताचल।

दस्ते-तहे-संग

47

जमेगी कैसे बिसाते-याराँ केः शीशः-ओ-जाम बुझ गये हैं
सजेगी कैसे शबे-निगाराँ[1] केः दिल सरे-शाम बुझ गये हैं

वो तीरगी[2] है रहे-बुताँ में चिराग़े-रुख़ है न शम्ए-वा'दः
किरन कोई आरज़ू की लाओ केः सब दरो-बाम बुझ गये हैं

बहुत सँभाला वफ़ा का पैमाँ मगर वो बरसी है अबके बरखा
हर एक इक़रार मिट गया है, तमाम पैग़ाम बुझ गये हैं

क़रीब आ ऐ महे-शबे-ग़म नज़र पे खुलता नहीं कुछ इस दम
केः दिल पे किस-किसका नक़्श बाक़ी है कौन से नाम बुझ गये हैं

बहार अब आके क्या करेगी केः जिनसे था जश्ने-रंगो-नग़्मः
वो गुल सरे-शाख़ जल गये हैं, वो दिल तहे-दाम बुझ गये हैं

1. प्रेमिकाओं की रात, 2. अँधेरा।

48

बे-दम हुए बीमार दवा क्यों नहीं देते
तुम अच्छे मसीहा हो शफ़ा क्यों नहीं देते

दर्दे-शबे-हिज्राँ की जज़ा[1] क्यों नहीं देते
ख़ूने-दिले-वहशी का सिला[2] क्यों नहीं देते

मिट जायेगी मख़लूक़ तो इंसाफ करोगे
मुंसिफ़ हो तो अब हश्र[3] उठा क्यों नहीं देते

हाँ नुक्तःवरो[4], लाओ लबो-दिल की गवाही
हाँ नग़मःगरो, साज़ सदा क्यों नहीं देते

पैमाने-जुनूँ[5] हाथों को शरमायेगा कब तक
दिलवालो, गरेबाँ का पता क्यों नहीं देते

बर्बादी-ए-दिल जब्र नहीं 'फ़ैज़' किसी का
वह दुश्मने-जाँ है तो भुला क्यों नहीं देते

लाहौर जेल
31 दिसंबर, 1958

---

1. पुरस्कार, 2. इनाम, 3. प्रलय का दिन, 4. मर्म की बात जाननेवालो, 5. उन्माद का प्रण।

49

ये जफ़ा-ए-ग़म का चारः, वो नजाते-दिल का आ'लम
तिरा हुस्न दस्ते-ई'सा[1], तिरी याद रू-ए-मरियम[2]

दिलो-जाँ फ़िदा-ए-राहे[3] कभी आके देख हमदम
सरे-कू-ए-दिलफ़िगाराँ[4] शबे-आरज़ू का आ'लम

तिरी दीद से सिवा है तिरे शौक़ में बहाराँ
वो ज़मीं जहाँ गिरी है तिरे गेसुओं की शबनम

ये अजब क़यामतें हैं तिरी रहगुज़र में गुज़राँ
न हुआ कि मर मिटें हम, न हुआ केः जी उठें हम

लो सुनी गई हमारी, यूँ फिरे हैं दिन केः फिर से
वही गोशः-ए-क़फ़स[5] है, वही फ़स्ले-गुल का मातम

लाहौर जेल
फ़रवरी, 1959

---

1. ईसा का हाथ, 2. मरियम का चेहरा, 3. राह में निछावर, 4. टूटे हुए दिलवालों की गली में, 5. पिंजरे का कोना।

50

तिरे ग़म को जाँ की तलाश थी, तिरे जाँ-निसार चले गये
तिरी रह में करते थे सर तलब, सरे-रहगुज़ार चले गये

तिरी कज-अदाई[1] से हारके शबे-इंतज़ार चली गयी
मिरे ज़ब्ते-हाल[2] से रूठकर मिरे ग़मगुसार चले गये

न सवाले-वस्ल, न अ'र्ज़े-ग़म, न हिकायतें न शिकायतें
तिरे अ'ह्द[3] में दिले-ज़ार के सभी इख़्तियार चले गये

ये हमीं थे जिनके लिबास पर सरे-रू सियाही लिखी गयी
यही दाग़ थे जो सजा के हम सरे-बज़्मे-यार चले गये

न रहा जुनूने-रुख़े-वफ़ा, ये रसन ये दार करोगे क्या
जिन्हें जुर्मे-इ'श्क़ पे नाज़ था वो गुनाहगार चले गये

जुलाई, 1959

---

1. बाँकी अदाएँ दिखाना, 2. अपनी दशा पर संतोष, 3. युग।

51

कब ठहरेगा दर्द ऐ दिल, कब रात बसर होगी
सुनते थे वो आयेंगे, सुनते थे सहर होगी

कब जान लहू होगी, कब अश्क गुहर[1] होगा
किस दिन तिरी शनवाई[2] ऐ दीदः-ए-तर होगी

कब महकेगी फ़स्ले-गुल, कब बहकेगा मयख़ानः
कब सुब्हे-सुख़न होगी, कब शामे-नज़र होगी

वाइ'ज़[3] है न ज़ाहिद[4] है, नासेह है न क़ातिल है
अब शह्र में यारों की किस तरह बसर होगी

कब तक अभी रह देखें ऐ क़ामते-जानानः[5]
कब हश्र मुअ'य्यन[6] है तुझको तो ख़बर होगी

दिसंबर, 1959

---

1. मोती, 2. सुनवाई, 3. धर्मोपदेशक, 4. नियम-संयम का पालन करनेवाला, 5. प्रेमिका का डीलडौल (शरीर), 6. निश्चित।

52

आज यूँ मौज-दर-मौज ग़म थम गया
इस तरह ग़मज़दों को क़रार आ गया
जैसे ख़ुशबू-ए-ज़ुल्फ़े-बहार आ गयी
जैसे पैग़ामे-दीदारे-यार आ गया

जिसकी दीदो-तलब वह्म समझे थे हम
रू-ब-रू फिर सरे-रहगुज़ार आ गया
सुब्हे-फ़र्दा[1] को फिर दिल तरसने लगा
उम्रे-रफ़्तः[2] तिरा ए'तबार आ गया

रुत बदलने लगी रंगे-दिल देखना
रंगे-गुलशन से अब हाल खुलता नहीं
ज़ख़्म छलका कोई या कोई गुल खिला
अश्क उमड़े कि अब्रे-बहार आ गया

ख़ूने-उ'श्शाक़[3] से जाम भरने लगे
दिल सुलगने लगे, दाग़ जलने लगे
महफ़िले-दर्द फिर रंग पर आ गई
फिर शबे-आरज़ू पर निखार आ गया

सरफ़रोशी के अंदाज़ बदले गये
दा'वते-क़त्ल पर मक़तले-शहर में
डालकर कोई गर्दन में तौक़ आ गया
लादकर कोई काँधे पे दार[4] आ गया

'फ़ैज़' क्या जानिये यार किस आस पर
मुंतज़िर हैं कि लायेगा कोई ख़बर
मयकशों पर हुआ मुहतसिब[5] मेह्रबाँ
दिलफ़िगारों पे क़ातिल को प्यार आ गया

---

1. आनेवाला सवेरा, 2. बीता जीवन, 3. प्रेमियों का ख़ून, 4. फाँसी, सूली, 5. शराब पीने से रोकनेवाला और शराबख़ानों की निगरानी करनेवाला कर्मचारी।

53

यक-ब-यक शोरिशे-फ़ुग़ाँ[1] की तरह
फ़स्ले-गुल आई इम्तहाँ की तरह

सह्ने-गुलशन में बहरे-मुश्ताक़ाँ[2]
हर रविश खिंच गई कमाँ की तरह

फिर लहू से हर एक कासः-ए-दाग़[3]
पुर हुआ जामे-अर्ग़वाँ[4] की तरह

याद आया जुनूने - गुमगश्तः[5]
बे - तलब[6] क़र्ज़े - दोस्ताँ की तरह

जाने किस पर हो मेह्रबाँ क़ातिल
बे-सबब मर्गे-नागहाँ[7] की तरह

हर सदा पर लगे हैं कान यहाँ
दिल सँभाले रहो ज़ुबाँ की तरह

मई, 1962

---

1. रोने की आवाज़, 2. इच्छुकों के लिए, 3. दाग़ (घाव) का भिक्षा-पात्र, 4. लाल जाम, 5. खोया हुआ उन्माद, 6. जो माँगा न जाये, 7. अचानक मौत।

54

न गँवाओ नावके-नीमकश[1], दिले-रेज़ा-रेज़ा गँवा दिया
जो बचे हैं संग समेट लो, तने-दाग़-दाग़ लुटा दिया

मिरे चारःगर को नवेद[2] हो, सफ़े-दुश्मनाँ को ख़बर करो
जो वो क़र्ज़ रखते थे जान पर वो हिसाब आज चुका दिया

करो कज जबीं पे सरे-कफ़न, मिरे क़ातिलों को गुमाँ न हो
कि गुरूरे-इ'श्क़ का बाँकपन पसे-मर्ग[3] हमने भुला दिया

उधर एक हर्फ़ कि कुश्तनी[4], यहाँ लाख उ'ज्र[5] था गुफ़्तनी[6]
जो कहा तो सुनके उड़ा दिया, जो लिखा तो पढ़के मिटा दिया

जो रुके तो कोहे-गराँ[7] थे हम, जो चले तो जाँ से गुज़र गये
रहे-यार हमने क़दम-क़दम तुझे यादगार बना दिया

---

1. आधा खिंचा हुआ तीर, 2. खुशख़बरी, 3. मरने के बाद, 4. मार देनेवाला, 5. विवशता, 6. कहने योग्य, 7. बहुत बड़ा पहाड़।

55

हर सम्त परीशाँ[1] तिरी आमद के क़रीने
धोखे दिये क्या-क्या हमें बादे-सहरी[2] ने

हर मंज़िले-गुरबत[3] पे गुमाँ होता है घर का
बहलाया है हर गाम बहुत दर-ब-दरी ने

थे बज़्म में सब दूदे-सरे-बज़्म[4] से शादाँ
बेकार जलाया हमें रौशननज़री ने

मयख़ाने में आ'जिज़ हुए आज़ुर्दःदिली[5] से
मस्जिद का न रक्खा हमें आशुफ़्तःसरी[6] ने

यह जामः-ए-सदचाक[7] बदल लेने में क्या था
मुहलत ही न दी 'फ़ैज़' कभी बख़ियःगरी ने

लंदन, 1962

---

1. बिखरे हुए, 2. सुबह की हवा, 3. परदेस की मंज़िल, 4. महफ़िल पर छाया हुआ धुआँ, 5. दिल का दुखी होना, 6. सिरफिरापन, 7. सौ जगह से फटा हुआ कपड़ा।

56

शरहे-फ़िराक़[1], मदहे-लबे-मुश्कबू[2] करें
गुरबतकदे[3] में किससे तिरी गुफ़्तगू करें

यार-आशना[4] नहीं कोई टकरायें किससे जाम
किस दिलरुबा के नाम पे ख़ाली सुबू[5] करें

सीने पे हाथ है न नज़र को तलाशे-बाम
दिल साथ दे तो आज ग़मे-आरज़ू करें

कब तक सुनेगी रात, कहाँ तक सुनायें हम
शिकवे गिले सब आज तिरे रू-ब-रू करें

❑

हमदम, हदीसे-कू-ए-मलामत[6] सुनाइयो
दिल को लहू करें केः गरेबाँ रफ़ू करें

आशुफ़्तःसर[7] हैं, मुहतसिबो[8] मुँह न आइयो
सर बेच दें तो फ़िक्रे-दिलो-जाँ अ'दू[9] करें

"तरदामनी[10] पे शैख़, हमारी न जाइयो
दामन निचोड़ दें तो फ़रिश्ते वज़ू करें"

---

1. विरह की व्याख्या, 2. सुगंधित होंठों की प्रशंसा, 3. परदेश, 4. यार से परिचित, 5. सुरा-पात्र, 6. निंदा की गली की चर्चा, 7. सिरफिरे, 8. प्रतिबंध लगानेवाले, 9. दुश्मन, 10. दामन का भीगा होना (गुनहगार होने का चिह्न)।

57

यूँ सजा चाँद कि झलका तिरे अन्दाज़ का रंग
यूँ फ़ज़ा महकी कि बदला मिरे हमराज़ का रंग

सायः-ए-चश्म में हैराँ रुख़े-रौशन का जमाल
सुर्ख़ि-ए-लब में परीशाँ तिरी आवाज़ का रंग

बेपिये हों कि अगर लुत्फ़ करो आख़िरे-शब
शीशः-ए-मय में ढले सुब्ह के आग़ाज़[1] का रंग

चंगो-नय[2] रंग पे थे अपने लहू के दम से
दिल ने लय बदली तो मद्धिम हुआ हर साज़ का रंग

इक सुख़न और केः फिर रंगे-तकल्ल्लुम[3] तेरा
हर्फ़े-सादा को इनायत करे एजाज़[4] का रंग

अप्रैल, 1965

1. आरंभ, 2. चंग (एक प्रकार का बाजा) और बाँसुरी, 3. बातचीत का रंग, 4. चमत्कार।

58

किस हर्फ़ पे तूने गोशः-ए-लब[1] ऐ जाने-जहाँ ग़म्माज़[2] किया
ऐलाने-जुनूँ दिलवालों ने अबके ब-हज़ार अन्दाज़ किया

सौ पैकाँ[3] थे पैवस्ते-गुलू जब छेड़ी शौक की लय हमने
सौ तीर तराज़ू थे दिल में जब हमने रक़्स आग़ाज़ किया

बे हिर्सो-हवा[4] बे ख़ौफ़ो-ख़तर, इस हाथ पे सर उस कफ़[5] पे जिगर
यूँ कूए-सनम में वक़्ते-सफ़र नज़्ज़ारः-ए-बामेनाज़ किया

जिस ख़ाक में मिलकर ख़ाक हुए वो सुरमः-ए-चश्मे-ख़लक[6] बनी
जिस ख़ार पे हमने ख़ूँ छिड़का, हमरंगे-गुले-तन्नाज़[7] किया

लो वस्ल की साइत आ पहुँची, फिर हुक्मे-हुज़ूरी पर हमने
आँखों के दरीचे बन्द किये, और सीने का दर वाज़[8] किया

सितंबर, 1965

---

1. होंठ के कोने पर, 2. चुगली, 3. बाण की नोक, 4. लोभ और लालच, 5. हथेली, 6. दुनिया की आँखों का सुरमा, 7. अपने ही रंग के फूल पर व्यंग्य किया, 8. खोला।

59

किये आरज़ू से पैमाँ[1], जो मआल[2] तक न पहुँचे
शबो-रोज़े-आशनाई, महो-साल तक न पहुँचे

वो नज़र बहम न पहुँची केः मुहीते-हुस्न[3] करते
तिरी दीद के वसीले ख़द्दो-ख़ाल तक न पहुँचे

वही चश्मः-ए-बक़ा[4] था, जिसे सब सुराब[5] समझे
वही ख़्वाब मो'तबर[6] थे, जो ख़याल तक न पहुँचे

तिरा लुत्फ़ वज्हे-तस्कीं[7], न क़रारे-शरहे-ग़म[8] से
केः हैं दिल में वह गिले भी, जो मलाल तक न पहुँचे

कोई यार जाँ से गुज़रा, कोई होश से न गुज़रा
ये नदीमे-यक-दो-साग़र[9], मिरे हाल तक न पहुँचे

चलो 'फ़ैज़' दिल जलायें, करें फिर से अर्ज़े-जानाँ[10]
वो सुख़न जो लब तक आये, पै सवाल तक न पहुँचे

1966

---

1. प्रण, 2. परिणाम, 3. रूप के घेरे में बाँधना, 4. जीवन-धारा, 5. मृगतृष्णा, 6. कृपा, 7. सांत्वना का कारण, 8. पीड़ा की व्याख्या, 9. एक-दो जाम पीनेवाले, 10. प्रेमिका से कहना।

60

शरहे-बेदर्दिए-हालात[1] न होने पायी
अबके भी दिल की मुदारात[2] न होने पायी

फिर वही वादा जो इक़रार न बनने पाया
फिर वही बात जो इस्बात[3] न होने पायी

फिर वो परवाने, जिन्हें इज़्ने-शहादत[4] न मिला
फिर वो शम्एँ, केः जिन्हें रात न होने पायी

फिर वही जाँ-ब-लबी[5], लज़्ज़ते-मय से पहले
फिर वो महफ़िल जो ख़राबात[6] न होने पायी

फिर दमे-दीद[7] रहे चश्मो-नज़र* दीदतलब[8]
फिर शबे-वस्ल मुलाक़ात न होने पायी

फिर वहाँ बाबे-असर[9] जानिये कब बन्द हुआ
फिर यहाँ ख़त्म मुनाजात[10] न होने पायी

'फ़ैज़' सर पर जो हरेक रोज़ क़यामत गुज़री,
एक भी रोज़े-मुकाफ़ात[11] न होने पायी

23 मार्च, 1971

**लन्दन से प्रकाशित 'सारे सुख़न हमारे' में 'चश्मो-नज़र' की जगह 'दीदः-ओ-दिल' दिया गया है।*

---

1. हालात की बेदर्दी का भाष्य, 2. ख़ातिर-तवाज़ो, 3. सबूत, 4. शहीद होने की अनुमति, 5. जान होंठों पर आना, 6. मदिरालय, 7. दर्शन की बेला, 8. दर्शन के आकांक्षी, 9. वह द्वार जहाँ विनती-प्रार्थना कुबूल हो जाय, उसका असर होता अनुभव हो, 10. प्रार्थना, 11. फ़ैसले का दिन।

61

हम सादा ही ऐसे थे की यूँ ही पज़ीराई
जिस बार ख़िजाँ आयी समझे कि बहार आयी*

आशोबे-नज़र[1] से की हमने चमन्-आराई,
जो शै भी नज़र आयी गुलरंग नज़र आयी

उम्मीदे-तलत्तुफ़[2] में रंजीदा रहे दोनों—
तू और तिरी महफ़िल, मैं और मिरी तनहाई

वाँ मिल्लते-बुल्हवसाँ[3] और शोरे-वफ़ाजूई[4]
याँ ख़िलवते-कमसुख़नाँ[5] और लज़्ज़ते-रुसवाई**

यकजान न हो सकिये, अनजान न बन सकिये
यों टूट गयी दिल में शमशीरे-शनासाई[6]

इस तन की तरफ़ देखो जो क़त्लगहे-दिल[7] है
क्या रक्खा है मक़्तल में, ऐ चश्मे-तमाशाई

मई, 1971

**लन्दन से प्रकाशित 'सारे सुख़न हमारे' में मतला का यह शे'र अतिरिक्त है, जो दूसरे उपलब्ध संस्करणों में नहीं है।*

***उक्त संस्करण में यह शे'र भी नहीं है।*

---

1. दृष्टि की लालिमा, 2. सरस मिलन के आनंद की आशा में (लंदन से प्रकाशित **सारे सुख़न हमारे** में 'तलत्तुफ़' शब्द के स्थान पर 'इनायत' शब्द का प्रयोग है।), 3. वासनालोभी जनों का समाज, 4. प्रेम और मुहब्बत का प्रचार, शोर, 5. मितभाषी जनों का एकांत, 6. परिचय-रूपी तलवार, 7. दिल की भावनाएँ जहाँ क़त्ल हो गई हैं।

शामे-शह्रे-याराँ

62

हमने सब शे'र में सँवारे थे
हमसे जितने सुख़न[1] तुम्हारे थे

रंगो-ख़ुशबू के, हुस्नो-ख़ूबी के
तुमसे थे—जितने इस्तिआरे[2] थे

तेरे क़ौलो-क़रार से पहले
अपने कुछ और भी सहारे थे

जब वो लालो-गुहर[3] हिसाब किये
जो तिरे ग़म पे दिल ने वारे थे

मेरे दामन में आ गिरे सारे
जितने तश्ते-फ़लक[4] में तारे थे

उम्रे-जावेद[5] की दुआ करते
'फ़ैज़' इतने वो कब हमारे थे

1972

---

1. बातें, 2. रूपक, 3. लाल और मोती, 4. आकाश की तश्तरी, 5. चिरायु होने की।

63

न अब रक़ीब न नासेह[1] न ग़मगुसार[2] कोई
तुम आश्ना थे तो थीं आश्नाइयाँ क्या-क्या

जुदा थे हम तो मुयस्सर थीं कुरबतें[3] कितनी
बहम[4] हुए तो पड़ी हैं जुदाइयाँ क्या-क्या

पहुँच के दर पे तिरे कितने मो'तबर[5] ठहरे
अगर्चे रह में हुईं जगहँसाइयाँ क्या-क्या

हम-ऐसे सादा-दिलों की नियाज़मन्दी[6] से
बुतों ने की हैं जहाँ में बुराइयाँ क्या-क्या

सितम पे खुश कभी लुत्फ़ो-करम[7] से रंजीदा
सिखायीं तुमने हमें कजअदाइयाँ[8] क्या-क्या

1974

---

1. उपदेशक, 2. दुख-दर्द को पूछनेवाला, 3. निकट्ताएँ, 4. एक साथ, 5. विश्वासपात्र, 6. भक्ति-विनयमुक्त प्रेम, 7. कृपा, 8. बाँकी अदाएँ।

64

यह मौसमे-गुल गर्चे तरबख़ेज़[1] बहुत है
अहवाले-गुलो-लाला ग़मअंगेज़[2] बहुत है

ख़ुश[3] दावते-याराँ भी है, यल्ग़ारे-उदू[4] भी
क्या कीजिये दिल का जो कमआमेज़[5] बहुत है

यों पीरे-मुग़ाँ[6] शैख़े-हरम[7] से हुए यक्जाँ[8]
मयख़ाने में कमज़र्फ़िए-परहेज़[9] बहुत है

इक गर्दने-मख़्लूक़[10] जो हर हाल में ख़म[11] है
इक बाज़ुए क़ातिल है, कि ख़ूँरेज[12] बहुत है

क्यों मश्अले-दिल[13] 'फ़ैज़' छुपाओ तहे-दामाँ
बुझ जायेगी यों भी, कि हवा तेज़ बहुत है

1975

---

1. आनंदवर्धक, 2. दुःखद, 3. प्रसन्नता की बात, 4. दुश्मन का हमला, 5. मिलना-जुलना कम पसंद करनेवाला, 6. पीनेवालों यानी मस्तों के अध्यक्ष, 7. धर्मगुरु, 8. एकजान, 9. परहेज़ की तंगदिली, 10. अवाम की गर्दन, 11. झुकी हुई, 12. खून बहानेवाला, 13. दिल की मशाल।

65

हमीं से अपनी नवा[1] हमकलाम होती रही
ये तेग़ अपने लहू में नियाम[2] होती रही

मुक़ाबिले-सफ़े-आदा[3] जिसे किया आग़ाज़[4]
वो जंग अपने ही दिल में तमाम[5] होती रही

कोई मसीहा न ईफ़ा-ए-अहद[6] को पहुँचा
बहुत तलाश पसे-क़त्ले-आम[7] होती रही

ये बर्‌हमन का करम[8], वो अता-ए-शैख़े-हरम[9]
कभी हयात[10] कभी मय[11] हराम होती रही

जो कुछ भी बन न पड़ा, 'फ़ैज़' लुटके यारों से
तो रहज़नों[12] से दुआ-ओ-सलाम होती रही

---

1. आवाज़, 2. म्यान, 3. शत्रुओं की पाँत ('सफ़') के मुक़ाबिल यानी आमने-सामने, 4. आरंभ किया, 5. समाप्त, 6. अपना पैग़म्बरी वचन पूरा करने, 7. क़त्ले-आम के बाद, 8. कृपा, 9. काबे के शैख़ की देन, 10. जीवन, 11. मदिरा, 12. लुटेरों।

66

तुझे पुकारा है बेइरादः
जो दिल दुखा है बहुत ज़ियादः

नदीम[1] हो तेरा हर्फ़े-शीरीं
तो रंग पर आये रंगे-बादः

अता करो इक अदा-ए-देरीं[2]
तो अश्क से तर करें लबादः

न जाने किस दिन से मुन्तज़िर है
दिले - सरे - रहगुज़र फ़तादः[3]

कि एक दिन फिर नज़र में आये
वो बाम रौशन वो दर कुशादः

वो आये पुरसिश[4] को, फिर सजाये
क़बा - ए - रंगीं[5] अदा - ए - सादः

---

1. दोस्त, 2. पुरानी अदा, 3. रास्ते पर पड़ा हुआ दिल, 4. कुशल-क्षेम पूछने, 5. रंगीन वस्त्र।

67

हसरते-दीद में[1] गुज़राँ हैं[2] ज़माने कब से
दश्ते-उम्मीद में[3] गर्दां हैं[4] दिवाने कब से

देर से आँख पे उतरा नहीं अश्कों का अज़ाब[5]
अपने ज़िम्मे है तिरा क़र्ज़ न जाने कब से

किस तरह पाक हो[6] बेआरज़ू लम्हों का हिसाब
दर्द आया नहीं दरबार सजाने कब से

सुर क़रो साज़[7] कि छेड़ें कोई दिलसोज़ ग़ज़ल
'ढूँढ़ता है दिले-शोरीदा[8] बहाने कब से'

पुर करो जाम केः शायद हो इसी लहज़ा[9] रवाँ[10]
रोक रक्खा है जो इक तीर क़ज़ा[11] ने कब से

'फ़ैज़' फिर कब किसी मक़तल में करेंगे आबाद
लब पे वीराँ हैं शहीदों के फ़साने कब से

---

1. दर्शनों की हसरत लिये, 2. गुज़र रहे हैं, 3. आशा के बियाबान में, 4. ख़ाक छान रहे हैं, 5. आँसुओं की पीड़ा, 6. चुकता हो, 7. साज़ छेड़ो, 8. पागल दिल, 9. क्षण, 10. चल पड़े, 11. मौत।

68

य' किस ख़लिश ने फिर इस दिल में आशियाना किया[1]
फिर आज किसने सुख़न हमसे ग़ायबाना[2] किया

ग़मे-जहाँ हो, रुख़े-यार हो, कि दस्ते-उदू[3]
सलूक जिससे किया हमने आशिक़ाना किया

थे ख़ाके-राह भी हम लोग, क़हरे-तूफ़ाँ[4] भी
सहा तो क्या न सहा, और किया तो क्या न किया

खुशा[5] केः आज हरइक मुद्दई[6] के लब पर है
वो राज़, जिसने हमें राँदए-ज़माना[7] किया

वो हीलागर[8] जो वफ़ाजू[9] भी है, ज़फ़ाख़ू[10] भी
किया भी 'फ़ैज़' तो किस बुत से दोस्ताना किया

1976

---

1. नीड़ बनाया, 2. परोक्ष रूप से, 3. शत्रु का हाथ, 4. तूफ़ान का प्रकोप, 5. खुशी की बात है, 6. हर एक दावेदार, 7. युग से बहिष्कृत, 8. बहाने बनानेवाला, 9. प्रेम निबाहनेवाला, 10. क्रूर स्वभाववाला।

69

किस शह्र न शोहरा[1] हुआ नादानी-ए-दिल का
किस पर न खुला राज़ परीशानी-ए-दिल का

आओ करें महफ़िल पे ज़रे-ज़ख़्म नुमायाँ
चर्चा है बहुत बे-सरो-सामानी-ए-दिल का

देश आयें चलो कूए-निगाराँ[2] का ख़राबः[3]
शायद कोई महरम मिले वीरानी-ए-दिल का

पूछो तो इधर तीरफ़िगन[4] कौन है यारो
सौंपा था जिसे काम निगहबानी-ए-दिल का

देखो तो किधर आज रुख़े-बादे-सबा[5] है
किस रह से पयाम आया है ज़िंदानी-ए-दिल[6] का

उतरे थे कभी 'फ़ैज़' वो आईनः-ए-दिल में
आलम है वही आज भी हैरानी-ए-दिल का

---

1. प्रसिद्धि, 2. प्रेमिका की गली, 3. वीरानी, 4. तीर चलानेवाला, 5. ठंडी हवा का रुख़, 6. बंदी हृदय।

70

हैराँ है जबीं[1] आज किधर सज्दा रवाँ है
सर पर हैं ख़ुदावन्द,[2] सरे-अर्श[3] ख़ुदा है

कब तक इसे सींचोगे तमन्नाए-समर[4] में
यह सब्र का पौदा तो न फूला न फला है

मिलता है ख़िराज इसको तिरी नाने-जवीं[5] से
हर बादशहे-वक़्त तिरे दर का गदा है

हर-एक उक़ूबत[6] से है तल्ख़ी में सवातर[7]
वो रंज, जो नाकर्दा[8] गुनाहों की सज़ा है

एहसान लिये कितने मसीहा-नफ़सों[9] के
क्या कीजिये दिल का न जला है, न बुझा है

अक्तूबर, 1977

---

1. माथा, 2. मालिक, 3. सारे आसमानों के ऊपर, 4. फल की आशा में, 5. जौ की रोटी, 6. यातना, 7. बढ़कर, 8. जो नहीं किए गए, 9. मसीहा के समान नए प्राण फूँकने की शक्ति रखनेवाले लोगो।

71

मख़दूम* की याद में–1

"आपकी याद आती रही रात-भर"
चाँदनी दिल दुखाती रही रात-भर

गाह जलती हुई, गाह बुझती हुई
शम-ए-ग़म झिलमिलाती रही रात-भर

कोई ख़ुशबू बदलती रही पैरहन[1]
कोई तस्वीर गाती रही रात-भर

फिर सबा[2] सायः-ए-शाख़े-गुल[3] के तले
कोई क़िस्सा सुनाती रही रात-भर

जो न आया उसे कोई ज़ंजीरे-दर[4]
हर सदा पर बुलाती रही रात-भर

एक उमीद से दिल बहलता रहा
इक तमन्ना सताती रही रात-भर

मास्को, सितंबर, 1978

**उर्दू के मशहूर कवि, जिन्होंने तेलंगाना आंदोलन में हिस्सा लिया था। उनकी दो ग़ज़लों से प्रेरित होकर फ़ैज़ ने ये दो ग़ज़लें लिखी हैं।*

---

1. वस्त्र, 2. ठंडी हवा, 3. गुलाब की टहनी की छाया, 4. दरवाज़े की साँकल।

72

मख़दूम की याद में–2

''याद का फिर कोई दरवाज़ा खुला आख़िरे-शब[1]''
दिल में बिखरी कोई ख़ुशबू-ए-क़बा[2] आख़िरे-शब

सुब्ह फूटी तो वो पहलू से उठा आख़िरे-शब
वो जो इक उम्र से आया न गया आख़िरे-शब

चाँद से माँद सितारों ने कहा आख़िरे-शब
कौन करता है वफ़ा अहदे-वफ़ा[3] आख़िरे-शब

लम्से-जानाना[4] लिये, मस्ती-ए-पैमाना[5] लिये
हम्दे-बारी[6] को उठे दस्ते-दुआ[7] आख़िरे-शब

घर जो वीराँ था सरे-शाम[8] वो कैसे-कैसे
फ़ुरक़ते-यार[9] ने आबाद किया आख़िरे-शब

जिस अदा से कोई आया था कभी अव्वले-सुब्ह
''उसी अन्दाज़ से चल बादे-सबा[10] आख़िरे-शब''

मास्को, अक्तूबर 1978

---

1. रात का आखिरी पहर, 2. वस्त्र की सुगंध, 3. वफ़ा की प्रतिज्ञा, 4. प्रेमिका का स्पर्श, 5. शराब के प्याले की मस्ती, 6. खुदा की महिमा, 7. प्रार्थना के लिए हाथ उठाना, 8. सन्ध्यावेला, 9. प्रेमिका से विरह, 10. पवन।

73

एक दकनी ग़ज़ल

कुछ पहले इन आँखों आगे क्या-क्या न नज़ारा गुज़रे था
क्या रौशन हो जाती थी गली जब यार हमारा गुज़रे था

थे कितने अच्छे लोग कि जिनको अपने ग़म से फ़ुर्सत थी
सब पूछें थे अहवाल[1] जो कोई दर्द का मारा गुज़रे था

अबके तो ख़िज़ाँ[2] ऐसी ठहरी वो सारे ज़माने भूल गए
जब मौसमे-गुल[3] हर फेरे में आ-आ के दुबारा गुज़रे था

थी यारों की बुहतात तो हम अग़यार[4] से भी बेज़ार न थे
जब मिल बैठे तो दुश्मन का भी साथ गवारा[5] गुज़रे था

अब तो हाथ सुझाइ न देवे लेकिन अब से पहले तो
आँख उठते ही एक नज़र में आलम सारा गुज़रे था

मास्को, अक्तूबर, 1978

---

1. दशा, 2. पतझड़, 3. बसंत, 4. ग़ैर, 5. सहन करना।

74

सहल यूँ राहे-ज़िन्दगी की है
हर क़दम हमने आशिक़ी की है

हमने दिल में सजा लिये गुलशन
जब बहारों ने बेरुख़ी की है

ज़हर से धो लिये हैं होंठ अपने
लुत्फ़े-साक़ी[1] ने जब कमी की है

तेरे कूचे में बादशाही की
जब से निकले गदागरी[2] की है

बस वही सुर्ख़रू हुआ जिसने
बहरे-ख़ूँ में शनावरी[3] की है

"जो गुज़रते थे दाग़ पर सदमे"
अब वही कैफ़ियत सभी की है

लंदन, 1979

---

1. साक़ी से मिलनेवाला आनंद, 2. भीख माँगना, 3. तैरना।

75

सभी कुछ है तेरा दिया हुआ, सभी राहतें, सभी कुल्फ़तें[1]
कभी सोहबतें, कभी फ़ुरक़तें, कभी दूरियाँ, कभी क़ुर्बतें[2]

ये सुख़न जो हमने रक़म किये, ये हैं सब वरक़ तिरी याद के
कोई लम्हा सुब्हे-विसाल का, कई शामे-हिज्र की मुद्दतें

जो तुम्हारी मान लें नासेहा तो रहेगा दामने-दिल में क्या
न किसी अदू की अदावतें, न किसी सनम की मुरव्वतें

चलो आओ तुमको दिखायें हम, जो बचा है मक़तले-शह्र में
ये मज़ार अह्ले-सफ़ा के हैं, ये अह्ले-सिदक़[3] की तुर्बतें

मेरी जान आज का ग़म न कर केः न जाने कातिबे-वक़्त ने
किसी अपने कल में भी भूलकर कहीं लिख रखी हों मसर्रतें

बेरूत, 1979

---

1. कष्ट, 2. निकटता, 3. सच्चे लोगों।

76

नज़्रे-हाफ़िज़[1]

नासेहम गुफ़्त बजुज़ ग़म चे हुनर दारद इश्क़
बिरो ऐ ख़्वाजः-ए-आक़िल हुनर-ए-बेहतर अर्ज़ी[2]

क़न्दे - दहन[3] कुछ इससे ज़ियादः
लुत्फ़े - सुख़न[4] कुछ इससे ज़ियादः

फ़स्ले - ख़िज़ाँ[5] में मुश्के - बहाराँ
बर्गे-समन[6] कुछ इससे ज़ियादः

हाले - चमन पर तल्ख़े - नवाई[7]
मुर्ग़े - चमन[8] कुछ इससे ज़ियादः

दिलशिकनी भी, दिलदारी भी
यादे - वतन कुछ इससे ज़ियादः

शम्म - ए - बदन, फ़ानूसे - क़बा[9] में
ख़ूबी - ए - तन कुछ इससे ज़ियादः

इश्क़ में क्या है ग़म के अलावा
ख़्वाजः - ए - मन[10] कुछ इससे ज़ियादः

बेरूत, 1980

---

1. हाफ़िज़ (फ़ारसी के मशहूर शाइर) को समर्पित, 2. मेरे नसीहत करनेवाले ने यह कहा कि इश्क में सिवाय दुःख के और क्या रखा है। ऐ अक्लमंद, ज़रा यह बताओ कि भला इससे बड़ी अच्छाई और क्या है, 3. मुख की मिठास, 4. बातों का मज़ा, 5. पतझड़ का मौसम, 6. चँबेली का पत्ता, 7. कड़वी बात कहना, 8. बाग़ के पखेरू, 9. वस्त्र का फ़ानूस, 10. ऐ मेरे मालिक।

77

अबके बरस दस्तूरे-सितम में क्या-क्या बाब[1] ईज़ाद[2] हुए
जो क़ातिल थे मक़तूल[3] बने, जो सैद[4] थे अब सय्याद[5] हुए

पहले भी ख़िज़ाँ में बाग़ उजड़े पर यूँ नहीं जैसे अब के बरस
सारे बूटे पत्ता-पत्ता रविश-रविश बरबाद हुए

पहले भी तवाफ़े-शम्अे-वफ़ा[6] थी, रस्म मुहब्बतवालों की
हम-तुम से पहले भी यहाँ मंसूर हुए, फ़रहाद हुए

इक गुल के मुरझा जाने पर क्या गुलशन में कुहराम मचा
इक चेहरा कुम्हला जाने से कितने दिल नाशाद हुए

'फ़ैज़' न हम यूसुफ़[7] न कोई याक़ूब[8] जो हमको याद करे
अपना क्या, कनआँ[9] में रहे या मिस्र में जा आबाद हुए*

*ग़नी, *रोज़े - सियाहे - पीरे - कनआँरा तमाशाकुन*
के: *नूरे - दीदा - अश रौशन कुनद चश्मे - ज़ुलेखा - रा*

---

1. दरवाज़ा, 2. अधिक, 3. जो जान से मारा गया हो, 4. शिकार, 5. शिकारी, 6. निष्ठा की शमाँ के चारों ओर चक्कर लगानेवाले, 7. प्रसिद्ध पैग़ंबर, 8. हज़रत यूसुफ़ के पिता, 9. पश्चिम एशिया का एक पुराना नगर।

78

ग़म-ब-दिल[1], शुक्र-ब-लब[2], मस्तो-ग़ज़लख़्वाँ[3] चलिए
जब तलक साथ तेरे उम्रे-गुरेज़ाँ[4] चलिए

रहमते-हक़[5] से जो इस सम्त कभी राह मिले
सू-ए-जन्नत भी बराहे-रहे-जानाँ[6] चलिए

नज़्र माँगे जो गुलिस्ताँ से खुदावन्दे-जहाँ
साग़रो-खुम में लिये ख़ूने-बहाराँ चलिए

जब सताने लगे बेरंगी - ए - दीवारे - जहाँ
नक़्श करने कोई तस्वीरे - हसीनाँ चलिए

कुछ भी हो आईनः-ए-दिल को मुसफ़्फ़ा[7] रखिए
जो भी गुजरे, मिस्ले-खुसरवे-ए-दौराँ[8] चलिए

इम्तहाँ जब भी हो मंज़ूर जिगरदारों का
महफ़िले - यार में हमराहे - रक़ीबाँ[9] चलिए

---

1. दिल में ग़म लिये, 2. होंठों पर शुक्रिया लिये, 3. मस्ती में और ग़ज़ल गाते हुए, 4. बचकर गुज़रनेवाली उम्र, 5. खुदा की मेहरबानी, 6. प्रिय का मार्ग, 7. पवित्र किया हुआ, 8. ज़माने के बादशाह की तरह, 9. रक़ीब के साथ।

79

वो बुतों ने डाले हैं वसवसे[1] कि दिलों से ख़ौफ़े-ख़ुदा गया
वो पड़ी हैं रोज़ क़यामतें कि ख़्याले-रोज़े-जज़ा[2] गया

जो नफ़स था ख़ारे-गुलू[3] बना, जो उठे तो हाथ लहू हुए
वो निशाते-आहे-सहर[4] गयी, वो वक़ारे-दस्ते-दुआ[5] गया

न वो रंग फ़स्ले-बहार का, न रविश वो अब्रे-बहार[6] की
जिस अदा से यार थे आश्ना वो मिज़ाजे-बादे-सबा गया

जो तलब पे अहदे-वफ़ा किया तो वो आबरू-ए-वफ़ा गयी
सरे-आम जब हुए मुद्दई[7] तो सवाबे-सिद्क़ो-सफ़ा[8] गया

अभी बादबान को तह रखो अभी मुज़्तरिब[9] है रुखे-हवा
किसी रास्ते में है मुन्तज़िर[10] वह सुकूँ जो आके चला गया

इस ग़ज़ल का पहला, दूसरा और चौथा शे'र ***शामे-शह्रे-याराँ*** *में 'तीन शे'र' शीर्षक से दिए गए हैं।*

---

1. आशंकाएँ, 2. क़यामत के दिन का ख़याल, 3. गले का काँटा, 4. सुबह की फ़रियाद करने का मज़ा, 5. दुआ माँगनेवाले हाथों का सम्मान, 6. वर्षा ऋतु का बादल, 7. दुश्मन, 8. पवित्रता और सच्चाई का पुण्य, 9. बेचैन, 10. प्रतीक्षक।

80

सितम सिखलायेगा रस्मे-वफ़ा ऐसे नहीं होता
सनम दिखलायेंगे राहे-ख़ुदा ऐसे नहीं होता

गिनो सब हसरतें जो ख़ूँ हुई हैं तन के मक़्तल में
मिरे क़ातिल हिसाबे-ख़ूँबहा[1] ऐसे नहीं होता

जहाने-दिल में काम आती हैं तदबीरें न ताज़ीरें[2]
यहाँ पैमाने-तस्लीमो-रज़ा[3] ऐसे नहीं होता

हर इक शब हर घड़ी गुज़रे क़यामत यूँ तो होता है
मगर हर सुब्ह हो रोज़े-जज़ा[4] ऐसे नहीं होता

रवाँ है नब्ज़े-दौराँ[5], गर्दिशों[6] में आस्माँ सारे
जो तुम कहते हो सब कुछ हो चुका ऐसे नहीं होता

---

1. ख़ून के बदले का हिसाब, 2. सज़ा, 3. हर बात मानने की प्रतिज्ञा, 4. फलप्राप्ति का दिन, 5. ज़माने की नाड़ी, 6. चक्कर।

गुबारे-अय्याम

81

दरबार में अब सतवते-शाही की अलामत[1]
दरबाँ का असा[2] है केः मुसन्निफ़[3] की क़लम है

आवारा है फिर कोहे-निदा[4] पर जो बशारत[5]
तम्हीदे-मसर्रत[6] है केः तूले-शबे-ग़म[7] है

जिस धज्जी को गलियों में लिये फिरते हैं तिफ़्लाँ
ये मेरा ग़रेबाँ है केः लश्कर का अलम है

जिस अक्स[8] से है शहर की दीवार दरख़्शाँ[9]
ये ख़ूने-शहीदाँ है केः ज़रख़ाना-ए-जम है[10]

हलक़ा किये[11] बैठे रहो इक शम्आ' को यारो
कुछ रौशनी बाक़ी तो है हरचन्द केः कम है

---

1. राजसी प्रताप का प्रतीक, 2. दरबान का दंड, 3. लेखक, 4. एक पहाड़ जिसमें से रहस्यमय आवाज़ें आती थीं, 5. शुभ सूचना, 6. खुशी की भूमिका, 7. ग़म की रात का विस्तार, 8. छवि, 9. चमकती, 10. ईरान के प्रसिद्ध बादशाह जमशेद का ख़ज़ाना, 11. घेरकर।

82

हम मुसाफ़िर यूँ ही मसरूफ़े-सफ़र[1] जायेंगे
बेनिशाँ हो गये जब शह्र तो घर जायेंगे

किस क़दर होगा यहाँ मेह्रो-वफ़ा का मातम
हम तिरी याद से जिस रोज़ उतर जायेंगे

जौहरी बन्द किये जाते हैं बाज़ारे-सुख़न[2]
हम किसे बेचने अल्मासो-गुहर[3] जायेंगे

नेमते-ज़ीस्त[4] का ये क़र्ज़ चुकेगा कैसे
लाख घबरा के ये कहते रहें मर जायेंगे

शायद अपना भी कोई बैत[5] हुदीख़्वाँ[6] बनकर
साथ जायेगा मेरे यार जिधर जायेंगे

'फ़ैज़' आते हैं रहे-इश्क़ में जो सख़्त मुक़ाम
आनेवालों से कहो हम तो गुज़र जायेंगे

बेरूत, दिसंबर, 1980

---

1. यात्रा में व्यस्त, 2. शायरी का बाज़ार, 3. हीरे-मोती, 4. जीवन का वरदान, 5. शे'र, 6. यात्रा-गीत गानेवाला (अरब में जो ऊँट-सवार गाना गाते हुए चलते हैं, उन्हें 'हुदा' कहते हैं)।

83

जैसे हमबज़्म हैं फिर यारे-तरहदार[1] से हम
रात मिलते रहे अपने दरो-दीवार से हम

सरख़ुशी[2] में यूँ ही सरमस्तो-ग़ज़लख़्वाँ गुज़रे
कू-ए-क़ातिल से कभी कूचः-ए-दिलदार से हम

कभी मंज़िल, कभी रस्ते ने हमें साथ दिया
हर क़दम उलझे रहे क़ाफ़िलः-ए-सालार से हम

हमसे बे-बहरा हुई अब जरसे-गुल[3] की सदा
वरना वाक़िफ़ थे हर इक रंग की झंकार से हम

अब वहाँ कितनी मुरस्सा[4] है वो सूरज की किरन
कल जहाँ क़त्ल हुए थे इसी तलवार से हम

'फ़ैज़' जब चाहा जो कुछ चाहा सदा माँग लिये
हाथ फैला के दिले-बे-ज़रो-दीनार से हम

बेरूत, 1981

---

1. बाँका यार, 2. मस्ती, 3. फूलों की घंटी, 4. सुसज्जित।

84

फिर आईनः-ए-आलम[1] शायद कि निखर जाये
फिर अपनी नज़र शायद ताहद्दे-नज़र[2] जाये

सहरा[3] पे लगे पहरे और क़ुफ़्ल[4] पड़े बन पर
अब शह्‌र-बदर होकर दीवाना किधर जाये

ख़ाके-रहे-जानाँ[5] पर कुछ ख़ूँ था गिरा अपना
इस फ़स्ल में मुमकिन है ये क़र्ज़ उतर जाये

देख आयें चलो हम भी जिस बज़्म में सुनते हैं
जो खुन्दः-ब-लब आये वो ख़ाक ब-सर जाये

या ख़ौफ़ से दर गुज़रें या जाँ से गुज़र जायें
मरना है कि जीना है इक बात ठहर जाये

21 नवंबर, 1983

---

1. सांसारिक दर्पण, 2. दृष्टि की सीमा तक, 3. रेगिस्तान, 4. ताले, 5. प्रियतमा के रास्ते की धूल।

85

फूल मसले गये फ़र्शे-गुलज़ार पर
रंग छिड़का गया तख़्तः-ए-दार पर

बज़्म बरपा करे जिसको मंज़ूर हो
दावते-रक़्स तलवार की धार पर

दावते-बैयते-शह पे मुल्ज़िम बना
कोई इक़रार पर कोई इनकार पर

[अपूर्ण]

23 फरवरी, 1984

असंकलित ग़ज़लें

86

बेबसी का कोई दरमाँ नहीं करने देते
अब तो वीराना भी वीराँ नहीं करने देते

दिल को सदलख़्त[1] किया सीने को सदपारः[2] किया
और हमें चाक गरेबाँ नहीं करने देते

उनको इस्लाम के लुट जाने का डर इतना है
अब वो काफ़िर को मुसलमाँ नहीं करने देते

दिल में वो आग फ़रोज़ाँ है अदू[3] जिसका बयाँ
कोई मजमूँ किसी उन्वाँ नहीं करने देते

जान बाक़ी है तो करने को बहुत बाक़ी है
अब वो जो कुछ केः मेरी जाँ नहीं करने देते

30 अक्तूबर, 1984

1-2. सैकड़ों टुकड़े, 3. दुश्मन।

87

गो[1] सबको बहम साग़रो-बादः[2] तो नहीं था
ये शह्‌र उदास इतना ज़ियादा तो नहीं था

गलियों में फिरा करते थे दो-चार दिवाने
हर शख़्स का सद-चाक-लबादा[3] तो नहीं था

मंज़िल को न पहचाने रहे-इश्क़ का राही
नादाँ[4] ही सही, इतना भी सादा तो नहीं था

थककर यूँ ही पल-भर के लिए आँख लगी थी
सोकर ही न उट्ठें ये इरादा तो नहीं था

---

1. यद्यपि, 2. शराब और प्याले का साथ, 3. सौ जगह से फटा अँगरखा, 4. भोला।

88

वक़्फ़े-उमीदे-दीदे-यार[1] है दिल
फ़स्ले-गुल[2] और सोगवार[3] है दिल

जानता है केः वो न आयेंगे
फिर भी मसरूफ़े-इन्तज़ार है दिल

वजहे-रंजो-अलम सही लेकिन
ख़्वाबे-उल्फ़त की यादगार है दिल

आप मुजरिमे-जफ़ा न बनें
हमने माना गुनाहगार है दिल

'फ़ैज़' अंजामे-आशिक़ी मालूम
इस क़दर है केः बेक़रार है दिल

---

1. प्रियतम के आने की आशा का अंतराल, 2. वसंत, 3. दुःखी।

89

न किसी पे ज़ख़्म अयाँ कोई, न किसी को फ़िक्र रफ़ू की है
न करम है हम पे हबीब[1] का, न निगाह हम पे अदू[2] की है

सफ़े-ज़ाहिदाँ[3] है तो बेयक़ीं, सफ़े-मयकशाँ है तो बेतलब
न वो सुब्ह विर्दो-वज़ू[4] की है, न वो शाम जामो-सुबू[5] की है

न ये ग़म नया न सितम नया कि तिरी जफ़ा का गिला करें
ये नज़र थी पहले भी मुज़्तरिब[6], ये कसक तो दिल में कभू की है

क़फ़े-बाग़बाँ पे बहारे-गुल का है क़र्ज़ पहले से बेशतर
कि हरेक फूल के पैरहन में नमूद मेरे लहू की है

नहीं खौफ़े-रोज़े-सियह हमें कि है 'फ़ैज़' ज़र्फ़े-निगाह में
अभी गोशःगीर वो इक किरन जो लगन उस आईनःरू की है

1967

---

1. प्रिय, 2. शत्रु, 3. धर्मोपदेशकों की कतार, 4. बार-बार वज़ू करना, 5. सुराही और प्याला, 6. बेचैन।

90

चाँद निकले किसी जानिब तिरी ज़ेबाई[1] का
रंग बदले किसी सूरत शबे-तनहाई का

दौलते-लब[2] से फिर ऐ ख़ुसरवे-शीरींदहनाँ[3]
आज अरज़ाँ[4] हो कोई हर्फ़ शनासाई[5] का

गर्मी-ए-रश्क़ से हर अंजुमने-गुलबदनाँ[6]
तज़किरा छेड़े तिरी पैरहन-आराई[7] का

सह्‌ने-गुलशन में कभी ऐ शहे-शमशादक़दाँ[8]
फिर नज़र आये सलीक़ः तिरी रा'नाई[9] का

एक बार और मसीहा-ए-दिले-दिलज़दगाँ[10]
कोई वा'दः कोई इक़रार मसीहाई का

दीदः-ओ-दिल को सँभालो कि सरे-शामे-फ़िराक़
साज़ो-सामान बहम पहुँचा है रुस्वाई[11] का

अगस्त, 1968

---

1. सुंदरता, 2. होंठों की दौलत, 3. मीठे मुँह (बोली) वालों के खुसरो (सरताज), 4. सस्ता, 5. परिचय, 6. फूल-जैसे शरीरवालों की महफ़िल, 7. वस्त्रों की सजावट, 8. शमशाद के पेड़-जैसे क़दवालों का सरताज, 9. लालित्य, सुंदरता, 10. पीड़ित हृदयों के दिल का इलाज करनेवाला, 11. बदनामी।

91

कब तक दिल की ख़ैर मनायें, कब तक रह दिखलाओगे
कब तक चैन की मोहलत[1] दोगे, कब तक याद न आओगे

बीता दीद-उमीद[2] का मौसम, ख़ाक उड़ती है आँखों में
कब भेजोगे दर्द का बादल, कब बरखा बरसाओगे

अहदे-वफ़ा या तर्के-मुहब्बत,[3] जी चाहो सो आप करो
अपने बस की बात ही क्या है, हमसे क्या मनवाओगे

किसने वस्ल का सूरज देखा, किस पर हिज्र की रात ढली
गेसुओंवाले[4] कौन थे क्या थे, उनको क्या जतलाओगे

'फ़ैज़' दिलों के भाग में है घर बसना भी, लुट जाना भी
तुम उस हुस्न के लुत्फ़ो-करम[5] पर कितने दिन इतराओगे

अक्तूबर, 1968

---

1. अवकाश, 2. देखने की आशा, 3. वफ़ादारी का प्रण या प्रेम-संबंध का विच्छेद, 4. जुल्फ़ोंवाले, 5. कृपाओं।

92

कहीं तो कारवाने-दर्द की मंज़िल ठहर जाये
किनारे आ लगे उम्रे-रवाँ या दिल ठहर जाये

अमौ[1] कैसी कि मौजे-ख़ूँ अभी सर से नहीं गुज़री
गुज़र जाये तो शायद बाज़ुए-क़ातिल ठहर जाये

कोई दम बादबाने-कश्तिए-सहबा[2] को तह रक्खो
ज़रा ठहरो गुबारे-ख़ातिरे-महफ़िल[3] ठहर जाये

खुमे-साक़ी में जुज़[4] ज़हरे-हलाहल कुछ नहीं बाक़ी
जो हो महफ़िल में इस इकराम[5] के क़ाबिल ठहर जाये

हमारी ख़ामशी बस दिल में लब तक एक वक़्फ़ा[6] है
य' तूफ़ाँ है जो पल-भर बर-लबे-साहिल ठहर जाये

निगाहे-मुन्तज़िर[7] कब तक करेगा आइनाबन्दी
कहीं तो दश्ते-ग़म[8] में यार का महमिल[9] ठहर जाये

---

1. शांति, सुरक्षा भाव, 2. शराब की कश्ती का बादबान, शराब के दौर को मस्ती के झोंके देनेवाली सोहबत ('कश्ती' शराब के एक क़िस्म के प्याले को भी कहते हैं), 3. महफ़िल के दिल का गुबार, 4. सिवाय, 5. सत्कार, 6. बीच का अवकाश, 7. इंतज़ार करनेवाली निगाह, प्रतीक्षु दृष्टि, 8. दुख और संताप का बियाबान, 9. ऊँट पर स्त्रियों के बैठने के लिए बनी हुई डोलीनुमा जगह।

93

अब बज़्मे-सुख़न सुहबते-सोख़्तगाँ[1] है
अब हल्कः-ए-मय[2] तायफ़ः-ए-बेतलबाँ[3] है

हम सहल तलब कौन से फ़रहाद थे, लेकिन
अब शहर में तेरे कोई हम-सा भी कहाँ है

घर रहिये तो वीरानी-ए-दिल खाने को आवे
रह चलिये तो हर गाम पे ग़ोग़ा-ए-सगाँ[4] है

है साहबे-इंसाफ़ ख़ुद इंसाफ़ का तालिब
मुहर उसकी है, मीज़ान[5] ब-दस्ते-दिगराँ[6] है

अरबाबे-जुनूँ[7] यक-ब-दिगर[8] दस्तो-गरेबाँ[9]
और जैशे—हवस[10] दूर से नज्ज़ारःकुनाँ है

---

1. जले हुओं का साथ, 2. मदिरा का क्षेत्र, 3. उन लोगों की मंडली जिन्हें कुछ नहीं चाहिए, 4. कुत्तों का शोर, 5. तराजू, 6. दूसरों के हाथ में, 7. उन्मादवाले, 8. एक-दूसरे से, 9. गरेबाँ में हाथ डाले हुए, लड़ते हुए, 10. कामनाओं की फ़ौज।

94

नहीं निगाह में मंज़िल तो जुस्तजू[1] ही सही
नहीं विसाल मयस्सर[2] तो आरज़ू ही सही

न तन में ख़ून फ़राहम[3] न अश्क आँखों में
नमाज़े-शौक़ तो वाजिब[4] है, बे-वज़ू ही सही

यही बहुत है केः सालिम है दिल का पैराहन
ये चाक-चाक गरेबान बेरफ़ू ही सही

किसी तरह तो जमे बज़्म, मयकदेवालो
नहीं जो बादः-ओ-साग़र तो हा-ओ-हू ही सही

गर इन्तज़ार कठिन है तो जब तलक ऐ दिल
किसी के वादः-ए-फ़र्दा[5] से गुफ़्तगू ही सही

दयारे-ग़ैर[6] में महरम[7] अगर नहीं कोई
तो 'फ़ैज़' ज़िक्रे-वतन अपने रू-ब-रू[8] ही सही

---

1. तलाश, 2. उपलब्ध, 3. मौजूद, 4. आवश्यक, 5. कल के वादे, 6. पराई धरती, 7. अपना, 8. समक्ष।

95

हर घड़ी अक्से-रुख़े-यार[1] लिये फिरती है
कितने महताब[2] शबे-तार लिये फिरती है

सुन तो लो, देख तो लो, मानो न मानो, ऐ दिल
शामे-ग़म सैकड़ों इक़रार लिये फिरती है

है वही हल्क़ः-ए-मौहूम[3] मगर मौजे-नसीम[4]
तारे-गेसू में ख़मे-दार लिये फिरती है

बाग़बाँ होश केः बरहम[5] है मिज़ाजे-गुलशन
हर कली हाथ में तलवार लिये फिरती है

---

1. प्रियतम के चेहरे की छवि, 2. चाँद, 3. अस्पष्ट वृत्त, 4. हवा की लहर, 5. नाराज़।

नज़्में

नक़्शे-फ़रियादी

ख़ुदा वह वक़्त न लाये

ख़ुदा वह वक़्त न लाये कि सोगवार[1] हो तू
सुकूँ की नींद तुझे भी हराम हो जाये
तिरी मसर्रते-पैहम[2] तमाम हो जाये
तिरी हयात तुझे तल्ख़ जाम हो जाये

ग़मों से आईनः-ए-दिल गुदाज़[3] हो तेरा
हुजूमे-यास[4] से बेताब होके रह जाये
वफ़ूरे-दर्द[5] से सीमाब[6] होके रह जाये
तिरा शबाब फ़क़त ख़्वाब होके रह जाये

ग़ुरूरे-हुस्न सरापा नियाज़[7] हो तेरा
तवील रातों में तू भी क़रार को तरसे
तिरी निगाह किसी ग़मगुसार को तरसे
ख़िज़ाँरसीदः तमन्ना बहार को तरसे

कोई जबीं न तिरे संगे-आस्ताँ[8] पे झुके
कि जिन्से-इज्ज़ो-अक़ीदत[9] से तुझको शाद करे
फ़रेबे-वादः-ए-फ़र्दा[10] पे ए'तमाद करे
खुदा वह वक़्त न लाये कि तुझको याद आये

वह दिल कि तेरे लिए बे-क़रार अब भी है
वह आँख जिसको तिरा इंतज़ार अब भी है

---

1. उदास 2. निरंतर सुख, 3. नर्म, बोझल, 4. निराशाओं की भीड़, 5. पीड़ा की अति, 6. पारा, 7. श्रद्धा, 8. चौखट का पत्थर, 9. नम्रता और श्रद्धा, 10. भविष्य के वादे का धोखा।

इंतिहा-ए-कार[1]

पिंदार[2] के ख़ूगर[3] को
नाकाम भी देखोगे
आग़ाज़[4] से वाक़िफ़ हो
अंजाम भी देखोगे

रंगीनी - ए - दुनिया से
मायूस - सा हो जाना
दुखता हुआ दिल लेकर
तनहाई में खो जाना

तरसी हुई नज़रों को
हसरत से झुका लेना
फ़रियाद के टुकड़ों को
आहों में छुपा लेना

रातों की ख़मोशी में
छुपकर कभी रो लेना
मजबूर जवानी के
मलबूस[5] को धो लेना
जज़्बात की वुसअ'त[6] को
सिज्दों से बसा लेना
भूली हुई यादों को
सीने से लगा लेना

---

1. कार्य की परिणति, 2. अभिमान, 3. आदी, 4. आरंभ, 5. वस्त्र, 6. विस्तार।

अंजाम

हैं लबरेज़[1] आहों से ठंडी हवाएँ
उदासी में डूबी हुई हैं घटाएँ

मुहब्बत की दुनिया में शाम आ चुकी है
सियहपोश हैं ज़िंदगी की फ़ज़ाएँ

मचलती हैं सीने में लाख आरज़ूएँ
तड़पती हैं आँखों में लाख इल्तिजाएँ[2]

तग़ाफ़ुल[3] के आग़ोश में सो रहे हैं
तुम्हारे सितम और मेरी वफ़ाएँ

मगर फिर भी ऐ मेरे मा'सूम क़ातिल
तुम्हें प्यार करती हैं मेरी दुआएँ

1. परिपूर्ण, 2. प्रार्थनाएँ, 3. उपेक्षा।

सरोदे-शबाना[1]—1

गुम है इक कैफ़[2] में फ़ज़ा-ए-हयात[3]
ख़ामुशी सिज्दः-ए-नियाज़[4] में है
हुस्ने-मा'सूम ख़्वाबे-नाज़ में है

ऐ कि तू रंगो-बू का तूफ़ाँ है
ऐ कि तू जल्वःगर बहार में है
ज़िंदगी तेरे इख़्तियार में है

फूल लाखों बरस नहीं रहते
दो घड़ी और है बहारे-शबाब
आ कि कुछ दिल की सुन-सुना लें हम
आ मुहब्बत के गीत गा लें हम

मेरी तनहाइयों पे शाम रहे
हसरते-दीद[5] नातमाम रहे

दिल में बेताब है सदा-ए-हयात[6]
आँख गौहर निसार[7] करती है
आसमाँ पर उदास हैं तारे
चाँदनी इंतज़ार करती है

आ कि थोड़ा-सा प्यार कर लें हम
ज़िंदगी ज़रनिगार[8] कर लें हम

---

1. रात्रि संगीत, 2. नशा, 3. जीवन का वातावरण, 4. श्रद्धा से झुकना, 5. दर्शन की अभिलाषा, 6. जीवन-स्वर, 7. निछावर, 8. स्वर्णिम।

आख़िरी ख़त

वह वक़्त मिरी जान बहुत दूर नहीं है
जब दर्द से रुक जायेंगी सब ज़ीस्त[1] की राहें
और हद से गुज़र जायेगा अंदोहे-निहानी[2]
थक जायेंगी तरसी हुई नाकाम निगाहें
छिन जायेंगे मुझसे मिरे आँसू, मिरी आहें
छिन जायेगी मुझसे मिरी बेकार जवानी

शायद मिरी उल्फ़त को बहुत याद करोगी
अपने दिले-मा'सूम को नाशाद करोगी
आओगी मिरी गोर[3] पे तुम अश्क बहाने
नौख़ेज़[4] बहारों के हसीं फूल चढ़ाने

शायद मिरी तुर्बत[5] को भी ठुकराके चलोगी
शायद मिरी बे-सूद वफ़ाओं पे हँसोगी
इस वज़्ए-करम का भी तुम्हें पास[6] न होगा
लेकिन दिले-नाकाम का एहसास न होगा

अलक़िस्सः मआले-ग़मे-उल्फ़त[7] पे हँसो तुम
या अश्क बहाती रहो फ़रियाद करो तुम
माज़ी[8] पे नदामत[9] हो तुम्हें या कि मसर्रत[10]
ख़ामोश पड़ा सोयेगा वामाँदः-ए-उल्फ़त[11]

---

1. ज़िंदगी, 2. छुपा हुआ तूफ़ान, 3. कब्र, 4. नवोदित, 5. क़ब्र, 6. ध्यान, 7. प्रेम-पीड़ा का परिणाम, 8. बीते दिन, अतीत, 9. शर्मिंदगी, 10. खुशी, 11. प्रेम से थका हुआ।

हसीनः-ए-ख़याल से

मुझे दे दो
रसीले होंठ, मा'सूमाना पेशानी, हसीं आँखें
कि मैं इक बार फिर रंगीनियों में ग़र्क़ हो जाऊँ
मिरी हस्ती को तेरी इक नज़र आग़ोश में ले ले
हमेशा के लिए इस दाम[1] में महफ़ूज़ हो जाऊँ
ज़िया-ए-हुस्न[2] से ज़ुल्माते-दुनिया[3] में न फिर आऊँ

गुज़श्तः हसरतों के दाग़ मेरे दिल से धुल जायें
मैं आनेवाले ग़म की फ़िक्र से आज़ाद हो जाऊँ
मिरे माज़ी-ओ-मुस्तक़बिल[4] सरासर महव हो जायें
मुझे वह इक नज़र, इक जाविदानी[5]-सी नज़र दे दे

[ब्राऊनिंग]

1. जाल, 2. रूप की ज्योति, 3. संसार का अँधेरा, 4. अतीत और भविष्य, 5. अमर।

मिरी जाँ अब भी अपना हुस्न वापस फेर दे मुझको

मिरी जाँ अब भी अपना हुस्न वापस फेर दे मुझको

अभी तक दिल में तेरे इश्क़ की क़ंदील रौशन है
तिरे जल्वों से बज़्मे-ज़िंदगी जन्नत-ब-दामन[1] है
मिरी रूह अब भी तनहाई में तुझको याद करती है
हर इक तारे-नफ़स[2] में आरज़ू बेदार है अब भी
हर इक बे-रंग साअ'त मुंतज़िर है तेरी आमद की
निगाहें बिछ रही हैं रास्ता ज़रकार[3] है अब भी

मगर जाने-हज़ीं[4] सदमे सहेगी आख़िरश कब तक
तिरी बे-मेह्रियों[5] पे जान देगी आख़िरश कब तक
तिरी आवाज़ में सोई हुई शीरीनियाँ आख़िर
मिरे दिल की फ़सुर्दः[6] ख़िल्वतों[7] में जा न पायेंगी
ये अश्कों की फ़रावानी[8] में धुँदलाई हुई आँखें
तिरी रा'नाइयों[9] की तमकनत[10] को भूल जायेंगी

पुकारेंगे तुझे तो लब कोई लज़्ज़त न पायेंगे
गुलू में तेरी उल्फ़त के तराने सूख जायेंगे

मबादा[11] यादहा-ए-अह्दे-माज़ी[12] मह्व हो जायें
ये पारीना[13] फ़साने मौजहा-ए-ग़म[14] में खो जायें
मिरे दिल की तहों से तेरी सूरत धुल के बह जाये
हरीमे-इश्क़[15] की शम्अ'-ए-दरख़्शाँ बुझके रह जाये
मबादा अजनबी दुनिया की ज़ुल्मत घेर ले तुझको
मिरी जाँ अब भी अपना हुस्न वापस फेर दे मुझको

1. आँचल में स्वर्ग लिये हुए, 2. साँसों का क्रम, 3. सुनहले कामवाला, 4. दुखी प्राण, 5. निष्ठुरता, 6. उदास, 7. एकांत, 8. बाहुल्य, 9. सुंदरता, छटा, 10. आभा, तड़क-भड़क, 11. कहीं ऐसा न हो, 12. बीते दिनों की यादें, 13. पुराने, 14. दुःख की लहरें, 15. प्रेम का घर।

बा'द अज़ वक़्त

दिल को एहसास से दो चार न कर देना था
साज़े-ख़्वाबीदः[1] को बेदार न कर देना था

अपने मा'सूम तबस्सुम की फ़रावानी को
वुसअ'ते-दीद[2] पे गुलबार[3] न कर देना था

शौक़े-मजबूर को बस एक झलक दिखलाकर
वाक़िफ़े-लज़्ज़ते-तकरार[4] न कर देना था

चश्मे-मुश्ताक़[5] की ख़ामोश तमन्नाओं को
यक-ब-यक माइले-गुफ़्तार[6] न कर देना था

जल्वः-ए-हुस्न को मस्तूर[7] ही रहने देते
हसरते-दिल को गुनहगार न कर देना था

---

1. सोया हुआ बाजा, 2. दृष्टि का विस्तार, 3. फूल बरसाना, 4. दुबारा के सुख से परिचित, 5. लालायित आँखें, 6. बोलने को तैयार, 7. गुप्त।

सरोदे-शबाना—2

नीम शब, चाँद, ख़ुद-फ़रामोशी
महफ़िले - हस्तो - बूद[1] वीराँ है
पैकरे - इल्तिजा[2] है ख़ामोशी
बज़्मे - अंजुम[3] फ़सुर्दः - सामाँ[4] है
आबशारे - सुकूत[5] जारी है
चार सू बे-ख़ुदी सी तारी है
ज़िंदगी जुज़्वे-ख़्वाब[6] है गोया
सारी दुनिया सराब[7] है गोया
सो रही है घने दरख़्तों पर
चाँदनी की थकी हुई आवाज़
कहकशाँ[8] नीम-वा[9] निगाहों से
कह रही है हदीसे-शौक़े-नियाज़[10]
साज़े-दिल के ख़मोश तारों से
छन रहा है खुमारे-कैफ़ आगीं[11]
आरज़ू ख़्वाब, तेरा रू-ए-हसीं[12]

1. है और था (वर्तमान और अतीत) की दुनिया, 2. साकार प्रार्थना, 3. सितारों की महफ़िल, 4. बुझी हुई, उदास, 5. निश्चलता का झरना, 6. स्वप्न का हिस्सा, 7. मृगतृष्णा, 8. आकाश-गंगा, 9. अधखुली, 10. दर्शन-अभिलाषा की कहानी, 11. मादक नशा, 12. सुंदर मुखड़ा।

इन्तज़ार

गुज़र रहे हैं शबो-रोज़-तुम नहीं आतीं

रियाज़े-ज़ीस्त[1] है आज़ुर्दः-ए-बहार[2] अभी
मिरे ख़याल की दुनिया है सोगवार अभी
जो हसरतें तिरे ग़म की कफ़ील[3] हैं, प्यारी

अभी तलक मिरी तनहाइयों में बसती हैं
तवील रातें अभी तक तवील हैं, प्यारी
उदास आँखें तिरी दीद को तरसती हैं*

बहारे-हुस्न पे पाबंदी-ए-जफ़ा कब तक
ये आज़माइशे-सब्रे-गुरेज़पा[4] कब तक
क़सम तुम्हारी, बहुत ग़म उठा चुका हूँ मैं

ग़लत था दा'व-ए-सब्रो-शकेब,[5] आ जाओ
क़रारे-ख़ातिरे-बेताब[6] थक गया हूँ मैं

अली सरदार जाफ़री द्वारा संपादित* ***शीशों का मसीहा* *में यह पंक्ति इस प्रकार है—*
उदास आँखें अभी इंतज़ार करती हैं

---

1. जीवन का अभ्यास, 2. बहार का सताया हुआ, 3. बंद, 4. बार-बार टूटनेवाले धीरज की परीक्षा, 5. धैर्य, 6. बेचैन हृदय की शांति।

तहे-नुजूम

तहे-नुजूम[1] कहीं चाँदनी के दामन में
हुजूमे-शौक़[2] से इक दिल है बे-क़रार अभी
ख़ुमारे-ख़्वाब से लबरेज़ अहमरीं[3] आँखें
सफ़ेद रुख़ पे परीशान अ'म्बरीं[4] आँखें
छलक रही है जवानी हर इक बुने-मू[5] से
रवाँ हो बर्गे-गुले-तर से जैसे सैले-शमीम[6]
ज़िया-ए-मह[7] में दमकता है रंगे-पैराहन
अदा-ए-इ'ज्ज़[8] से आँचल उड़ा रही है नसीम
दराज़ क़द की लचक से गुदाज़ पैदा है
अदा-ए-नाज़ से रंगे-नियाज़ पैदा है
उदास आँखों में ख़ामोश इल्तिजाएँ हैं
दिले-हज़ीं[9] में कई जाँ-ब-लब दुआएँ हैं
तहे-नुजूम कहीं चाँदनी के दामन में
किसी का हुस्न है मसरूफ़े-इंतज़ार अभी
कहीं ख़याल के आबादकर्दः गुलशन में
है एक गुल कि है नावाक़िफ़े-बहार अभी

---

1. सितारों के नीचे, 2. उमंगों की भीड़, 3. लाल, 4. सुगंधित, 5. रोम-रोम, 6. ठंडी हवा का झोंका, 7. चाँद की रोशनी, 8. कोमलता, 9. व्यथित हृदय।

हुस्न और मौत

जो फूल सारे गुलिस्ताँ में सबसे अच्छा हो
फ़रोग़े-नूर[1] हो जिससे फ़ज़ा-ए-रंगीं में
ख़िज़ाँ के जौरो-सितम[2] को न जिसने देखा हो
बहार ने जिसे ख़ूने-जिगर से पाला हो
वो एक फूल समाता है चश्मे-गुलचीं में

हज़ार फूलों से आबाद बाग़े-हस्ती है
अजल[3] की आँख फ़क़त एक को तरसती है
कई दिलों की उमीदों का जो सहारा हो
फ़ज़ा-ए-दह्र[4] की आलूदगी[5] से बाला हो
जहाँ में आके अभी जिसने कुछ न देखा हो
न क़हते-ऐ'शो-मसर्रत[6], न ग़म की अरज़ानी[7]

कनारे-रहमते-हक़[8] में उसे सुलाती है
सुकूते-शब[9] में फ़रिश्तों की मर्सियेःख़्वानी[10]
तवाफ़[11] करने को सुब्हे-बहार आती है
सबा चढ़ाने को जन्नत के फूल लाती है

---

1. प्रकाश की वृद्धि, 2. अत्याचार, 3. मौत, 4. दुनिया की हवा, 5. लिप्त होना, 6. सुख का अभाव, 7. सस्ता होना, 8. विधाता की कृपालु गोद, 9. रात का सन्नाटा, 10. मर्सिया पढ़ना, 11. परिक्रमा।

तीन मंज़र

तसव्वुर[1]

शोख़ियाँ मुज़्तर[2] निगाहे-दीदः-ए-सरशार में
इ'शरतें ख़्वाबीदः रंगे-ग़ाजः-ए-रुख़सार में
सुर्ख़ होंठों पर तबस्सुम की ज़ियाएँ[3], जिस तरह
यासमन[4] के फूल डूबे हों मये-गुलनार में

सामना

छनती हुई नज़रों से जज़्बात की दुनियाएँ
बेख़्वाबियाँ, अफ़साने, महताब, तमन्नाएँ
कुछ उलझी हुई बातें, कुछ बहके हुए नग़्मे
कुछ अश्क जो आँखों से बे-वज्ह छलक जायें

रुख़सत

फ़सुर्दः[5] रुख़, लबों पर इक नियाज़-आमेज़[6] ख़ामोशी
तबस्सुम मुज़्महिल[7] था, मरमरीं हाथों में लरज़िश थी
वो कैसी बेकसी थी तेरी पुर-तमकीं निगाहों में
वो क्या दुख था तिरी सहमी हुई ख़ामोश आहों में

---

1. कल्पना, 2. मचलती हुई, 3. ज्योति, 4. चमेली, 5. उदास, 6. श्रद्धा-भरी, 7. बुझी हुई।

सरोद

मौत अपनी, न अमल अपना, न जीना अपना
खो गया शोरिशे-गेती[1] में क़रीनः अपना
नाख़ुदा[2] दूर, हवा तेज़, क़रीं[3] कामे-निहंग[4]
वक़्त है फेंक दे लहरों में सफ़ीनः[5] अपना
अर्सःए-दह्र के हंगामे तहे-ख़्वाब सही
गर्म रख आतिशे-पैकार[6] से सीनः अपना
साक़िया रंज न कर जाग उठेगी महफ़िल
और कुछ देर उठा रखते हैं पीना अपना
बेशक़ीमत हैं ये ग़महा-ए-मुहब्बत मत भूल
ज़ुल्मते-यास[7] को मत सौंप ख़ज़ीनः[8] अपना

---

1. दुनिया के शोर, 2. खेवनहार, 3. निकट, 4. घड़ियाल का जबड़ा, 5. नाव, 6. युद्ध की ज्वाला, 7. निराशा का अंधकार, 8. निधि, ख़ज़ाना।

यास[1]

बरबते-दिल[2] के तार टूट गये
हैं ज़मीं-बोस[3] राहतों के महल
मिट गये क़िस्सःहा-ए-फ़िक्रो-अमल
बज़्मे-हस्ती के जाम फूट गये
छिन गया कैफ़े-कौसरो-तस्नीम[4]

ज़हमते-गिरियः-ओ-बुका[5] बे-सूद
शिकवः-ए-बख़्ते-नारसा[6] बे-सूद
हो चुका ख़त्म रहमतों का नुजूल[7]
बंद है मुद्दतों से बाबे-क़ुबूल[8]
बे-नियाज़े-दुआ है रब्बे-करीम

बुझ गई शम्ए-आरज़ू-ए-जमील[9]
याद बाक़ी है बेकसी की दलील
इंतज़ारे - फ़ज़ूल रहने दे
राज़े - उल्फ़त निबाहने वाले
बारे-ग़म से कराहने वाले
काविशे - बे - हुसूल[10] रहने दे

---

1. निराशा, 2. हृदय-तंत्री, 3. धराशायी, 4. जन्नत की नहरों का मज़ा, 5. क्रंदन और रुदन का कष्ट, 6. अभागेपन का दुखड़ा, 7. अवतरण, 8. स्वीकृति का द्वार, 9. सुंदर कामना का दीपक, 10. निष्फल खोज।

आज की रात

आज की रात साज़े-दर्द न छेड़

दुख से भरपूर दिन तमाम हुए
और कल की ख़बर किसे मा'लूम
दोशो-फ़र्दा[1] की मिट चुकी हैं हदूद
हो न हो अब सहर किसे मा'लूम
ज़िंदगी हेच लेकिन आज की रात
एज़दियत[2] है मुमकिन आज की रात
आज की रात साज़े-दर्द न छेड़

अब न दुहरा फ़सानहा-ए-अलम[3]
अपनी क़िस्मत पे सोगवार न हो
फ़िक्रे-फ़र्दः[4] उतार दे दिल से
उ'म्रे-रफ़्तः[5] पे अश्कबार[6] न हो
अ'ह्दे-ग़म[7] की हिकायतें मत पूछ
हो चुकीं सब शिकायतें मत पूछ
आज की रात साज़े-दर्द न छेड़

---

1. गुज़री हुई रात और आनेवाला कल, 2. ख़ुदाई, ख़ुदा होना, 3. दुःख की कहानियाँ, 4. भविष्य की चिंता, 5. बीता जीवन, 6. आँसू बहाना, 7. दुःख के दिन।

एक रहगुज़र पर

वो जिसकी दीद में लाखों मसर्रतें[1] पिन्हाँ
वो हुस्न जिसकी तमन्ना में जन्नतें पिन्हाँ

हज़ार फ़ित्ने[2] तहे-पा-ए-नाज़[3] ख़ाकनशीं
हर इक निगाह ख़ुमारे-शबाब[4] से रंगीं

शबाब, जिससे तख़य्युल[5] पे बिजलियाँ बरसें
विक़ार[6] जिसकी रक़ाबत[7] को शोख़ियाँ तरसें

अदा-ए-लग़्ज़िशे-पा[8] पर क़यामतें क़ुर्बां
बयाज़े-रुख़[9] पे सहर की सबाहतें[10] क़ुर्बां

सियाह ज़ुल्फ़ों में वारफ़्तः[11] नकहतों[12] का हुजूम
तवील रातों की ख़्वाबीदः राहतों का हुजूम

वो आँख जिसके बना'व पे ख़ालिक[13] इतराये
ज़बाने-शे'र को तारीफ़ करते शर्म आये

वो होंठ फ़ैज़ से जिनके बहारे-लालःफरोश
बहिश्तो-कौसरो-तस्नीमो-सलसबील[14] ब-दोश[15]

गुदाज़ जिस्म, क़बा जिस पे सज के नाज़ करे
दराज़ क़द जिसे सर्वे-सही[16] नमाज़ करे

ग़रज़ वो हुस्न जो मुहताजे-वस्फ़ो-नाम[17] नहीं
वो हुस्न जिसका तसव्वुर बशर[18] का काम नहीं

किसी ज़माने में इस रहगुज़र से गुज़रा था
ब-सद-गुरूरो-तजम्मुल[19] इधर से गुज़रा था

और अब ये राहगुज़र भी है दिलफ़रेबो-हसीं
है इसकी ख़ाक में कैफ़े-शराबो-शे'र[20] मकीं[21]

हवा में शोख़ी-ए-रफ़्तार[22] की अदाएँ हैं
फ़ज़ा में नर्मी-ए-गुफ़्तार[23] की सदाएँ हैं

गरज़ वो हुस्न अब इस जा का जुज़्वे-मंज़र[24] है
नियाज़े-इश्क़[25] को इक सिज्दःगह मयस्सर है

---

1. ख़ुशियाँ, 2. उपद्रव, 3. सुंदरता के पैर के नीचे, 4. यौवन-मद, 5. कल्पना, 6. गरिमा, 7. साथ, 8. पैरों के काँपने का ढंग, 9. चेहरे का गोरा रंग, 10. सफ़ेदी, रौशनी, 11. बहती हुई, 12. सुगंध, 13. स्रष्टा, 14. जन्नत और उसकी नहरें, 15. कंधे पर लिये हुए, 16. सर्व के सीधे पेड़, 17. परिचय या नाम का मुहताज, 18. मनुष्य , 19. सैकड़ों अभिमान और रूप लेकर, 20. मदिरा और कविता की मादकता, 21. बसा हुआ, 22. चाल की चंचलता, 23. वाणी की कोमलता, 24. दृश्य का अंश।

एक मंज़र

बामो-दर ख़ामशी के बोझ से चूर
आसमानों से जू-ए-दर्द[1] रवाँ
चाँद का दुख-भरा फ़सानः-ए-नूर[2]
शाहराहों की ख़ाक में ग़लताँ[3]
ख़्वाबगाहों में नीम-तारीकी
मुज़्महिल[4] लय रुबाबे-हस्ती[5] की
हल्के-हल्के सुरों में नौहः कुनाँ

1. पीड़ा की धारा, 2. ज्योति की कहानी, 3. डूबा हुआ, 4. नीरस, 5. जीवन-वीणा।

मेरे नदीम

ख़यालो-शे'र की दुनिया में जान थी जिनसे
फ़ज़ा-ए-फ़िक्रो-अमल[1] अर्ग़वान[2] थी जिनसे
वो जिनके नूर से शादाब थे महो-अंजुम[3]
जुनूने-इ'श्क़ की हिम्मत जवान थी जिनसे
वो आरज़ूएँ कहाँ सो गयी हैं, मेरे नदीम[4]

वो ना-सुबूर[5] निगाहें, वो मुंतज़िर राहें
वो पासे-ज़ब्त[6] से दिल में दबी हुई आहें
वो इन्तज़ार की रातें, तवील, तीरः-ओ-तार[7]
वो नीम-ख़्वाब शबिस्ताँ, वो मख़मली बाँहें
कहानियाँ थीं कहीं खो गयी हैं, मेरे नदीम

मचल रहा है रगे-ज़िंदगी में ख़ूने-बहार
उलझ रहे हैं पुराने ग़मों से रूह के तार
चलो कि चलके चिराग़ाँ करें दयारे-हबीब[8]
हैं इन्तज़ार में अगली मुहब्बतों के मज़ार
मुहब्बतें जो फ़ना हो गयी हैं, मेरे नदीम

---

1. आचार-विचार की दुनिया, 2. लाल, रंगीन, 3. चाँद-तारे, 4. साथी, 5. धैर्यहीन, 6. धैर्य की चिंता, 7. अँधेरी, काली, 8. दोस्त का घर।

मुझसे पहली-सी मुहब्बत मिरे महबूब न माँग

मुझसे पहली-सी मुहब्बत मिरे महबूब न माँग
मैंने समझा था कि तू है तो दरख़्शाँ[1] है हयात[2]
तेरा ग़म है तो ग़मे-दह्र[3] का झगड़ा क्या है
तेरी सूरत से है आलम में बहारों को सबात[4]
तेरी आँखों के सिवा दुनिया में रक्खा क्या है
तू जो मिल जाये तो तक़दीर नगूँ[5] हो जाये
यूँ न था, मैंने फ़क़त चाहा था यूँ हो जाये

और भी दुख हैं ज़माने में मुहब्बत के सिवा
राहतें और भी हैं वस्ल[6] की राहत के सिवा

अनगिनत सदियों के तारीक बहीमानः[7] तिलिस्म
रेशमो-अतलसो-किमख़्वाब में बुनवाये हुए
जा-ब-जा बिकते हुए कूचः-ओ-बाज़ार में जिस्म
ख़ाक में लिथड़े हुए, ख़ून में नहलाये हुए
जिस्म निकले हुए अमराज़[8] के तन्नूरों से
पीप बहती हुई गलते हुए नासूरों से
लौट जाती है उधर को भी नज़र क्या कीजे
अब भी दिलकश है तिरा हुस्न मगर क्या कीजे

और भी दुख हैं ज़माने में मुहब्बत के सिवा
राहतें और भी हैं वस्ल की राहत के सिवा
मुझसे पहली-सी मुहब्बत मिरे महबूब न माँग

---

1. चमकदार, 2. जीवन, 3. दुनिया का दुःख, 4. स्थिरता, 5. उलट जाना, बदल जाना, 6. प्रणय, मिलन, 7. पाशविक, बर्बर, 8. बीमारियाँ।

सोच

क्यों मेरा दिल शाद नहीं है क्यों ख़ामोश रहा करता हूँ
छोड़ो मेरी रामकहानी मैं जैसा भी हूँ अच्छा हूँ

मेरा दिल ग़मगीं है तो क्या ग़मगीं यह दुनिया है सारी
ये दुख तेरा है ना मेरा हम सबकी जागीर है प्यारी

तू गर मेरी भी हो जाये दुनिया के ग़म यूँ ही रहेंगे
पाप के फंदे, ज़ुल्म के बंधन अपने कहे से कट न सकेंगे

ग़म हर हालत में मुहलिक[1] है अपना हो या और किसी का
रोना-धोना, जी को जलाना यूँ भी हमारा, यूँ भी हमारा

क्यों न जहाँ का ग़म अपना लें बाद में सब तदबीरें सोचें
बाद में सुख के सपने देखें सपनों की ता'बीरें[2] सोचें

बे-फ़िकरे धन-दौलतवाले ये आख़िर क्यों ख़ुश रहते हैं
इनका सुख आपस में बाँटें ये भी आख़िर हम जैसे हैं

हमने माना जंग कड़ी है सर फूटेंगे, ख़ून बहेगा
ख़ून में ग़म भी बह जायेंगे हम न रहें, ग़म भी न रहेगा

---

1. घातक, 2. साकार रूप।

रक़ीब से

आ कि वाबस्तः[1] हैं उस हुस्न की यादें तुझ से
जिसने इस दिल को परीख़ानः बना रक्खा था
जिसकी उल्फ़त में भुला रक्खी थी दुनिया हमने
दह्र[2] को दह्र का अफ़सानः बना रक्खा था

आशना हैं तिरे क़दमों से वो राहें जिन पर
उसकी मदहोश जवानी ने इ'नायत की है
कारवाँ गुज़रे हैं जिनसे उसी रा'नाई[3] के
जिसकी इन आँखों ने बे-सूद[4] इ'बादत[5] की है

तुझसे खेली हैं वो महबूब हवाएँ जिनमें
उसके मलबूस[6] की अफ़सुर्दः[7] महक बाक़ी है
तुझ पे भी बरसा है उस बाम से महताब का नूर
जिसमें बीती हुई रातों की कसक बाक़ी है

तूने देखी है वो पेशानी[8] वो रुख़सार[9] वो होंठ
ज़िंदगी जिनके तसव्वुर[10] में लुटा दी हमने
तुझ पे उट्ठी हैं वो खोई हुई साहिर[11] आँखें
तुझको मा'लूम है क्यों उ'म्र गवाँ दी हमने

हम पे मुश्तरिका[12] हैं एहसान ग़मे-उल्फ़त के
इतने एहसान कें गिनवाऊँ तो गिनवा न सकूँ
हमने इस इश्क़ में क्या खोया है क्या सीखा है
जुज़[13] तेरे और को समझाऊँ तो समझा न सकूँ

आजिज़ी[14] सीखी ग़रीबों की हिमायत सीखी
यासो-हिरमान[15] के दुख-दर्द के मा'नी सीखे
ज़ेरदस्तों के मसाइब[16] को समझना सीखा
सर्द आहों के रुख़े-ज़र्द[17] के मा'नी सीखे

जब कहीं बैठ के रोते हैं वो बेकस जिनके
अश्क आँखों में बिलकते हुए सो जाते हैं
नातवानों[18] के निवालों पे झपटते हैं उक़ाब[19]
बाज़ू तोले हुए मँडलाते हुए आते हैं

जब कभी बिकता है बाज़ार में मज़दूर का ग़ोश्त
शाहराहों[20] पे ग़रीबों का लहू बहता है
या कोई तोंद का बढ़ता हुआ सैलाब लिये
फ़ाक़ामस्तों[21] को डुबोने के लिए कहता है
आग-सी सीने में रह-रह के उबलती है न पूछ
अपने दिल पर मुझे क़ाबू ही नहीं रहता है

---

1. जुड़ी हुई, 2. दुनिया, 3. छटा, 4. व्यर्थ, 5. उपासना, पूजा, 6. वस्त्र, 7. उदास, 8. माथा, 9. गाल, 10. कल्पना, 11. जादूगर, 12. समान, 13. अतिरिक्त, 14. विनम्रता, 15. आशा व निराशा, 16. निर्बलों की व्यथाएँ, 17. पीला चेहरा, 18. शक्तिहीन, 19. गरुड़, 20. राजपथ, 21. भूख में मस्त रहनेवाले।

तनहाई

फिर कोई आया दिले-ज़ार नहीं कोई नहीं
राहरौ[1] होगा, कहीं और चला जायेगा
ढल चुकी रात, बिखरने लगा तारों का गुबार[2]
लड़खड़ाने लगे ऐवानों[3] में ख़्वाबीदः चिराग़
सो गई रास्तः तक-तक के हरइक राहगुज़ार
अजनबी ख़ाक ने धुँदला दिये क़दमों के सुराग़
गुल करो शम्एँ, बढ़ा दो मयो-मीना-ओ-अयाग़[4]
अपने बे-ख़्वाब किवाड़ों को मुक़फ़्फ़ल[5] कर लो
अब यहाँ कोई नहीं, कोई नहीं आयेगा

---

1. पथिक, 2. धूल, 3. महलों, 4. शराब, सुराही और प्याला, 5. ताला लगाना।

चंद रोज़ और मिरी जान

चंद रोज़ और मिरी जान फ़क़त चंद ही रोज़
ज़ुल्म की छाँव में दम लेने पे मजबूर हैं हम
और कुछ देर सितम सह लें, तड़प लें, रो लें
अपने अजदाद[1] की मीरास[2] हैं मा'ज़ूर[3] हैं हम
जिस्म पर क़ैद है, जज़्बात पे ज़ंजीरें हैं
फ़िक्र महबूस[4] है, गुफ़्तार पे ता'ज़ीरें[5] हैं
अपनी हिम्मत है कि हम फिर भी जिये जाते हैं
ज़िंदगी क्या किसी मुफ़लिस की क़बा है जिसमें
हर घड़ी दर्द के पैबंद लगे जाते हैं
लेकिन अब ज़ुल्म की मी'याद के दिन थोड़े हैं
इक ज़रा सब्र, कि फ़रियाद के दिन थोड़े हैं
अ'र्सः-ए-दह्‌र[6] की झुलसी हुई वीरानी में
हमको रहना है तो यूँ ही तो नहीं रहना है
अजनबी हाथों के बे-नाम गराँबार[7] सितम
आज सहना है हमेशः तो नहीं सहना है
ये तिरे हुस्न से लिपटी हुई आलाम[8] की गर्द
अपनी दो-रोज़ः जवानी की शिकस्तों का शुमार
चाँदनी रातों का बेकार दहकता हुआ दर्द
दिल की बे-सूद तड़प, जिस्म की मायूस पुकार
चंद रोज़ और मिरी जान फ़क़त चंद ही रोज़

---

1. पूर्वज, 2. देन, धरोहर, 3. लाचार, 4. बंदी, 5. प्रतिबंध, 6. संसार का मैदान, 7. भारी, बोझिल, 8. दुःख।

मर्गे-सोज़े मुहब्बत

आओ कि मर्गे-सोज़े-मुहब्बत[1] मनायें हम
आओ कि हुस्ने-माह[2] से दिल को जलायें हम
ख़ुश हों फ़िराक़े-क़ामतो-रुख़सारे-यार[3] से
सर्वो-गुलो-समन से नज़र को सतायें हम
वीरानी - ए - हयात[4] को वीरानतर करें
ले नासेह[5] आज तेरा कहा मान जायें हम
फिर ओट लेके दामने-अब्रे-बहार[6] की
दिल को मनायें हम, कभी आँसू बहायें हम
सुलझायें बे-दिली से ये उलझे हुए सवाल
वाँ जायें या न जायें, न जायें कि जायें हम
फिर दिल को पासे-ज़ब्त[7] की तल्क़ीन[8] कर चुकें
और इम्तहाने-ज़ब्त से फिर जी चुरायें हम
आओ कि आज ख़त्म हुई दास्ताने-इ'श्क़
अब ख़त्मे-आ'शिक़ी के फ़साने सुनायें हम

---

1. प्रेम की जलन का अंत, 2. चंद्रमा (प्रिया) का सौंदर्य, 3. प्रेमिका के क़द और गालों की कल्पना, 4. जीवन की नीरसता, 5. उपदेशक, 6. बहार के बादल का आँचल, 7. धैर्य की चिंता, 8. नसीहत।

कुत्ते

ये गलियों के आवारः बेकार कुत्ते
कि बख़्शा गया जिनको ज़ौक़े-गदाई[1]
ज़माने की फिटकार सरमायः[2] इनका
जहाँ-भर की धुतकार इनकी कमाई

न आराम शब को, न राहत सवेरे
ग़लाज़त में घर, नालियों में बसेरे
जो बिगड़ें तो इक दूसरे से लड़ा दो
ज़रा एक रोटी का टुकड़ा दिखा दो

ये हर एक की ठोकरें खानेवाले
ये फ़ाक़ों से उकता के मर जानेवाले
ये मज़लूम[3] मख़लूक़[4] गर सर उठायें
तो इंसान सब सरकशी[5] भूल जायें

ये चाहें तो दुनिया को अपना बना लें
ये आक़ाओं[6] की हड्डियाँ तक चबा लें
कोई इनको एहसासे-ज़िल्लत[7] दिला दे
कोई इनकी सोई हुई दुम हिला दे

---

1. भीख माँगने की रुचि, 2. पूँजी, 3. दलित-पीड़ित, 4. प्राणी, 5. घमंड, 6. मालिकों, 7. अपमान का एहसास।

बोल

बोल केः लब आज़ाद हैं तेरे
बोल ज़बाँ अब तक तेरी है
तेरा सुतवाँ[1] जिस्म है तेरा
बोल केः जाँ अब तक तेरी है
देख केः आहंगर[2] की दुकाँ[3] में
तुंद[4] हैं शोले, सुर्ख़ है आहन[5]
खुलने लगे क़ुफ़लों के दहाने[6]
फैला हर इक ज़ंजीर का दामन
बोल, येः थोड़ा वक़्त बहुत है
जिस्मो-ज़बाँ की मौत से पहले
बोल, केः सच ज़िंदा है अब तक
बोल, जो कुछ कहना है कह ले

1. सुडौल, 2. लोहार, 3. दुकान, 4. तेज़, 5. लोहा, 6. तालों के मुख।

इक़बाल

आया हमारे देस में इक ख़ुशनवा[1] फ़क़ीर
आया और अपनी धुन में ग़ज़लख़्वाँ गुज़र गया
सुनसान राहें ख़ल्क़[2] से आबाद हो गईं
वीरान मयकदों का नसीबः सँवर गया
थीं चंद ही निगाहें जो उस तक पहुँच सकीं
पर उसका गीत सबके दिलों में उतर गया

अब दूर जा चुका है वो शाहे-गदानुमा[3]
और फिर से अपने देस की राहें उदास हैं
चंद इक को याद है कोई उसकी अदा-ए-ख़ास
दो इक निगाहें चंद अज़ीज़ों के पास हैं
पर उसका गीत सबके दिलों में मुक़ीम[4] है
और उसकी लय से सैकड़ों लज़्ज़तशनास हैं

इस गीत के तमाम महासिन[5] हैं ला-ज़वाल
इसका वफ़ूर,[6] इसका ख़रोश[7] इसका सोज़ो-साज़
ये गीत मिस्ले-शो'लः-ए-जव्वालः तुंदों-तेज़
इसकी लपक से बादे-फ़ना का जिगर गुदाज़
जैसे चिराग़ वहशते-सरसर से बे-ख़तर
या शम्ए-बज़्म सुब्ह की आमद से बे-ख़बर

---

1. मधुरभाषी, 2. प्राणियों, 3. रंक-जैसा राजा, 4. स्थापित, 5. सुंदरताएँ, 6. प्रचुरता, 7. उत्साह।

मौज़ूए' सुख़न

गुल हुई जाती है अफ़सुर्दः सुलगती हुई शाम
धुल के निकलेगी अभी चश्मः-ए-महताब से रात
और मुश्ताक़[1] निगाहों की सुनी जायेगी
और उन हाथों से मस[2] होंगे ये तरसे हुए हात

उनका आँचल है, कि रुख़सार, कि पैराहन[3] है
कुछ तो है जिससे हुई जाती है चिलमन रंगीं
जाने उस ज़ुल्फ़ की मौहूम[4] घनी छाँव में
टिमटिमाता है वो आवेज़ः[5] अभी तक कि नहीं

आज फिर हुस्ने-दिलआरा[6] की वही धज होगी
वही ख़्वाबीदः-सी आँखें, वही काजल की लकीर
रंगे-रुख़सार पे हल्का-सा वो ग़ाज़े का ग़ुबार
संदली हाथ पे धुँदली-सी हिना की तहरीर[7]

अपने अफ़कार[8] की, अशआ'र की दुनिया है यही
जाने-मज़मूँ[9] है यही, शाहिदे-मा'नी[10] है यही

आज तक सुर्ख़ो-सियह सदियों के साये के तले
आदमो-हव्वा की औलाद पे क्या गुज़री है
मौत और ज़ीस्त की रोज़ानः सफ़आराई[11] में
हम पे क्या गुज़रेगी, अजदाद[12] पे क्या गुज़री है

इन दमकते हुए शहरों की फ़रावाँ[13] मख़लूक़
क्यों फ़क़त मरने की हसरत में जिया करती है
ये हसीं खेत, फटा पड़ता है जोबन जिनका
किसलिए इनमें फ़क़त भूख उगा करती है

ये हर इक सिम्त पुर-असरार[14] कड़ी दीवारें
जल बुझे जिनमें हज़ारों की जवानी के चिराग़
ये हर इक गाम पे उन ख़्वाबों की मक़तलगाहें[15]
जिनके परतौ[16] से चिराग़ाँ हैं हज़ारों के दिमाग़

ये भी हैं ऐसे कई और भी मज़मूँ होंगे
लेकिन उस शोख़ के आहिस्तः से खुलते हुए होंठ
हाय उस जिस्म के कमबख़्त दिलआवेज़ ख़ुतूत
आप ही कहिये कहीं ऐसे भी अफ़्सूँ[17] होंगे

अपना मौज़ूए'-सुख़न इनके सिवा और नहीं
तबूए'-शायर[18] का वतन इनके सिवा और नहीं

---

1. उत्सुक, लालायित, 2. स्पर्श, 3. वस्त्र, 4. हल्की, धुँधली, 5. कान का कुंडल, 6. मनमोहक रूप, 7. रेखाएँ, लिखाई, 8. विचारों, 9. विषय का सार-तत्त्व, 10. अर्थ की सुंदरता, 11. मोर्चेबंदी, 12. पूर्वज, 13. बहुसंख्यक, 14. रहस्यमय, 15. बलिवेदी, 16. परछाईं, 17. जादू, 18. कवि स्वभाव।

हम लोग

दिल के ऐवाँ में लिये गुलशुदा शम्ओं की क़तार[1]
नूरे-ख़ुर्शीद[2] से सहमे हुए उकताए हुए
हुस्ने-महबूब के सय्याल तसव्वुर[3] की तरह
अपनी तारीकी को भींचे हुए, लिपटाये हुए

ग़ायते-सूदो-ज़ियाँ[4] सूरते-आग़ाज़ो मआल[5]
वही बेसूद तजस्सुस[6] वही बेकार सवाल
मुज़्महिल[7] साअते-इमरोज़[8] की बेरंगी से
यादे-माज़ी से ग़मी[9] दहशते-फ़र्दा[10] से निढाल

तश्ना अफ़कार[11] जो तस्कीन[12] नहीं पाते हैं
सोख़्ता अश्क[13] जो आँखों में नहीं आते हैं
इक कड़ा दर्द केः जो गीत में ढलता ही नहीं
दिल के तारीक शिग़ाफों[14] से निकलता ही नहीं
और इक उलझी हुई मौहूम-सी दरमाँ[15] की तलाश
दश्तो-ज़िंदाँ[16] की हवस, चाके-गरेबाँ की तलाश

---

1. बुझी हुई दीपमाला, 2. चाँद की रौशनी, 3. तरल कल्पना, 4. लाभ-हानि का कारण, 5. आदि व अंत का स्वरूप, 6. व्यर्थ की जिज्ञासा, 7. क्लांत, 8. आज के क्षण, 9. अतीत की यादों से दुखी, 10. भविष्य के भय, 11. प्यासे विचार, 12. संतुष्टि, 13. सूखे हुए आँसू, 14. दरारों, 15. सांत्वना, 16. जंगल व जेल।

शाहराह

एक अफ़सुर्दः शाहराह है दराज़[1]
दूर उफ़क़ पर नज़र जमाये हुए
सर्द मिट्टी पे अपने सीने के
सुर्मगीं[2] हुस्न को बिछाये हुए
जिस तरह कोई ग़मज़दः औरत
अपने वीराँकदे[3] में महृवे-ख़याल
वस्ले-महबूब के तसव्वुर में
मू-ब-मू[4] चूर, अ'ज़ो-अ'ज़ो[5] निढाल

---

1. लेटी हुई, लंबी, 2. सुर्मई, 3. निर्जन एकांत, उजड़ा घर, 4. रोम-रोम, 5. अंग-अंग।

दस्ते-सबा

ऐ दिले-बेताब, ठहर

तीरगी[1] है कि उमँडती ही चली आती है
शब की रग-रग से लहू फूट रहा हो जैसे
चल रही है कुछ इस अंदाज़ से नब्ज़े-हस्ती
दोनों आलम का नशा टूट रहा हो जैसे

रात का गर्म लहू और भी बह जाने दो
यही तारीकी तो है ग़ाज़ए-रुख़सारे-सहर[2]
सुबह होने ही को है, ऐ दिले-बेताब, ठहर

अभी ज़ंजीर छनकती है पसे-पर्दए-साज़[3]
मुतलक़-उल्-हुक्म[4] है शीराज़ए-असबाब[5] अभी
साग़रे-नाब[6] में आँसू भी ढलक जाते हैं
लग्ज़िशे-पा[7] में है पाबन्दि-ए-आदाब[8] अभी

अपने दीवानों को दीवाना तो बन लेने दो
अपने मयख़ानों को मयख़ाना तो बन लेने दो
जल्द ये सतूवते-असबाब[9] भी उठ जायेगी
ये गराँबारि-ए-आदाब[10] भी उठ जायेगी
ख़्वाह ज़ंजीर छनकती ही, छनकती ही रहे

---

1. अँधेरा, 2. प्रातःकाल के गालों की लाली, 3. साज़ के पर्दे के पीछे, 4. निरंकुश, 5. कारणों का क्रम, 6. शराब का प्याला, 7. पैरों की लड़खड़ाहट, 8. शिष्टता या व्यवस्था का प्रतिबंध, 9. कारणों की सत्ता, 10. व्यवस्था का बोझ।

सियासी लीडर के नाम

सालहा-साल ये बे-आसरा, जकड़े हुए हाथ
रात के सख़्तो-सियह सीने में पैवस्त रहे
जिस तरह तिनका समंदर से हो सरगर्मे-सितेज़[1]
जिस तरह तीतरी कुहसार[2] पे यलग़ार[3] करे
और अब रात के संगीनो-सियह सीने में
इतने घाव हैं कि जिस सिम्त नज़र जाती है
जा-ब-जा नूर ने इक जाल-सा बुन रक्खा है
दूर से सुब्ह की धड़कन की सदा आती है
तेरा सरमायः, तिरी आस यही हाथ तो हैं
और कुछ भी तो नहीं पास, यही हाथ तो हैं
तुझको मंज़ूर नहीं ग़ल्बः-ए-ज़ुल्मत[4] लेकिन
तुझको मंज़ूर है ये हाथ क़लम हो जायें
और मशरिक़[5] की कमींगह[6] में धड़कता हुआ दिन
रात की आहनी मय्यत[7] के तले दब जाये

1. संघर्षरत, 2. पहाड़, 3. हमला, 4. अँधेरे का प्रभुत्व, 5. पूरब, 6. शिकार की ताक में छिपकर बैठने की जगह, 7. लाश।

मिरे हमदम, मिरे दोस्त

गर मुझे इसका यक़ीं हो, मिरे हमदम, मिरे दोस्त
गर मुझे इसका यक़ीं हो कि तेरे दिल की थकन
तेरी आँखों की उदासी, तेरे सीने की जलन
मेरी दिलजोई, मिरे प्यार से मिट जायेगी
गर मिरा हर्फ़े-तसल्ली वो दवा हो जिससे
जी उठे फिर तिरा उजड़ा हुआ बे-नूर दिमाग़
तेरी पेशानी से धुल जायें ये तज़लील[1] के दाग़
तेरी बीमार* जवानी को शफ़ा हो जाये
गर मुझे इसका यक़ीं हो, मिरे हमदम, मिरे दोस्त

रोज़ो-शब, शामो-सहर, मैं तुझे बहलाता रहूँ
मैं तुझे गीत सुनाता रहूँ हल्के, शीरीं
आबशारों के, बहारों के, चमनज़ारों के गीत
आमदे-सुब्ह के, महताब के, सय्यारों[2] के गीत

तुझसे मैं हुस्नो-मुहब्बत की हिकायात[3] कहूँ
कैसे मग़रूर हसीनाओं के बर्फ़ाब[4] से जिस्म
गर्म हाथों की हरारत में पिघल जाते हैं
कैसे इक चेहरे के ठहरे हुए मानूस[5] नुक़ूश
देखते-देखते यकलख़्त बदल जाते हैं
किस तरह आ'रिज़े-महबूब का शफ़्फ़ाफ़ बिल्लूर[6]
यकबयक बादः-ए-अहमर[7] से दहक जाता है

कैसे गुलचीं के लिए झुकती है ख़ुद शाख़े-गुलाब
किस तरह रात का ऐवान[8] महक जाता है
यूँ ही गाता रहूँ, गाता रहूँ, तेरी ख़ातिर
गीत बुनता रहूँ, बैठा रहूँ, तेरी ख़ातिर
पर मिरे गीत तिरे दुख का मदावा[9] ही नहीं
नग़मः जर्राह नहीं, मूनिसो-ग़मख़्वार[10] सही
गीत नश्तर तो नहीं, मरहमे-आज़ार[11] सही
तेरे आज़ार का चारः नहीं नश्तर के सिवा
और यह सफ़्फ़ाक[12] मसीहा मिरे क़ब्ज़े में नहीं
इस जहाँ के किसी ज़ी-रूह[13] के क़ब्ज़े में नहीं
हाँ मगर तेरे सिवा, तेरे सिवा, तेरे सिवा

**'दस्ते-सबा' के एक संस्करण में 'बीमार' शब्द के स्थान पर 'मदक़ूक़ (क्षयग्रस्त) शब्द का प्रयोग मिला है।*

1. अपमान, 2. सितारों, 3. कहानियाँ, 4. ठंडे, 5. परिचित, 6. सुरा-पात्र, 7. लाल रंग की शराब, 8. महल, 9. इलाज, 10. दोस्त और दुःख बँटानेवाला, 11. कष्ट को कम करनेवाला मरहम, 12. निर्मम, 13. प्राणी।

सुब्हे-आज़ादी

[अगस्त, '47]

ये दाग़-दाग़ उजाला, ये शबगज़ीदा[1] सहर
वो इन्तिज़ार था जिसका, ये वो सहर तो नहीं

ये वो सहर तो नहीं जिसकी आरज़ू लेकर
चले थे यार केः मिल जायगी कहीं न कहीं
फ़लक के दश्त में तारों की आख़िरी मंज़िल
कहीं तो होगा शबे-सुस्तमौज का साहिल
कहीं तो जाके रुकेगा सफ़ीनए-ग़मे-दिल
जवाँ लहू की पुर-असरार[2] शाहराहों से
चले जो यार तो दामन पे कितने हाथ पड़े
दयारे-हुस्न की बे-सब्र ख़्वाबगाहों से
पुकारती रहीं बाँहें, बदन बुलाते रहे
बहुत अज़ीज़ थी लेकिन रुख़े-सहर की लगन
बहुत क़रीं[3] हसीनाने-नूर का दामन
सुबुक-सुबुक थी तमन्ना दबी-दबी थी थकन

सुना है हो भी चुका है फ़िराक़े-ज़ुल्मते-नूर[4]
सुना है हो भी चुका है विसाले-मंज़िलो-गाम[5]
बदल चुका है बहुत अह्ले-दर्द का दस्तूर
निशाते-वस्ल हलाल व अज़ाबे-हिज्र[6] हराम
जिगर की आग, नज़र की उमंग, दिल की जलन

किसी पे चारःए-हिज्राँ[7] का कुछ असर ही नहीं
कहाँ से आई निगारे-सबा[8] किधर को गई
अभी चिराग़े-सरे-रह को कुछ ख़बर ही नहीं
अभी गरानी-ए-शब में कमी नहीं आई
नजाते-दीदः-ओ-दिल[9] की घड़ी नहीं आई
चले चलो कि वह मंज़िल अभी नहीं आई

---

1. रात की डसी हुई, 2. रहस्यमय, 3. निकट, 4. अँधेरे और रोशनी का अलगाव, 5. मंज़िल और क़दम का मिलन, 6. विरह की मुसीबत, 7. विरह का समाधान।

लौहो-क़लम

हम परवरिशे-लौहो-क़लम करते रहेंगे
जो दिल पे गुज़रती है रक़म करते रहेंगे
असबाबे-ग़मे-इश्क़ बहम[1] करते रहेंगे
वीरानी-ए-दौराँ पे करम करते रहेंगे
हाँ, तल्ख़ी-ए-अय्याम[2] अभी और बढ़ेगी
हाँ, अह्ले-सितम मश्क़े-सितम करते रहेंगे
मंज़ूर ये तल्ख़ी, ये सितम हमको गवारा
दम है तो मदावा-ए-अलम[3] करते रहेंगे
मयख़ानः सलामत है तो हम सुर्ख़ी-ए-मय से
तज़ईने-दरो-बामे-हरम[4] करते रहेंगे
बाक़ी है लहू दिल में तो हर अश्क से पैदा
रंगे-लबो-रुख़सारे-सनम करते रहेंगे
इक तर्ज़े-तग़ाफ़ुल है सो वो उनको मुबारक
इक अर्ज़े-तमन्ना है सो हम करते रहेंगे

---

1. एकत्र, 2. दिनों की कटुता, 3. दुःख का इलाज, 4. मस्जिद के द्वार और छत की सजावट।

शोरिशे-बर्बतो-नै*

पहली आवाज़

अब सई[1] का इमकाँ और नहीं, परवाज़[2] का मज़मूँ हो भी चुका
तारों पे कमन्दें फेंक चुके, महताब पे शबख़ूँ[3] हो भी चुका
अब और किसी फ़र्दा[4] के लिए इन आँखों से क्या पैमाँ[5] कीजे
किस ख़्वाब के झूठे अफ़सूँ[6] से तस्कीने-दिले-नादाँ कीजे
शीरीनि-ए-लब, ख़ुशबू-ए-दहन, अब शौक़ का उन्वाँ कोई नहीं
शादाबि-ए-दिल तफ़रीहे-नज़र, अब ज़ीस्त का दरमाँ कोई नहीं
जीने के फ़साने रहने दो, अब इनमें उलझकर क्या लेंगे
इक मौत का धन्दा बाक़ी है, जब चाहेंगे निबटा लेंगे
यह तेरा कफ़न, वह मेरा कफ़न, यह मेरी लहद, वह तेरी है

दूसरी आवाज़

हस्ती की मताए'-बेपायाँ, जागीर तेरी है न मेरी है
इस बज़्म में अपनी मश्अ'ले-दिल बिस्मिल है तो क्या रख़्शाँ है तो क्या
यह बज़्म चिराग़ाँ रहती है, इक ताक़ अगर वीराँ है तो क्या
अफ़सुर्दा हैं गर अय्याम तिरे, बदला नहीं मस्लके-शामो-सहर[7]
ठहरे नहीं मौसमे-गुल के क़दम, क़ायम है जमाले-शम्सो-क़मर[8]
आबाद है वादिए-ए-काकुलो-लब[9] शादाबो-हसीं गुलगश्ते-नज़र[10]
मक़्सूम[11] है लज़्ज़ते-दर्दे-जिगर, मौजूद है ने'मते-दीदए-तर
इस दीदए-तर का शुक्र करो, इस ज़ौक़े-नज़र का शुक्र करो
इस शामो-सहर का शुक्र करो, इन शम्सो-क़मर का शुक्र करो

पहली आवाज़

गर है यही मस्लके-शम्सो-क़मर इन शम्सो-क़मर का क्या होगा
रा'नाइ-ए-शब का क्या होगा, अन्दाज़े-सहर का क्या होगा
जब ख़ूने-जिगर बर्फ़ाब बना, जब आँखें आहनपोश हुईं
इस दीदए-तर का क्या होगा, इस ज़ौक़े-नज़र का क्या होगा
जब शे'र के ख़ेमे राख हुए, नग़्मों की तनाबें टूट गयीं
ये साज़ कहाँ सर फोड़ेंगे, इस किल्के-गुहर[12] का क्या होगा
जब कुंजे-क़फ़स मस्कन[13] ठहरा, और जैबो-गरेबाँ तौक़ो-रसन[14]
आये कि न आये मौसमे-गुल, इस दर्दे-जिगर का क्या होगा

दूसरी आवाज़

ये हाथ सलामत हैं जब तक, इस ख़ूँ में हरारत है जब तक
इस दिल में सदाक़त[15] है जब तक, इस नुत्क़[16] में ताक़त है जब तक
इन तौक़ो-सलासिल को हम तुम सिखलायेंगे शोरिशे-बर्बतो-नै[17]
वो शोरिश जिसके आगे जुबूँ[18] हंगामए-तब्ले-क़ैसरो-कै[19]
आज़ाद हैं अपने फ़िक्रो-अमल, भरपूर ख़ज़ीना[20] हिम्मत का
इक उम्र है अपनी हर साअ'त इमरोज़ है अपना हर फ़र्दा
ये शामो-सहर, ये शम्सो-क़मर, ये अख़्तरो-कौकब[21] अपने हैं
यह लौहो-क़लम, ये तब्लो-अ'लम[22], ये मालो-हशम[23] सब अपने हैं

**बर्बत (सितार की तरह का एक बाजा) और बाँसुरी का विद्रोह।*

1. कोशिश, 2. उड़ान, 3. रात के समय हमला, 4. भविष्य, 5. वादा, 6. जादू, 7. शाम और सुबह का रास्ता (क्रम), 8. सूरज और चाँद की सुंदरता, 9. लटों और होंठों की घाटी, 10. नज़र का बाग़ में टहलना, 11. बँटी हुई, 12. मोती बिखेरनेवाला क़लम, 13. रहने की जगह, 14. गले का फंदा, 15. सच्चाई, 16. वाणी, 17. नै=बाँसुरी, 18. तुच्छ, 19. रोम के बादशाह क़ैसर और ईरान के कैख़ुसरो के नक्क़ारों का शोर, 20. भंडार, 21. सितारे, 22. डंका और झंडा, 23. संपत्ति और नौकर-चाकर।

दामने-यूसुफ़

जान बेचने को आये तो बे-दाम बेच दी
ऐ अह्‌ले-मिस्र, वज़्ए'-तकल्लुफ़[1] तो देखिये
इंसाफ़ है कि हुक्मे-अ'क़ूबत[2] से पेशतर
इक बार सू-ए-दामने-यूसुफ़ तो देखिये

1. तकल्लुफ़ का अंदाज़, 2. यातना का हुक्म।

तौक़ो-दार का मौसम

रविश-रविश है वही इंतज़ार का मौसम
नहीं है कोई भी मौसम, बहार का मौसम

गराँ है दिल पे ग़मे-रोज़गार का मौसम
है आज़माइशे-हुस्ने-निगार[1] का मौसम

ख़ुशा[2] नज़ारा-ए-रुख़सारे-यार की साअ'त
ख़ुशा क़रारे-दिले-बेक़रार का मौसम

हदीसे-बादः-ओ-साक़ी[3] नहीं तो किस मसरफ़
ख़िरामे-अब्रे-सरे-कोहसार[4] का मौसम

नसीब सुहबते-याराँ नहीं तो क्या कीजे
यह रक्से-सायः-ए-सर्वो-चिनार[5] का मौसम

ये दिल के दाग़ तो दुखते थे यूँ भी पर कम-कम
कुछ अब के और है हिज्राने-यार का मौसम

यही जुनूँ का, यही तौक़ो-दार[6] का मौसम
यही है जब्र, यही इख़्तियार का मौसम

क़फ़स है बस में तुम्हारे, तुम्हारे बस में नहीं
चमन में आतिशे-गुल के निखार का मौसम

सबा की मस्तख़िरामी तहे-कमंद[7] नहीं
असीरे-दाम[8] नहीं है बहार का मौसम

बला से हमने न देखा तो और देखेंगे
फरोग़े-गुलशनो-सौते-हज़ार[9] का मौसम

---

1. प्रेमिका के सौंदर्य की परीक्षा, 2. धन्य है, 3. शराब और साक़ी का जिक्र, 4. पहाड़ पर बादलों का चलना, 5. सर्व और चिनार के पेड़ों की परछाइयों का नाचना, 6. गले का फंदा और फाँसी, 7. फंदे में, 8. जाल में फँसा हुआ, 9. हज़ार आवाज़ों और बगीचों की शोभा (या उन्नति)।

सरे-मक़तल

(क़व्वाली)

कहाँ है मंज़िले-राहे-तमन्ना हम भी देखेंगे
ये शब हम पर भी गुज़रेगी, ये फ़र्दा हम भी देखेंगे
ठहर ऐ दिल, जमाले-रू-ए-ज़ेबा[1] हम भी देखेंगे

ज़रा सैक़ल[2] तो हो ले तश्नगी बादःगुसारों की
दबा रक्खेंगे कब तक जोशे-सहबा हम भी देखेंगे
उठा रक्खेंगे कब तक जामो-मीना हम भी देखेंगे

सला[3] आ तो चुके महफ़िल में उस कू-ए-मलामत[4] से
किसे रोकेगा शोरे-पंदे-बेजा[5] हम भी देखेंगे
किसे है जाके लौट आने का यारा हम भी देखेंगे

चले हैं जानो-ईमाँ आज़माने आज दिलवाले
वो आयें लश्करे-अग़यारो-आ'दा[6] हम भी देखेंगे
वो आयें तो सरे-मक़तल[7], तमाशा हम भी देख़ेंगे

ये शब की आख़िरी साअ'त गराँ कैसी भी हो हमदम
जो इस साअ'त में पिन्हाँ है उजाला हम भी देखेंगे
जो फ़र्क़े-सुब्ह[8] पर चमकेगा तारा हम भी देखेंगे

---

1. सुंदर मुखड़े का रूप, 2. तेज़, धारदार, 3. आवाज़, 4. निंदा की गली, 5. अनुचित उपदेश का शोर, 6. दुश्मन की फ़ौज़, 7. क़त्ल करने की जगह पर, 8. सुबह का माथा।

तुम्हारे हुस्न के नाम

सलाम लिखता है शाइर तुम्हारे हुस्न के नाम

बिखर गया जो कभी रंगे-पैरहन[1] सरे-बाम[2]
निखर गयी है कभी सुब्ह, दोपहर, कभी शाम
कहीं जो क़ामते-ज़ेबा[3] पे सज गई है क़बा[4]
चमन में सर्वो-सनोबर सँवर गये हैं तमाम
बनी बिसाते-ग़ज़ल जब डुबो लिये दिल ने
तुम्हारे सायः-ए-रुख़सारो-लब[5] में साग़रो-जाम
सलाम लिखता है शाइर तुम्हारे हुस्न के नाम

तुम्हारे हाथ पे है ताबिशे-हिना[6] जब तक
जहाँ में बाक़ी है दिलदारी-ए-उरूसे-सुख़न[7]
तुम्हारा हुस्न जवाँ है तो मेहरबाँ हैं फ़लक
तुम्हारा दम है तो दमसाज़[8] है हवा-ए-वतन
अगरचे तंग हैं औक़ात, सख़्त हैं आलाम
तुम्हारी याद से शीरीं है तल्ख़ी-ए-अय्याम[9]
सलाम लिखता है शाइर तुम्हारे हुस्न के नाम

---

1. वस्त्रों का रंग, 2. अटारी पर, 3. आकर्षक क़द, 4. चोग़ा. 5. गाल और होंठ की परछाईं, 6. मेंहदी की दमक, 7. कविता की दुल्हन की रसिकता, 8. मित्र, समर्थक, 9. जीवन की कटुता।

तराना

दरबारे-वतन में जब इक दिन सब जानेवाले जायेंगे
कुछ अपनी सज़ा को पहुँचेंगे कुछ अपनी जज़ा[1] ले जायेंगे

ऐ ख़ाकनशीनो, उठ बैठो, वह वक़्त क़रीब आ पहुँचा है
जब तख़्त गिराये जायेंगे, जब ताज उछाले जायेंगे

अब टूट गिरेंगी ज़ंजीरें, अब ज़िंदानों[2] की ख़ैर नहीं
जो दरिया झूम के उट्ठे हैं, तिनकों से न टाले जायेंगे

कटते भी चलो, बढ़ते भी चलो, बाज़ू भी बहुत हैं, सर भी बहुत
चलते भी चलो केः अब डेरे मंज़िल ही पे डाले जायेंगे

ऐ ज़ुल्म के मातो, लब खोलो, चुप रहनेवालो, चुप कब तक
कुछ हश्र तो उनसे उट्ठेगा, कुछ दूर तो ना'ले[3] जायेंगे

1. पुरस्कार, 2. जेलख़ानों, 3. शोर।

दो इ’श्क़

(1)

ताज़ः हैं अभी याद में ऐ साक़ी-ए-गुलफ़ाम[1]
वो अक्से-रुख़े-यार से लहके हुए अय्याम[2]
वो फूल-सी-खिलती हुई दीदार की साअत
वो दिल-सा धड़कता हुआ उम्मीद का हंगाम

उम्मीद केः लो जागा ग़मे-दिल का नसीबा
लो शौक की तरसी हुई शब हो गई आख़र
लो डूब गये दर्द के बेख़्वाब सितारे
अब चमकेगा बे-सब्र निगाहों का मुक़द्दर

इस बाम से निकलेगा तिरे हुस्न का ख़ुरशीद[3]
उस कुंज से फूटेगी किरन रंगे-हिना की
इस दर से बहेगा तिरी रफ़्तार का सीमाब[4]
उस राह पे फूलेगी शफ़क़[5] तेरी क़बा की

फिर देखे हैं वो हिज्र केः तपते हुए दिन भी
जब फ़िक्रे-दिलो-जाँ में फ़ुग़ाँ[6] भूल गयी है
हर शब वो सियह बोझ केः दिल बैठ गया है
हर सुब्ह की लौ तीर-सी सीने में लगी है

तनहाई में क्या-क्या न तुझे याद किया है
क्या-क्या न दिले-ज़ार ने ढूँढ़ी हैं पनाहें
आँखों से लगाया है कभी दस्ते-सबा को
डाली हैं कभी गर्दने-महताब में बाँहें

(2)

चाहा है उसी रंग में लैला-ए-वतन को
तड़पा है उसी तौर से दिल उसकी लगन में
ढूँढ़ी है यूँ ही शौक़ ने आसाइशे-मंज़िल[7]
रुख़सार के ख़म में कभी काकुल[8] की शिकन में

इस जाने-जहाँ को भी यूँ ही क़ल्बो-नज़र[9] ने
हँस-हँस के सदा दी, कभी रो-रो के पुकारा
पूरे किये सब हर्फ़े-तमन्ना के तक़ाज़े
हर दर्द को उजियाला, हर इक ग़म को सँवारा

वापस नहीं फेरा कोई फ़रमान जुनूँ का
तनहा नहीं लौटी कभी आवाज़ जरस[10] की
ख़ैरीयते-जाँ, राहते-तन,[11] सेहते-दामाँ[12]
सब भूल गईं मसलहतें अह्ले-हवस की

इस राह में जो सब पे गुज़रती है वो गुज़री
तनहा पसे-ज़िंदाँ कभी रुस्वा[13] सरे-बाज़ार
गरजे हैं बहुत शैख़ सरे-गोशः-ए-मिंबर[14]
कड़के हैं बहुत अहले-हकम[15] बर-सरे-दरबार[16]

छोड़ा नहीं ग़ैरों ने कोई नावके-दुश्नाम[17]
छूटी नहीं अपनों से कोई तर्ज़े-मलामत[18]
इस इ'श्क़ न उस इ'श्क़ पे नादिम[19] है मगर दिल
हर दाग़ है इस दिल में ब-जुज़ दाग़े-नदामत[20]

---

1. फूल-जैसा साक़ी, 2. दिन, 3. सूरज, 4. पारा, 5. सूर्यास्त की लाली, 6. विलाप, 7. मंज़िल का सहारा, 8. केश, 9. हृदय औ' दृष्टि, 10. घंटा, 11. शरीर का सुख, 12. दामन का सुरक्षित रहना, 13. बदनाम, 14. मंच पर से, 15. अधिकारी, 16. दरबार में, 17. गाली का तीर, 18. निंदा का ढंग, 19. लज्जित, 20. लज्जा का कलंक।

नौहा[1]

मुझको शिकवा है मिरे भाई केः तुम जाते हुए
ले गये साथ मिरी उम्रे-गुज़िश्ता[2] की किताब
उसमें तो मेरी बहुत क़ीमती तस्वीरें थीं
उसमें बचपन था मिरा और मिरा अह्दे-शबाब[3]
उसके बदले मुझे तुम दे गये जाते-जाते
अपने ग़म का ये दहकता हुआ ख़ूँ-रंग गुलाब
क्या करूँ भाई येः ए'ज़ाज़[4] मैं क्यूँकर पहनूँ
मुझसे ले लो मेरी सब चाक[5] क़मीज़ों का हिसाब
आख़िरी बार है, लो मान लो इक ये भी सवाल
आज तक तुमसे मैं लौटा नहीं मायूसे-जवाब[6]
आ के ले जाओ तुम अपना ये दहकता हुआ फूल
मुझको लौटा दो मेरी उम्रे-गुज़िश्ता की किताब

16 जुलाई, 1952

---

1. शोक गीत, 2. बीती हुई उम्र, 3. जवानी का युग, 4. सम्मान, 5. फटी हुई, 6. उत्तर से निराश।

ईरानी तुलबा के नाम

(जो अम्न और आज़ादी की जद्दो-जेह्द में काम आये)

"यह कौन सख़ी[1] हैं
जिनके लहू की
अशूरफ़ियाँ छन्-छन्, छन्-छन्
धरती के पैहम[2] प्यासे
कशकोल[3] में ढलती जाती हैं
कशकोल को भरती जाती हैं

ये कौन जवाँ हैं, अर्ज़े-अज़म,[4]
ये लखलुट
जिनके जिस्मों की
भरपूर जवानी का कुन्दन
यूँ ख़ाक में रेज़ा-रेज़ा है
यूँ कूचा-कूचा बिखरा है
ऐ अर्ज़े-अजम, ऐ अर्ज़े-अज़म,
क्यों नोच के हँस-हँस फेंक दिये
इन आँखों ने अपने नीलम
इन होंठों ने अपने मर्जां[5]
इन हाथों की बेकल चाँदी
किस काम आयी, किस हाथ लगी ?

ऐ पूछनेवाले परदेसी,
ये तिफ़्लो-जवाँ[6]

उस नूर के नौरस[7] मोती हैं
उस आग की कच्ची कलियाँ हैं
जिस मीठे नूर और कड़वी आग
से ज़ुल्म की अन्धी रात में फूटा
सुब्हे-बग़ावत का गुलशन
और सुब्ह हुई मन-मन, तन-तन !

इन जिस्मों का चाँदी-सोना
इन चेहरों के नीलम-मर्जां
जगमग, जगमग, रख़्शाँ-रख़्शाँ[8]
जो देखना चाहे परदेसी
पास आये देखे जी भरकर
यह ज़ीस्त[9] की रानी का झूमर
यह अम्न की देवी का कंगन !"

---

1. दानी, 2. निरंतर, 3. भिक्षापात्र, 4. ईरान की धरती, 5. मूँगे, 6. बच्चे और युवक, 7. नए, 8. दमकते हुए, 9. ज़िंदगी।

अगस्त, 1952

रौशन कहीं बहार के इमकाँ हुए तो हैं
गुलशन में चाक चन्द गरेबाँ हुए तो हैं
अब भी ख़िज़ाँ का राज है लेकिन कहीं-कहीं
गोशे चमन-चमन में ग़ज़लख़्वाँ हुए तो हैं
ठहरी हुई है शब की सियाही वहीं मगर
कुछ-कुछ सहर के रंग पर अफ़्शाँ[1] हुए तो हैं
उनमें लहू जला हो हमारा केः जानो-दिल*
महफ़िल में कुछ चिराग़ फ़रोज़ाँ[2] हुए तो हैं
हाँ कज[3] करो कुलाह केः सब-कुछ लुटाके हम
अब बेनियाज़े-गर्दिशे-दौराँ[4] हुए तो हैं
अहले-क़फ़स की सुब्हे-चमन में खुलेगी आँख
बादे-सबा से वा'दः-ओ-पैमाँ हुए तो हैं
है दश्त अब भी दश्त मगर ख़ूने-पा से 'फ़ैज़'
सैराब चन्द ख़ारे-मुग़ीलाँ[5] हुए तो हैं

***पाठांतर : जानो-माल (शीशों का मसीहा : सं. अली सरदार जाफ़री)*

1. उजागर, 2. प्रकाशमान, 3. टेढ़ी, 4. समय की गति के प्रति उदासीन, 5. बबूल के काँटे।

निसार मैं तिरी गलियों के*

निसार मैं तिरी गलियों के ऐ वतन, कि जहाँ
चली है रस्म केः कोई न सर उठा के चले
जो कोई चाहनेवाला तवाफ़[1] को निकले
नज़र चुरा के चले जिस्मो-जाँ बचा के चले

है अह्‌ले-दिल के लिए अब ये नज़्मे-बस्तो-कुशाद[2]
कि संगो-ख़िश्त[3] मुक़य्यद[4] हैं और सग[5] आज़ाद

बहुत है ज़ुल्म के दस्ते-बहानः-जू[6] के लिए
जो चन्द अह्‌ले-जुनूँ तेरे नामलेवा हैं
बने हैं अह्‌ले-हवस, मुद्‌दई भी, मुंसिफ़ भी
किसे वकील करें, किससे मुंसिफ़ी चाहें

मगर गुज़ारनेवालों के दिन गुज़रते हैं
तिरे फ़िराक़ में यूँ सुब्हो-शाम करते हैं

बुझा जो रौज़ने-ज़िंदाँ तो दिल ये समझा है
कि तेरी माँग सितारों से भर गयी होगी
चमक उठे हैं सलासिल[7] तो हमने जाना है
कि अब सहर तिरे रुख़ पर बिखर गई होगी

ग़रज़ तसव्वुरे-शामो-सहर में जीते हैं
गिरफ़्ते-सायः-ए-दीवारो-दर में जीते हैं

यूँ ही हमेशा उलझती रही है ज़ुल्म से ख़ल्क़
न उनकी रस्म नई है, न अपनी रीत नई
यूँ ही हमेशा खिलाये हैं हमने आग में फूल
न उनकी हार नई है, न अपनी जीत नई

इसी सबब से फ़लक का गिलः नहीं करते
तिरे फ़िराक़ में हम दिल बुरा नहीं करते
गर आज तुझसे जुदा हैं तो कल बहम[8] होंगे
ये रात-भर की जुदाई तो कोई बात नहीं

गर आज औज[9] पे है तालः-ए-रक़ीब[10] तो क्या
ये चार दिन की ख़ुदाई तो कोई बात नहीं

जो तुझसे अह्‌दे-वफ़ा उस्तवार[11] रखते हैं
इलाजे-गर्दिशे-लैलो-निहार[12] रखते हैं

**पाठांतर : निसार मैं तिरी गलियों पे (शीशों का मसीहा : सं. अली सरदार जाफ़री)*

1. परिक्रमा, 2. बँधने और खुलने की व्यवस्था, 3. ईंट-पत्थर, 4. क़ैद, 5. कुत्ते, 6. बहाना ढूँढ़नेवाले हाथ, 7. ज़ंजीरें, 8. साथ, 9. शिखर, 10. प्रतिद्वंद्वी का भाग्य, 11. पक्का, 12. रात और दिन के क्रम का इलाज।

शीशों का मसीहा कोई नहीं

मोती हो केः शीशः जाम कि दुर[1]
जो टूट गया, सो टूट गया
कब अश्कों[2] से जुड़ सकता है
जो टूट गया, सो छूट गया

तुम नाहक़ टुकड़े चुन-चुनकर
दामन में छुपाये बैठे हो
शीशों का मसीहा कोई नहीं
क्या आस लागये बैठे हो

शायद कि इन्हीं टुकड़ों में कहीं
वो साग़रे-दिल है, जिसमें कभी
सद[3] नाज़ से उतरा करती थी
सहबा-ए-ग़मे-जानाँ[4] की परी

फिर दुनियावालों ने तुमसे
यह साग़र ले के फोड़ दिया,
जो मय थी बहा दी मिट्टी में
मेहमान का शहपर[5] तोड़ दिया

ये रंगीं रेज़े[6] हैं शायद
उन शोख़ बिलूरी सपनों के
तुम मस्त जवानी में जिनसे
ख़िल्वत[7] को सजाया करते थे

नादारी, दफ़्तर, भूख और ग़म
इन सपनों से टकराते रहे
बेरह्म था चौमुख पथराओ
ये काँच के ढाँचे क्या करते

या शायद इन ज़र्रों में कहीं
मोती है तुम्हारी इज़्ज़त का
वह जिससे तुम्हारे इज्ज़[8] पे भी
शमशादक़दों[9] ने नाज़ किया

उस माल की धुन में फिरते थे
ताजिर भी बहुत, रहज़न[10] भी कई
है चोरनगर, याँ मुफ़लिस की
गर जान बची तो आन गई

ये साग़र-शीशे, ला'लो-गुहर
सालिम हों तो क़ीमत पाते हैं
यूँ टुकड़े-टुकड़े हों तो फ़क़त
चुभते हैं लहू रुलवाते हैं

तुम नाहक़ शीशे चुन-चुनकर
दामन में छुपाये बैठे हो
शीशों का मसीहा कोई नहीं
क्या आस लगाये बैठे हो

यादों के गरेबानों के रफ़ू
पर दिल की गुज़र कब होती है
इक बख़ियः उधेड़ा, एक सिया
यूँ उ'म्र बसर कब होती है

इस कारगहे-हस्ती में जहाँ
ये साग़र-शीशे ढलते हैं
हर शै का बदल मिल सकता है
सब दामन पुर हो सकते हैं

जो हाथ बढ़े यावर[11] है यहाँ
जो आँख उठे, वो बख़्तावर[12]
याँ धन-दौलत का अंत नहीं
हों घात में डाकू लाख मगर

कब लूट-झपट से हस्ती की
दूकानें ख़ाली होती हैं
याँ पर्बत-पर्बत हीरे हैं
याँ सागर-सागर मोती हैं

कुछ लोग हैं जो इस दौलत पर
पर्दे लटकाते फिरते हैं
हर पर्बत को, हर सागर को
नीलाम चढ़ाते फिरते हैं

कुछ वो भी हैं जो लड़-भिड़कर
ये पर्दे नोच गिराते हैं
हस्ती के उठाईगीरों की
हर चाल उलझाए जाते हैं

इन दोनों में रन पड़ता है
नित बस्ती-बस्ती, नगर-नगर
हर बसते घर के सीने में
हर चलती राह के माथे पर

ये कालिख भरते फिरते हैं
वो जोत जगाते रहते हैं
ये आग लगाते फिरते हैं
वो आग बुझाते रहते हैं

सब साग़र, शीशे, लालो-गुहर
इस बाज़ी में बद जाते हैं
उट्‌ठो सब ख़ाली हाथों को
इस रन से बुलावे आते हैं

---

1. रत्न, 2. आँसुओं, 3. सौ, 4. प्रेमिका के विरह की मदिरा, 5. डैना, सबसे मुख्य पंख, 6. कण, 7. एकांत, 8. विनम्रता, 9. सर्व के पेड़-जैसे क़दवाले, 10. बटमार, 11. सहायक, 12. भाग्यशाली।

ज़िंदाँ की एक शाम

शाम के पेचो-ख़म[1] सितारों से
ज़ीना-ज़ीना उतर रही है रात
यूँ सबा पास से गुज़रती है
जैसे कह दी किसी ने प्यार की बात
सहने-ज़िंदाँ[2] के बे-वतन अशजार[3]
सरनिगूँ[4] महव[5] हैं बनाने में
दामने-आसमाँ पे नक़्शो-निगार

शानए-बाम[6] पर दमकता है
मेह्रबाँ चाँदनी का दस्ते-जमील[7]
ख़ाक में घुल गयी है आबे-नजूम
नूर में घुल गया है अर्श[8] का नील
सब्ज़ गोशों में नीलगूँ साये
लहलहाते हैं जिस तरह दिल में
मौजे - दर्दे - फ़िराक़े - यार[9] आये

दिल से पैहम ख़याल कहता है
इतनी शीरीं है ज़िन्दगी इस पल
ज़ुल्म का ज़ह्र घोलनेवाले
कामराँ[10] हो सकेंगे आज न कल
जल्वागाहे-विसाल[11] की शम्एँ
वो बुझा भी चुके अगर तो क्या
चाँद को गुल करें, तो हम जानें

---

1. टेढ़े-मेढ़े, 2. जेल का आँगन, 3. पेड़, 4. नतमस्तक, 5. व्यस्त, 6. बारजे पर, 7. सुंदर हाथ, 8. आसमान, 9. प्रेमिका के विरह की पीड़ा की लहर, 10. सफल, 11. जहाँ प्रणय-लीला होती है।

ज़िन्दाँ की एक सुब्ह

रात बाक़ी थी अभी जब सरे-बालीं[1] आकर
चाँद ने मुझसे कहा, "जाग, सहर आई है !
जाग, इस शब जो मये-ख़्वाब[2] तिरा हिस्सा थी
जाम के लब से तहे-जाम उतर आई है।"

अक्से-जानाँ[3] को विदा करके उठी मेरी नज़र
शब के ठहरे हुए पानी की सियह चादर पर
जा-ब-जा रक्स में आने लगे चाँदी के भँवर
चाँद के हाथ से तारों के कँवल गिर-गिरकर
डूबते, तैरते, मुरझाते रहे, खिलते रहे
रात और सुब्ह बहुत देर गले मिलते रहे

सहने-ज़िंदाँ में रफ़ीक़ों[4] के सुनहरे चेहरे
सतहे-ज़ुल्मत से दमकते हुए उभरे कम-कम
नींद की ओस ने उन चेहरों से धो डाला था
देस का दर्द, फ़िराक़े-रुख़े-महबूब[5] का ग़म
दूर नौबत[6] हुई, फिरने लगे बेज़ार क़दम
ज़र्द फ़ाक़ों के सताये हुए पहरेवाले
अह्ले-ज़िंदाँ के ग़ज़बनाक ख़रोशाँ[7] नाले
जिनकी बाँहों में फिरा करते हैं बाँहें डाले
लज़्ज़ते-ख़्वाब[8] से मख़मूर[9] हवाएँ जागीं
जेल की ज़ह्र भरी चूर सदाएँ[10] जागीं

दूर दरवाज़ा ख़ुला कोई, कोई बन्द हुआ
दूर मचली कोई ज़ंजीर, मचल के रोई
दूर उतरा किसी ताले के जिगर में ख़ंजर
सर पटकने लगा रह-रह के दरीचः[11] कोई
गोया फिर ख़्वाब से बेदार हुए दुश्मने-जाँ
संगो-फ़ौलाद से ढाले हुए जिन्नाते-गराँ[12]
जिनके चंगुल में शबो-रोज़ हैं फ़रियादकुनाँ[13]
मेरे बेकार शबो-रोज़ की नाज़ुक परियाँ
अपने शहपूर[14] की रह देख रही हैं ये असीर
जिसके तरकश में हैं उम्मीद के जलते हुए तीर

(अपूर्ण)

1. सिरहाने, 2. स्वप्न की मदिरा, 3. प्रेमिका का प्रतिबिंब (कल्पना), 4. साथियों, 5. प्रियतम के मुख का वियोग, 6. राजाओं के द्वार पर बजनेवाला वाद्य, 7. आर्त्तनाद भरे, 8. स्वप्न का आनंद, 9. नशे में चूर, 10. आवाज़ें, 11. झरोखा, 12. बड़े-बड़े पिशाच, 13. फ़रियाद करते हुए, 14. शाहज़ादा।

याद

दश्ते-तनहाई[1] में, ऐ जाने-जहाँ, लरज़ाँ[2] हैं
तेरी आवाज़ के साये, तिरे होठों के सराब[3]
दश्ते-तनहाई में, दूरी के ख़सो-ख़ाक[4] तले
खिल रहे हैं तिरे पहलू के समन[5] और गुलाब

उठ रही है कहीं क़ुरबत[6] से तिरी साँस की आँच
अपनी ख़ुशबू में सुलगती हुई मद्धम-मद्धम
दूर—उफ़क़ पार, चमकती हुई, क़तरः-क़तरः
गिर रही है तिरी दिलदार नज़र की शबनम

इस क़दर प्यार से, ऐ जाने-जहाँ, रक्खा है
दिल के रुख़सार पे इस वक़्त तिरी याद ने हाथ
यूँ गुमाँ होता है, गरचे है अभी सुब्हे-फ़िराक़,[7]
ढल गया हिज्र[8] का दिन, आ भी गई वस्ल की रात

---

1. एकांत का जंगल, 2. कंपित, 3. मृगतृष्णा, 4. घास और धूल, 5. चमेली, 6. निकटता, 7. विरह का सेवरा, 8. विरह।

ज़िन्दाँनामा

ऐ हबीबे-अं'बरदस्त

[एक अजनबी ख़ातून के नाम ख़ुशबू का तोहफ़ा वसूल होने पर]

किसी के दस्ते-इ'नायत ने कुंजे-ज़िंदाँ[1] में
किया है आज अजब दिलनवाज़ बंदोबस्त
महक रही है फ़ज़ा ज़ुल्फ़े-यार की सूरत
हवा है गर्मी-ए-ख़ुशबू से इस तरह सरमस्त
अभी-अभी कोई गुज़रा है गुलबदन गोया
कहीं क़रीब से, गेसू-ब-दोश[2] गुंचः-ब-दस्त[3]
लिये है बू-ए-रफ़ाक़त[4] अगर हवा-ए-चमन
तो लाख पहरे बिठायें क़फ़स पे ज़ुल्म-परस्त
हमेशः सब्ज़ रहेगी वो शाख़े-मेहरो-वफ़ा
कि जिसके साथ बँधी है दिलों की फ़तहो-शिकस्त

ये शे'रे-हाफ़िज़े-शीराज़, ऐ सबा, कहना,
मिले जो तुझसे कहीं वो हबीबे-अं'बरदस्त[5]
"ख़लल पिज़ीर बुवद हर बिना कि मी बीनी
बजुज़ बिना-ए-महब्बत कि ख़ाली अज़ ख़लल अस्त"[6]

सेंट्रल जेल, हैदराबाद
28, 29 अप्रैल, 1953

---

1. जेल का कोना, 2. कंधे पर बाल बिखराए, 3. हाथ में कली लिये, 4. दोस्ती की सुगंध, 5. ख़ुशबूदार हाथोंवाला दोस्त, 6. हर बुनियाद में दरार पड़ जाती है अलावा मुहब्बत की बुनियाद के, जिसमें दरार नहीं पड़ती।

मुलाक़ात

(1)

यह रात उस दर्द का शजर[1] है
जो मुझसे तुझसे अज़ीमतर है
अज़ीमतर है कि इसकी शाख़ों
में लाख मशअ'ल-ब-कफ़[2] सितारों
के कारवाँ घिर के खो गये हैं
हज़ार महताब इसके साये
में अपना सब नूर रो गये हैं

यह रात उस दर्द का शजर है
जो मुझसे तुझसे अज़ीमतर है
मगर इसी रात के शजर से
ये चंद लम्हों के ज़र्द पत्ते
गिरे हैं और तिरे गेसुओं[3] में
उलझ के गुलनार हो गये हैं
इसी की शबनम से ख़ामशी के
ये चंद क़तरे तिरी जबीं[4] पर
बरस के मोती* पिरो गये हैं

(2)

बहुत सियह है ये रात लेकिन
इसी सियाही में रू-नुमा[5] है
वो नह्‌रे-ख़ूँ जो मिरी सदा है
इसी के साए में नूरगर है

वो मौज-ए-ज़र[6] जो तेरी नज़र है
वो ग़म जो इस वक़्त तेरी बाँहों
के गुलसिताँ में सुलग रहा है
(वो ग़म जो इस रात का समर[7] है)
कुछ और तप जाए अपनी आहों
की आँच में तो यही शरर[8] है
हर इक सियह शाख की कमाँ से
ज़िगर में टूटे हैं तीर जितने
जिगर से नोचे हैं और हर इक
का हमने तेशा[9] बना लिया है

(3)

अलम-नसीबों[10] जिगर-फ़िगारों[11]
की सुब्ह, अफ़लाक[12] पर नहीं है
जहाँ पे हम तुम खड़े हैं दोनों
सहर[13] का रौशन-उफ़क़[14] यहीं है
यहीं पे ग़म के शरार[15] खिलकर
शफ़क़[16] के गुलज़ार बन गए हैं
यहीं पे क़ातिल दुखों के तेशे
क़तार अन्दर कतार किरनों
के आतशीं[17] हार बन गए हैं
ये ग़म जो इस रात ने दिया है
ये ग़म सहर का यकीं बना है
यक़ीं जो ग़म से करीमतर[18] है
सहर जो शब से अज़ीमतर है

मांटगोमरी जेल
12 अक्तूबर-3 नवंबर, 1953
**पाठांतर : हीरे (नुस्खःहा-ए-वफ़ा)*

1. पेड़, 2. हाथ में मशाले लिये हुए, 3. बालों, 4. माथा, 5. प्रकट होना, सूरत दिखाना, 6. स्वर्ण लहर, 7. फल, 8. चिंगारी, 9. कुदाल, 10. अभागे लोगों, 11. ज़ख्मी दिलवालों, 12. आसमानों, 13. सुबह, 14. प्रकाश-भरा क्षितिज, 15. चिंगारी, 16. उषा, 17. अग्निवर्णी, 18. अधिक दयालु।

वासोख़्त*

सच है हमीं को आपके शिकवे बजा न थे
बेशक सितम जनाब के सब दोस्ताना थे

हाँ, जो जफ़ा भी आपने की, क़ाय'दे से की
हाँ, हम ही कारबंदे-उसूले-वफ़ा[1] न थे

आये तो यूँ कि जैसे हमेशः थे मेह्रबाँ
भूले तो यूँ कि गोया कभी आश्ना[2] न थे

क्यों दादे-ग़म हमीं ने तलब की बुरा किया
हमसे जहाँ में कुश्तः-ए-ग़म[3] और क्या न थे

गर फ़िक्रे-ज़ख़्म की तो ख़तावार हैं कि हम
क्यों मह्वे-मदहे-ख़ूबी-ए-तेग़े-अदा[4] न थे

हर चारःगर को चारःगरी से गुरेज़ था
वरनः हमें जो दुख थे, बहुत ला-दवा न थे

लब पर है तल्ख़ी-ए-मये-अय्याम,[5] वरनः 'फ़ैज़'
हम तल्ख़ी-ए-कलाम[6] पे माइल[7] ज़रा न थे

मांटगोमरी जेल
24 नवंबर, 1953
*[*उर्दू पद्य की एक क़िस्म, जो मुसद्दस के रूप में होता है, और जिसमें प्रेमिका के व्यवहार से नाराज़ होकर प्रेम छोड़ देने और प्रेमिका को त्यागने का वर्णन होता है।]*

---

1. वफ़ा के उसूल के पाबंद, 2. परिचित, 3. ग़म के मारे हुए, 4. अदा की तलवार के गुणों की प्रशंसा में व्यस्त, 5. समय की शराब की कड़वाहट, 6. बात की कटुता, 7. प्रवृत्ति रखना।

ऐ रौशनियों के शहर

सब्ज़ा-सब्ज़ा सूख रही है फीकी, ज़र्द दुपहर
दीवारों को चाट रहा है तनहाई का ज़हर
दूर उफ़क़ तक घटती, बढ़ती, उठती, गिरती रहती है
कुहर[1] की सूरत बे-रौनक़ दर्दों की गँदली लहर
बसता है उस कुहर के पीछे रौशनियों का शहर
ऐ रौशनियों के शहर

कौन कहे किस सिम्त[2] है तेरी रौशनियों की राह
हर जानिब बे-नूर खड़ी है हिज्र[3] की शहरपनाह
थककर हर सू बैठ रही है शौक़ की माँद सिपाह
आज मिरा दिल फ़िक्र में है
ऐ रौशनियों के शहर

शबख़ूँ[4] से मुँह फेर न जाये अरमानों की रौ
ख़ैर हो तेरी लैलाओं की, उन सबसे कह दो
आज की शब जब दिये जलायें, ऊँची रक्खें लौ

लाहौर जेल/मांटगोमरी जेल
28 मार्च-15 अप्रैल, 1954

1. कुहरा, 2. दिशा, 3. वियोग 4. रात में पड़ने वाला छापा।

हम जो तारीक राहों में मारे गये

[ईथेल और जूलियस रोज़नबर्ग के ख़तों से मुतास्सिर होकर लिखी गई]

तेरे होठों के फूलों की चाहत में हम
दार[1] की ख़ुश्क टहनी पे वारे गये
तेरे हाथों की शम्ओं' की हसरत में हम
नीम-तारीक राहों में मारे गये

सूलियों पर हमारे लबों से परे
तेरे होंठों की लाली लपकती रही
तेरे ज़ुल्फ़ों की मस्ती बरसती रही
तेरे हाथों की चाँदी दमकती रही

जब घुली तेरी राहों में शामे-सितम
हम चले आये लाये जहाँ तक क़दम
लब पे हर्फ़े-ग़ज़ल, दिल में क़ंदीले-ग़म
अपना ग़म था गवाही तिरे हुस्न की
देख क़ायम रहे इस गवाही पे हम
हम जो तारीक राहों पे मारे गये

ना-रसाई[2] अगर अपनी तक़दीर थी
तेरी उल्फ़त तो अपनी ही तदबीर थी
किसको शिक़्वः है गर शौक़[3] के सिलसिले
हिज्र की क़त्लगाहों से सब जा मिले

क़त्लगाहों से चुनकर हमारे अ'लम[4]
और निकलेंगे उ'श्शाक़[5] के क़ाफ़िले
जिनकी राहे-तलब से हमारे क़दम
मुख़्तसर कर चले दर्द के फ़ासले
कर चले जिनकी ख़ातिर जहाँगीर[6] हम
जाँ गँवाकर तिरी दिलबरी का भरम
हम जो तारीक राहों में मारे गये

मांटगोमरी जेल
15 मई, 1954

1. फाँसी, 2. विफलता, 3. उत्कंठा, 4. झंडे, 5. प्रेमी, 6. विश्वव्यापी।

दरीचा

गड़ी हैं कितनी सलीबें मिरे दरीचे में
हरेक अपने मसीहा के ख़ूँ का रंग लिये
हरेक वस्ले-ख़ुदावन्द[1] की उमंग लिये

किसी पे करते हैं अब्रे-बहार[2] को क़ुर्बां
किसी पे क़त्ल महे-ताबनाक[3] करते हैं
किसी पे होती है सरमस्त शाख़सार[4] दो-नीम[5]
किसी पे बादे-सबा को हलाक करते हैं

हर आये दिन ये ख़ुदावन्दगाने-मेह्रो-जमाल[6]
लहू में ग़र्क़ मिरे ग़मकदे में आते हैं
और आये दिन मिरी नज़रों के सामने उनके
शहीद जिस्म सलामत उठाये जाते हैं

मांटगोमरी जेल
दिसंबर, 1954

---

1. ख़ुदा से मिलने, 2. बहार के बादल, 3. चमकदार चाँद, 4. डाली, 5. दो टुकड़े, 6. करुणा और सौंदर्य के स्वामी।

दर्द आयेगा दबे पाँव

और कुछ देर में, जब फिर मिरे तनहा दिल को
फ़िक्र आ लेगी कि तनहाई का क्या चारः करे
दर्द आयेगा दबे पाँव, लिये सुर्ख़ चिराग़
वह जो इक दर्द धड़कता है कहीं दिल से परे
शो'लः-ए-दर्द जो पहलू में लपक उट्ठेगा
दिल की दीवार पे हर नक़्श दमक उट्ठेगा

हल्क़ः-ए-जुल्फ़[1] कहीं, गोशः-ए-रुख़सार[2] कहीं
हिज्र का दश्त कहीं, गुलशने-दीदार कहीं
लुत्फ़ की बात कहीं, प्यार का इक़रार कहीं
दिल से फिर होगी मिरी बात कि ऐ दिल, ऐ दिल
ये जो महबूब बना है तिरी तनहाई का
ये तो मेहमाँ है घड़ी-भर का चला जायेगा
इससे कब तेरी मुसीबत का मदावा[3] होगा
मुश्तइ'ल[4] होके अभी उट्ठेंगे वहशी साये
ये चला जायेगा, रह जायेंगे बाक़ी साये
रात-भर जिनसे तिरा ख़ून-ख़राबा होगा
जंग ठहरी है कोई खेल नहीं है, ऐ दिल
दुश्मने-जाँ हैं सभी सारे के सारे क़ातिल
ये कड़ी रात भी, ये साये भी, तनहाई भी
दर्द और जंग में कुछ मेल नहीं है, ऐ दिल
लाओ, सुलगाओ कोई जोशे-ग़ज़ब का अंगार
तैश की आतिशे-जर्रार[5] कहाँ है, लाओ

वो दहकता हुआ गुलज़ार कहाँ है, लाओ
जिसमें गर्मी भी है, हरकत भी, तवानाई[6] भी
हो न हो अपने क़बीले का भी कोई लश्कर
मंतज़िर होगा अँधेरे की फ़सीलों[7] के उधर
उनको शो'लों के रजज़[8] अपना पता तो देंगे
ख़ैर, हम तक वो न पहुँचें भी, सदा तो देंगे
दूर कितनी है अभी सुब्ह, बता तो देंगे

मांटगोमरी जेल
1 दिसंबर, 1954

---

1. बालों के घेरे, 2. गालों के कोने, 3. इलाज, 4. उत्तेजित, 5. तेज़ आग, 6. ताक़त, 7. प्राचीरों, 8. वीर-गाथा।

AFRICA COME BACK*

[एक रजज़[1]]

आ जाओ, मैंने सुन ली तिरे ढोल की तरंग
आ जाओ, मस्त हो गयी मेरे लहू की ताल
"आ जाओ, ऐफ़्रीक़ा"
आ जाओ, मैंने धूल से माथा उठा लिया
आ जाओ, मैंने छील दी आँखों से ग़म की छाल
आ जाओ, मैंने दर्द से बाज़ू छुड़ा लिया
आ जाओ, मैंने नोच दिया बेकसी का जाल
"आ जाओ, ऐफ़्रीक़ा"
पंजे में हथकड़ी की कड़ी बन गई है गुर्ज़[2]
गर्दन का तौक़ तोड़ के ढाली है मैंने ढाल
"आ जाओ, ऐफ़्रीक़ा"
जलते हैं हर कछार में भालों के मिरग-नैन,
दुश्मन लहू से रात की कालिख हुई है लाल
"आ जाओ, ऐफ़्रीक़ा"
धरती धड़क रही है मिरे साथ, ऐफ़्रीक़ा
दरिया थिरक रहा है तो बन दे रहा है ताल
मैं ऐफ़्रीक़ा हूँ, धार लिया मैंने तेरा रूप
मैं तू हूँ, मेरी चाल है तेरी बबर की चाल
"आ जाओ, ऐफ़्रीक़ा"
आओ; बबर की चाल
आ जाओ, ऐफ़्रीक़ा

मांटगोमरी जेल
14 जनवरी, 1955
*अफ़्रीक़ी स्वतंत्रता-प्रेमियों का नारा।

---

1. वीरोचित गर्वोक्ति के पद, 2. गदा।

यह फ़स्ल उमीदों की हमदम

सब काट दो
बिस्मिल[1] पौदों को
बे-आब सिसकते मत छोड़ो
सब नोच लो
बेकल फूलों को
शाख़ों पे बिलकते मत छोड़ो

यह फ़स्ल उमीदों की हमदम
इस बार भी ग़ारत जायेगी
सब मेहनत सुब्हों-शामों की
अबके भी अकारथ जायेगी

खेती के कोनों-खुदरों में
फिर अपने लहू की खाद भरो
फिर मिट्टी सींचो अश्कों से
फिर अगली रुत की फ़िक्र करो

फिर अगली रुत की फ़िक्र करो
जब फिर इक बार उजड़ना है
इक फ़स्ल पकी तो भर पाया
जब तक तो यही कुछ करना है

मांटगोमरी जेल
30 मार्च, 1955

---

1. मरे हुए, निष्प्राण।

बुनियाद कुछ तो हो

[कव्वाली]

कू-ए-सितम की ख़ामुशी आबाद कुछ तो हो
कुछ तो कहो सितमकशो[1] फ़रियाद कुछ तो हो
बेदादगर से शिकवए-बेदाद कुछ तो हो
बोलो कि शोरे-हश्र[2] की ईजाद[3] कुछ तो हो
मरने चले तो सतवते-क़ातिल[4] का ख़ौफ़ क्या
इतना तो हो कि बाँधने पाये न दस्तो-पा
मक़तल में कुछ तोरंग जमे जश्ने-रक़्स का
रंगीं लहू से पंजए-सैयाद कुछ तो हो
ख़ूँ पर गवाह दामने-जल्लाद कुछ तो हो
जब ख़ूँ-बहा[5] तलब करें बुनियाद कुछ तो हो
गर तन नहीं, ज़बाँ सही, आज़ाद कुछ तो हो
दुश्नाम, नाला, हा-ओ-हू, फ़रियाद कुछ तो हो
चीख़े है दर्द, ऐ दिले-बर्बाद कुछ तो हो
बोलो, कि शोरे-हश्र की ईजाद कुछ तो हो
बोलो कि रोज़े-अद्ल की बुनियाद कुछ तो हो

मांटगोमरी जेल
13 अप्रैल, 1955

---

1. ज़ुल्म सहनेवालो, 2. प्रलय का शोर, 3. शुरुआत, 4. क़ातिल का आतंक, 5. ख़ून की कीमत।

कोई आ'शिक़ किसी महबूबः से

याद की राहगुज़र जिस पे इसी सूरत से
मुद्दतें बीत गई हैं तुम्हें चलते-चलते
ख़त्म हो जाये जो दो-चार क़दम और चलो
मोड़ पड़ता है जहाँ दश्ते-फ़रामोशी[1] का
जिससे आगे न कोई मैं हूँ न कोई तुम हो
साँस थामे हैं निगाहें कि न जाने किस दम
तुम पलट आओ गुज़र जाओ या मुड़कर देखो
गरचे वाक़िफ़ हैं निगाहें कि यह सब धोका है
गर कहीं तुमसे हम-आग़ोश हुई फिर से नज़र
फूट निकलेगी वहाँ और कोई राहगुज़र
फिर इसी तर्ह जहाँ होगा मुक़ाबिल[2] पैहम[3]
सायः-ए-ज़ुल्फ़ का और जुंबिशे-बाज़ू का सफ़र
दूसरी बात भी झूठी है कि दिल जानता है
याँ कोई मोड़, कोई दश्त, कोई घात नहीं
जिसके परदे में मिरा माहे-रवाँ[4] डूब सके
तुमसे चलती रहे ये राह, यूँ ही अच्छा है
तुमने मुड़कर भी न देखा तो कोई बात नहीं

1. विस्मृति का जंगल, 2. सामने, 3. लगातार, 4. चलता हुआ चाँद।

अगस्त 1955

शहर में चाक-गरेबाँ हुए नापैद अबके
कोई करता ही नहीं ज़ब्त की ताकीद[1] अबके

लुत्फ़ कर, ऐ निगहे-यार, कि ग़मवालों ने
हसरते-दिल की उठाई नहीं तमहीद[2] अबके

चाँद देखा तेरी आँखों में, न होंठों पे शफ़क़
मिलती-जुलती है शबे-ग़म से तिरी दीद अबके

दिल दुखा है न वह पहला-सा, न जाँ तड़पी है
हम ही ग़ाफ़िल थे कि आई ही नहीं ईद अबके

फिर से बुझ जायेंगी शम्एँ जो हवा तेज़ चली
लाके रक्खो सरे-महफ़िल कोई खुरशीद[3] अबके

कराची
14 अगस्त, 1955

1. आदेश, 2. भूमिका, 3. सूरज।

दस्ते-तहे-संग

सरे-आग़ाज़

शायद कभी इफ़्शा[1] हो निगाहों पे तुम्हारी
हर सादा वरक़ जिस सुख़ने-कुश्तः[2] से ख़ूँ है
शायद कभी इस गीत का परचम हो हर-अफ़ाज़[3]
जो आमदे-सरसर[4] की तमन्ना में निगूँ है
शायद कभी इस दिल की कोई रग तुम्हें चुभ जाये
जो संगे-सरे-राह की मानिन्द ज़बूँ[5] है

---

1. प्रकट, 2. घायल शब्द, 3. सिर ऊँचा करने वाला, 4. आँधी आना, 5. दूषित।

दस्ते-तहे-संग आमदः[1]

बेज़ार फ़ज़ा, दर पः-ए-आज़ारे-सबा[2] है
यूँ है कि हर इक हमदमे-दैरीनः[3] ख़फ़ा है

हाँ, बादःकशो, आया है अब रंग पे मौसम
अब सैर के क़ाबिल रविशे-आबो-हवा है

उमड़ी है हर इक सिम्त से इल्ज़ाम की बरसात
छाई हुई हर दाँग[4] मलामत[5] की घटा है

वो चीज़ भरी है कि सुलगती है सुराही
हर कासः-ए-मय[6] ज़ह्रे हलाहल से सिवा[7] है

हाँ जाम उठाओ कि ब-यादे-लबे-शीरीं
ये ज़ह्र तो यारों ने कई बार पिया है

इस जज़्बः-ए-दिल की न सज़ा है न जज़ा है
मक़सूदे-रहे-शौक़[8] वफ़ा है न जफ़ा है

एहसासे-ग़मे-दिल जो ग़मे-दिल का सिला[9] है
उस हुस्न का एहसास है जो तेरी अ'ता[10] है

हर सुब्ह गुलिस्ताँ है तिरा रू-ए-बहारीं[11]
हर फूल तिरी याद का नक़्शे-कफ़े-पा है

हर भीगी हुई रात तिरी ज़ुल्फ़ की शबनम
ढलता हुआ सूरज तिरे होठों की फ़ज़ा है

हर राह पहुँचती है तिरी चाह के दर तक
हर हर्फ़े-तमन्ना तिरे क़दमों की सदा है

ता'ज़ीरे-सियासत[12] है, न ग़ैरों की ख़ता है
वो ज़ुल्म जो हमने दिले-वहशी पे किया है

ज़िंदाने-रहे-यार में पाबंद हुए हम
ज़ंजीर-ब-कफ़[13] है, न कोई बंद-ब-पा[14] है

"मजबूरी-ओ-दावा-ए-गिरफ़्तारी-ए-उल्फ़त
दस्ते-तहे-संग आमदः पैमाने-वफ़ा[15] है"

---

1. पत्थर के नीचे आया हुआ हाथ, 2. सबा को तकलीफ पहुँचाने पर आमादा, 3. पुराना दोस्त, 4. दिशा, 5. निंदा, 6. शराब का प्याला, 7. बढ़कर, 8. लालसा के मार्ग का लक्ष्य, 9. पुरस्कार, 10. दी हुई चीज़, उपहार, 11. खिला हुआ चेहरा, 12. राजनीति का बंधन, 13. हाथ में ज़ंजीर, 14. पैर में बंधन, 15. वचन निभाने की प्रतिज्ञा।

सफ़रनामा

पेकिंग

यूँ गुमाँ होता है बाज़ू हैं मिरे साठ करोड़
और आफ़ाक़[1] की हद तक मिरे तन की हद है
दिल मिरा कोहो-दमन[2] दश्तो-चमन की हद है
मेरे कीसे[3] में है रातों का सियहफ़ाम जलाल
मेरे हाथों में है सुब्हों की अ'नाने-गुलगूँ[4]
मेरी आग़ोश में पलती है ख़ुदाई सारी
मेरे मक़दूर[5] में है मोजज़ए-कुन फ़यकून[6]

सिंकियांग

अब कोई तब्ल बजेगा न कोई शाह सवार
सुब्ह दम मौत की वादी को रवाना होगा
अब कोई जंग न होगी न कभी रात गये
ख़ून की आग को अश्कों से बुझाना होगा
कोई दिल धड़केगा शब-भर न किसी आँगन में
वहम मनहूस परिन्दे की तरह आयेगा
सहम, ख़ूँख़्वार दरिन्दे की तरह आयेगा
अब कोई जंग न होगी मयो-साग़र लाओ
ख़ूँ लुटाना न कभी अश्क बहाना होगा
साक़िया रक़्स कोई रक़्से-सबा की सूरत
मुतरिबा[7] कोई ग़ज़ल रंगे-हिना की सूरत

---

1. क्षितिज, 2. पहाड़ और टीले, 3. जेब, 4. फूल के रंग का अंतरिक्ष, 5. अनुमान, 6. ''हो जा'' कहने से ही सृष्टि के बन जाने की अलौकिक घटना। ''कुन फ़यकुन'' कुरआन शरीफ़ की आयत का एक अंश है, 7. गायिका।

जश्न का दिन

जुनूँ की याद मनाओ कि जश्न का दिन है
सलीबो-दार[1] सजाओ कि जश्न का दिन है

तरब[2] की बज़्म है बदलो दिलों के पैराहन[3]
जिगर के चाक सिलाओ कि जश्न का दिन है

तुनुक-मिज़ाज है साक़ी न रंगे-मय देखो
भरे जो शीशः चढ़ाओ कि जश्न का दिन है

तमीज़े-रहबरो-रहज़न[4] करो न आज के दिन
हर इक से हाथ मिलाओ कि जश्न का दिन है

है इंतज़ारे-मलामत में नासहों[5] का हुजूम
नज़र सँभाल के जाओ कि जश्न का दिन है

बहुत अज़ीज़ हो लेकिन शिकस्तः दिल यारो
तुम आज याद न आओ कि जश्न का दिन है

वह शोरिशे-ग़मे-दिल जिसकी लय नहीं कोई
ग़ज़ल की धुन में सुनाओ कि जश्न का दिन है

मार्च, 1957

---

1. सूली और फाँसी, 2. उल्लास, 3. वस्त्र, 4. मार्गदर्शक और बटमार का अंतर, 5. उपदेशकों।

शाम

इस तरह है कि हर इक पेड़ कोई मंदिर है
कोई उजड़ा हुआ, बे-नूर पुराना मंदिर
ढूँढ़ता है जो ख़राबी के बहाने कब से
चाक हर बाम, हर इक दर का दमे-आख़िर है
आसमाँ कोई पुरोहित है जो हर बाम तले
जिस्म पर राख मले, माथे पे सिंदूर मले
सरनिगूँ[1] बैठा है चुपचाप न जाने कब से
इस तरह है कि पसे-पर्दः कोई साहिर[2] है
जिसने आफ़ाक़[3] पे फैलाया है यूँ सहर[4] का दाम[5]
दामने-वक़्त से पैवस्त है यूँ दामने-शाम
अब कभी शाम बुझेगी न अँधेरा होगा
अब कभी रात ढलेगी न सवेरा होगा
आसमाँ आस लिये है कि यह जादू टूटे
चुप की ज़ंजीर कटे, वक़्त का दामन छूटे
दे कोई शंख दुहाई, कोई पायल बोले
कोई बुत जागे, कोई साँवली घूँघट खोले

---

1. सर झुकाए, 2. जादूगर, 3. क्षितिज, 4. जादू, 5. जाल।

तुम ये कहते हो अब कोई चारा नहीं

तुम ये कहते हो वो जंग हो भी चुकी
जिसमें रक्खा नहीं है किसी ने क़दम
कोई उतरा न मैदाँ में दुश्मन न हम
कोई सफ़[1] बन न पाई न कोई अ'लम[2]
मुंतशिर[3] दोस्तों को सदा[4] दे सका
अजनबी दुश्मनों का पता दे सका
तुम ये कहते हो वो जंग हो भी चुकी
जिसमें रक्खा नहीं हमने अब तक क़दम

तुम ये कहते हो अब कोई चारा नहीं
जिस्म ख़स्तः है, हाथों में यारा[5] नहीं

अपने बस का नहीं बारे-संगे-सितम[6]
बारे-संगे-सितम, बारे-कुहसारे-ग़म[7]
जिसको छूकर सभी इक तरफ़ हो गये
बात की बात में ज़ी-शरफ़[8] हो गये
दोस्तो कू-ए-जानाँ की नामेह्रबाँ
ख़ाक पर अपने रौशन लहू की बहार
अब न आयेगी क्या, अब खिलेगा न क्या
इस कफ़े-नाज़नीं पर कोई लालाज़ार
इस हज़ीं ख़ामुशी में न लौटेगा क्या
शोरे-आवाज़े-हक़, नारः-ए-गीरो-दार[9]
शौक़ का इम्तहाँ जो हुआ सो हुआ

जिस्मो-जाँ का ज़ियाँ[10] जो हुआ सो हुआ
सूद से पेशतर है ज़ियाँ और भी
दोस्तो मातमे-जिस्मो-जाँ और भी
और भी तल्ख़तर इम्तहाँ और भी

जनवरी, 1958

---

1. पाँत, 2. झंडा, 3. बिखरे हुए, 4. आवाज़, 5. ताक़त, 6. अत्याचार के पत्थर का बोझ, 7. दुःख के पहाड़ का बोझ, 8. श्रेयस्कर, 9. गिरफ़्तार करनेवालों और फाँसी के फंदे का नारा, 10. हानि।

शोरिशे-ज़ंजीर बिस्मिल्लाह

हुई फिर इम्तहाने-इ'श्क की तदबीर बिस्मिल्लाह
हर इक जानिब मचा कुहरामे-दारो-गीर बिस्मिल्लाह
गली-कूचों में बिखरी शोरिशे-ज़ंजीर बिस्मिल्लाह

दरे-ज़िंदाँ पे बुलवाये गये फिर से जुनूँवाले
दरीदः[1] दामनोंवाले, परीशाँ गेसुओंवाले
जहाँ में दर्दे-दिल की फिर हुई तौक़ीर[2] बिस्मिल्लाह
हुई फिर इम्तहाने-इ'श्क की तदबीर बिस्मिल्लाह

गिनो सब दाग़ दिल के, हसरतें शौकीं निगाहों की
सरे-दरबार पुर्सिश[3] हो रही है फिर गुनाहों की
करो यारो शुमारे-नालः-ए-शबगीर बिस्मिल्लाह

सितम की दास्ताँ कुश्तः दिलों का माजरा कहिये
जो ज़ेरे-लब न कहते थे वो सब कुछ बरमला[4] कहिये
मुसिर है मुहतसिब राज़े-शहीदाने-वफ़ा कहिये
लगी है हर्फ़े-नागुफ्तः[5] पे अब ता'ज़ीर[6] बिस्मिल्लाह
सरे-मक़तल चलो बे-ज़हमते-तक़सीर[7] बिस्मिल्लाह
हुई फिर इम्तहाने-इ'श्क की तदबीर बिस्मिल्लाह

लाहौर जेल
जनवरी, 1959

---

1. फटे हुए, 2. गौरव, गरिमा, 3. पूछ-गछ, 4. खुलकर, मुँह पर, 5. अनकही बात, 6. पाबंदी, 7. अपराध करने का कष्ट किये बिना।

आज बाज़ार में पा-ब-जौलाँ चलो

चश्मे-नम, जाने-शोरीदा[1] काफ़ी नहीं
तुहमते-इश्क़े-पोशीदा[2] काफ़ी नहीं
आज बाज़ार में पा-ब-जौलाँ[3] चलो

दस्त-अफ़्शाँ[4] चलो, मस्तो-रक़्साँ[5] चलो
ख़ाक-बर-सर चलो, ख़ूँ-ब-दामाँ चलो
राह तकता है सब शह्रे-जानाँ चलो

हाकिमे-शह्र भी, मजमए-आ'म भी
तीरे इल्ज़ाम भी, संगे-दुश्नाम[6] भी
सुब्हे-नाशाद भी, रोज़े-नाकाम भी

इनका दमसाज़[7] अपने सिवा कौन है
शह्रे-जानाँ में अब बा-सफ़ा[8] कौन है
दस्ते-क़ातिल के शायाँ[9] रहा कौन है

रख़्ते-दिल[10] बाँध लो दिलफ़िगारो चलो
फिर हमीं क़त्ल हो आयें यारो चलो

लाहौर जेल
11 फरवरी, 1959

---

1. उद्विग्न प्राण, 2. गुप्त प्रेम का लांछन, 3. पैर में ज़ंजीर डाले, 4. हाथ छोड़कर, 5. मस्त और नाचते हुए, 6. गाली का पत्थर, 7. हमदर्द, 8. पवित्र, 9. योग्य, 10. दिल के सफ़र का सामान।

क़ैदे-तनहाई

दूर आफ़ाक़[1] पे लहराई कोई नूर की लहर
ख़्वाब ही ख़्वाब में बेदार हुआ दर्द का शहर
ख़्वाब ही ख़्वाब में बे-ताब नज़र होने लगी
अ'दम आबादे-जुदाई[2] में सहर होने लगी
कासः-ए-दिल[3] में भरी अपनी सुबूही[4] मैंने
घोलकर तल्ख़ी-ए-दीरोज़[5] में इमरोज़ का ज़हर

दूर आफ़ाक़ पे लहराई कोई नूर की लहर
आँख से दूर किसी सुब्ह की तमहीद[6] लिये
कोई नग्मः, कोई ख़ुशबू, कोई काफ़िर सूरत
अ'दम आबादे-जुदाई में मुसाफ़िर सूरत
बे-ख़बर गुज़री परीशानी-ए-उम्मीद लिये
घोलकर तल्ख़ी-ए-दीरोज़ में इमरोज़ का ज़हर
हसरते-रोज़े-मुलाक़ात रक़म की मैंने
देस-परदेस के याराने-क़दहख़्वार[7] के नाम
हुस्ने-आफ़ाक़, जमाले-लबो-रुख़सार के नाम

जेल, लाहौर क़िला
मार्च, 1959

1. क्षितिज, 2. विरह का यमलोक, 3. हृदय का भिक्षा-पात्र, 4. सुबह पीने की शराब, 5. बीते दिनों की कड़वाहट, 6. भूमिका, 7. शराब पीनेवाले दोस्त।

दो मर्सिए

1. मुलाक़ात मिरी

सारी दीवार सियह हो गयी ता हल्क़ः-ए-बाम[1]
रास्ते बुझ गये, रुख़्सत हुए रहगीर तमाम
अपनी तनहाई से गोया हुई फिर रात मिरी
हो न हो आज फिर आई है मुलाक़ात मिरी
इक हथेली पे हिना, एक हथेली पे लहू
इक नज़र ज़हर लिये, एक नज़र में दारू

देर से मंज़िले-दिल में कोई आया न गया
फ़ुरक़ते-दर्द में बे-आब हुआ तख़्तः-ए-दाग़
किससे कहिये कि भरे रंग से ज़ख़्मों के अयाग़[2]
और फिर ख़ुद ही चली आयी मुलाक़ात मिरी
आशना[3] मौत जो दुश्मन भी है ग़मख़्वार भी है
वो जो हम लोगों की क़ातिल भी है दिलदार भी है

2. ख़त्म हुई बारिशे-संग

नागहाँ[4] आज मेरे तारे-नज़र से कटकर
टुकड़े-टुकड़े हुए आफ़ाक़[5] पे ख़ुर्शीदो-क़मर[6]
अब किसी सिम्त[7] अँधेरा न उजाला होगा
बुझ गई दिल की तरह राहे-वफ़ा मेरे बाद
दोस्तो, क़ाफ़िला-ए-दर्द का अब क्या होगा

अब कोई और करे परवरिशे-गुलशने-ग़म[8]
दोस्तो, ख़त्म हुई दीदा-ए-तर की शबनम[9]

थम गया शोरे-जुनूँ, ख़त्म हुई बारिशे-संग[10]
ख़ाके-रह आज लिये है लबे-दिलदार का रंग
कू-ए-जानाँ में खुला मेरे लहू का परचम[11]
देखिये, देते हैं किस-किस को सदा मेरे बाद
"कौन होता है हरीफ़े-मये-मर्द अफ़गने-इश्क़[12]
है मुक़र्रर[13] लबे-साक़ी पे सला[14] मेरे बाद"

1. ऊपर के घेरे तक, 2. सुरा-पात्र, 3. परिचित, 4. अचानक, 5. आसमान, 6. सूरज व चाँद, 7. दिशा, 8. ग़म की वाटिका की देखभाल, 9. भीगी आँखों की ओस, 10. पत्थरों की वर्षा, 11. ध्वज, 12. प्रेम की शक्तिशाली मदिरा का प्रतिद्वंद्वी, 13. बार-बार, 14. पुकार।

कहाँ जाओगे

और कुछ देर में लुट जायेगा हर बाम पे चाँद
अ'क्स खो जायेंगे आईने तरस जायेंगे
अ'र्श के दीदः-ए-नमनाक से बारी-बारी
सब सितारे सरे-ख़ाशाक़[1] बरस जायेंगे
आस के मारे थके-हारे शबिस्तानों[2] में
अपनी तनहाई समेटेगा, बिछायेगा कोई
बे-वफ़ाई की घड़ी, तर्के-मुदारात[3] का वक़्त
इस घड़ी अपने सिवा याद न आयेगा कोई
तर्के-दुनिया का समाँ, ख़त्मे-मुलाक़ात का वक़्त
इस घड़ी ऐ दिले-आवारः कहाँ जाओगे
इस घड़ी कोई किसी का भी नहीं, रहने दो
कोई इस वक़्त मिलेगा ही नहीं, रहने दो
और मिलेगा भी तो इस तौर कि पछताओगे
इस घड़ी ऐ दिले-आवारः कहाँ जाओगे
और कुछ देर ठहर जाओ कि फिर नश्तरे-सुब्ह
ज़ख़्म की तरह हर इक आँख को बेदार करे
और हर कुश्तः-ए-बामांदगी-ए-आख़िरे-शब[4]
भूलकर साअ'ते-दरमांदगी-ए-आख़िरे-शब[5]
जान-पहचान मुलाक़ात पे इसरार[6] करे

दिसंबर, 1961

---

1. घास-फूस पर, 2. शयन-कक्ष, 3. आदर-सम्मान को त्यागना, 4. पिछले पहर की शिथिलता का मारा हुआ, 5. पिछले पहर की बेकसी का समय, 6. आग्रह।

शहूरे-याराँ

आसमाँ की गोद में दम तोड़ता है तिफ़्ले-अब्र[1]
जम रहा है अब्र के होठों पे ख़ूँ-आलूद कफ़

बुझते-बुझते बुझ गई है अ'र्श[2] के हुजरों[3] में आग
धीरे-धीरे बिछ रही है मातमी तारों की सफ़

ऐ सबा, शायद तेरे हमराह ये ख़ूँनाक शाम
सर झुकाये जा रही है शहूरे-याराँ की तरफ़

शहूरे-याराँ जिसमें इस दम ढूँढ़ती फिरती है मौत
शेरदिल बाँकों में अपने तीरो-नश्तर के हदफ़[4]

इक तरफ़ बजती हैं जोशे-ज़ीस्त[5] की शहनाइयाँ
इक तरफ़ चिंघाड़ते हैं अहूरमन[6] के तब्लो-दफ़

जाके कहना, ऐ सबा, बा'द अज़ सलामे-दोस्ती
आज शब जिस दम गुज़र हो शहूरे-याराँ की तरफ़

दश्ते-शब में इस घड़ी चुपचाप है शायद रवाँ
साक़ी-ए-सुब्हे-तरब,[7] नग़्मः-ब-लब,[8] साग़र-ब-कफ़[9]

वो पहुँच जाये तो होगी फिर से बरपा अंजुमन
और तरतीबे-मुक़ामो-मनसबो-जाहो-शरफ़[10]

---

1. मेघ-शिशु, 2. आकाश, 3. कोठरियों, 4. लक्ष्य, 5. जीवन का उत्साह, 6. बदी का ख़ुदा, 7. उल्लास के प्रभात का साक़ी, 8. होंठों पर गीत लिये, 9. हाथ में सुरा-पात्र लिये, 10. स्थान, पदवी, रुतबे और श्रेय का क्रम।

ख़ुशा ज़मानते-ग़म

दयारे-यार तिरी जोशिशे-जुनूँ पे सलाम
मिरे वतन तिरे दामाने-तार-तार की ख़ैर
रहे-यक़ीं[1] तिरी अफ़शाने-ख़ाको-ख़ूँ पे सलाम
मिरे चमन तिरे ज़ख़्मों के लालःज़ार की ख़ैर
हर एक ख़ानः-ए-वीराँ[2] की तीरगी पे सलाम
हर एक ख़ाक-ब-सर[3] ख़ानमाँ-ख़राब[4] की ख़ैर
हर एक कुश्तः-ए-नाहक़[5] की ख़ामशी पे सलाम
हरेक दीदः-ए-पुरनम की आबो-ताब की ख़ैर
रवाँ रहे ये रवायत, ख़ुशा[6] ज़मानते-ग़म
निशाते-ख़त्मे-ग़मे-कायनात[7] से पहले
हर इक के साथ रहे दौलते-अमानते-ग़म
कोई नजात न पाये नजात से पहले
सुकूँ मिले न कभी तेरे पा-फ़िगारों[8] को
जमाले-ख़ूने-सरे-ख़ार को नज़र न लगे
अमाँ मिले न कहीं तेरे जाँनिसारों को
जलाले-फ़र्क़े-सरे-दार[9] को नज़र न लगे

लंदन, 1962

---

1. आस्था का मार्ग, 2. उजड़ा घर, 3. जिसके सर में धूल हो, 4. जिसका घर उजड़ चुका हो, 5. अन्याय का मारा हुआ, 6. धन्य है, 7. संसार के दुख के अंत का उल्लस, 8. घायल पैरोंवाले, 9. फाँसी चढ़नेवाले के माथे का तेज।

जब तेरी समंदर आँखों में

यह धूप किनारा, शाम ढले
मिलते हैं दोनों वक़्त जहाँ

जो रात न दिन, जो आज न कल
पल-भर को अमर, पल-भर में धुआँ
इस धूप किनारे, पल दो पल
होंठों की लपक
बाँहों की खनक
यह मेल हमारा, झूठ न सच
क्यों रार करो, क्यों दोष धरो
किस कारन झूठी बात करो
जब तेरी समंदर आँखों में
इस शाम का सूरज डूबेगा
सुख सोयेंगे घर-दर वाले
और राही अपनी रह लेगा

लंदन, 1963

रंग है दिल का मिरे

तुम न आये थे तो हर चीज़ वही थी कि जो है
आसमाँ हद्दे-नज़र, राहगुज़र-राहगुज़र, शीशः-ए-मय-
शीशः-ए-मय[1]

और अब शीशः-ए-मय, राहगुज़र, रंगे-फ़लक
रंग है दिल का मिरे "ख़ूने-जिगर होने तक"
चंपई रंग कभी, राहते-दीदार[2] का रंग
सुर्मई रंग की है साअ'ते-बेज़ार[3] का रंग
ज़र्द पत्तों का, ख़सो-ख़ार[4] का रंग
सुर्ख़ फूलों का, दहकते हुए गुलज़ार का रंग
ज़हर का रंग, लहू रंग, शबे-तार[5] का रंग
आसमाँ, राहगुज़र, शीशः-ए-मय
कोई भीगा हुआ दामन, कोई दुखती हुई रग
कोई हर लहज़ा बदलता हुआ आईना है

अब जो आये हो तो ठहरो कि कोई रंग, कोई रुत, कोई शै
एक जगह पर ठहरे
फिर से इक बार हर इक चीज़ वही हो कि जो है
आसमाँ हद्दे-नज़र, राहगुज़र राहगुज़र, शीशः-ए-मय
शीशः-ए-मय

मास्को
अगस्त, 1963

---

1. शराब का प्याला, 2. दर्शन का सुख, 3. शगुन जानने की व्याकुलता, 4. सुगंधित घास और काँटे, 5. काली रात।

पास रहो

तुम मेरे पास रहो
मेरे क़ातिल, मेरे दिलदार, मेरे पास रहो
जिस घड़ी रात चले,
आसमानों का लहू पी के सियह[1] रात चले
मर्हमे-मुश्क[2] लिये नश्तरे-अल्मास[3] लिये
बैन करती हुई, हँसती हुई, गाती निकले
दर्द की कासनी[4] पाज़ेब बजाती निकले
जिस घड़ी सीनों में डूबे हुए दिल
आस्तीनों में निहाँ[5] हाथों की रह तकने लगें
आस लिये
और बच्चों के बिलखने की तरह क़ुलक़ुले-मय[6]
बह्रे-नासूदगी[7] मचले तो मनाये न मने
जब कोई बात बनाये न बने
जब न कोई बात चले
जिस घड़ी रात चले
जिस घड़ी मातमी सुनसान, सियह रात चले
पास रहो
मेरे क़ातिल, मेरे दिलदार, मेरे पास रहो

---

1. काली, 2. कस्तूरी का लेप, 3. हीरे का नश्तर, 4. एक प्रकार का दौरा, 5. छिपे हुए, 6. प्याले में शराब के गिरने की आवाज़, 7. असंतोष का समुद्र।

मंज़र

रहगुज़र, साये, शजर[1], मंज़िलो-दर, हल्कः-ए-बाम
बाम पर सीनः-ए-महताब[2] खुला आहिस्तः
जिस तरह खोले कोई बंदे-क़बा, आहिस्तः
हल्कः-ए-बाम तले, सायों का ठहरा हुआ नील
नील की झील
झील में चुपके से तैरा किसी पत्ते का हुबाब[3]
एक पल तैरा, चला, फूट गया आहिस्तः
बहुत आहिस्तः, बहुत हल्का, ख़ुनुक[4] रंगे-शराब
मेरे शीशे में ढला आहिस्तः
शीशः-ओ-जाम, सुराही, तेरे हाथों के गुलाब
जिस तरह दूर किसी ख़्वाब का नक़्श
आप ही आप बना, और मिटा आहिस्तः

दिल ने दुहराया कोई हर्फ़े-वफ़ा आहिस्तः
तुमने कहा, "आहिस्तः !"
चाँद ने झुक के कहा
"और ज़रा आहिस्तः!"

मास्को
1964

---

1. पेड़, 2. चाँद का सीना, 3. पानी का बुलबुला, 4. शीतल।

सरे-वादिए-सीना

इन्तिसाब

आज के नाम
और
आज के ग़म के नाम
आज का ग़म कः है ज़िंदगी के भरे गुलसिताँ से ख़फ़ा
ज़र्द पत्तों का बन
ज़र्द पत्तों का बन जो मेरा देस है
दर्द की अंजुमन जो मेरा देस है
किलर्कों की अफ़सुर्दा जानों के नाम
किर्मख़ुर्दा[1] दिलों और ज़बानों के नाम
पोस्टमैनों के नाम
ताँगेवालों के नाम
रेलबानों के नाम
कारखानों के भोले जियालों के नाम
बादशाहे-जहाँ, वालिए-मासिवा,[2] नायबुल्लाहे-फ़िल-अर्ज़,[3] दहक़ाँ[4] के नाम
जिसके ढोरों को ज़ालिम हँका ले गये
जिसकी बेटी को डाकू उठा ले गये
हाथ-भर खेत से एक अंगुश्त[5] पटवार ने काट ली है
दूसरी मालिये[6] के बहाने से सरकार ने काट ली है
जिसकी पग ज़ोरवालों के पाँवों तले
धज्जियाँ हो गई हैं

उन दुखी माओं के नाम
रात में जिनके बच्चे बिलखते हैं और
नींद की मार खाए हुए बाज़ुओं से सँभलते नहीं
दुख बताते नहीं
मिन्नतों ज़ारियों[7] से बहलते नहीं

उन हसीनाओं के नाम
जिनकी आँखों के गुल
चिलमनों[8] और दरीचों[9] की बेलों पे बेकार खिल-खिल के
मुर्झा गये हैं
उन ब्याहताओं के नाम
जिनके बदन
बे-मुहब्बत रियाकार[10] सेजों पे सज-सज के उकता गये हैं
बेवाओं[11] के नाम
कटड़ियों[12] और गलियों, मुहल्लों के नाम
जिनकी नापाक ख़ाशाक[13] से चाँद रातों
को आ-आ के करता है अक्सर वज़ू[14]
जिनके सायों में करती है आहो-बुका[15]
आँचलों की हिना
चूड़ियों की खनक
काकुलों[16] की महक
आरज़ूमंद[17] सीनों की अपने पसीने में जलने की बू

तालिबइल्मों के नाम
वो जो असहाबे-तब्लो-अलम[18]
के दरों पर किताब और क़लम
का तक़ाज़ा लिये, हाथ फैलाये
पहुँचे, मगर लौटकर घर न आये

वो मासूम जो भोलेपन में
वहाँ अपने नन्हें चिराग़ों में लौ की लगन
ले के पहुँचे, जहाँ
बँट रहे थे घटाटोप, बेअंत रातों के साये
उन असीरों[19] के नाम
जिनके सीनों में फ़र्दा[20] के शबताब गौहर[21]
जेलखानों की शोरीदः रातों की सरसर में
जल-जल के अंजुम-नुमाँ[23] हो गये हैं

आनेवाले दिनों के सफ़ीरों[24] के नाम
वो जो ख़ुशबू-ए-गुल[25] की तरह
अपने पैग़ाम[26] पर ख़ुद फ़िदा हो गये हैं

[अपूर्ण]

---

1. कीड़ों का खाया हुआ, 2. सर्वोच्च स्वामी, 3. धरती पर ईश्वर का प्रतिनिधि, 4. किसान, 5. उँगली-भर, 6. लगान, 7. रोने, 8. परदों, 9. झरोखों, 10. दृष्टतापूर्ण, 11. विधवाओं, 12. मकानों का समूह (पंजाबी), 13. कूड़ा-करकट, 14. नमाज के लिए हाथ-पैर धोकर पवित्र करना, 15. बैन, 16. ज़ुल्फ़ों, 17. आशावान, 18. नगाड़े व पताका के मालिक, 19. बंदियों, 20. भविष्य, 21. रात को चमकनेवाले मोती, 22. परेशान, 23. सितारों-जैसे, 24. दूतों, 25. फूल की महक, 26. संदेश।

लहू का सुराग़*

कहीं नहीं है, कहीं भी नहीं लहू का सुराग़
न दस्तो-नाख़ुने-क़ातिल[1] न आस्तीं पे निशाँ
न सुर्ख़ी-ए-लबे-ख़ंजर[2], न रंगे-नोके-सनाँ[3]
न ख़ाक पर कोई धब्बा न बाम पर कोई दाग़
कहीं नहीं है, कहीं भी नहीं लहू का सुराग़
न सर्फ़े-ख़िदमते-शाहाँ[4] कि ख़ूँबहा[5] देते
न दीं[6] की नज़्र कि बया'नः-ए-जज़ा[7] देते
न रज़्मगाह[8] में बरसा कि मो'तबर होता
किसी अ'लम[9] पे रक़म होके मुश्तहर[10] होता
पुकारता रहा बे-आसरा यतीम लहू
किसी को बहरे-समाअ'त[11] न वक़्त था न दिमाग़
न मुद्दई, न शहादत, हिसाब पाक हुआ
यह ख़ूने-ख़ाकनशीनाँ[12] था रिज़्क़े-ख़ाक[13] हुआ

अप्रैल, 1965

* एक संस्करण में इस नज़्म का शीर्षक 'यतीम लहू' है। उक्त संस्करण में पहली पंक्ति अंत में भी दुहराई गई है।

1. हत्यारे का हाथ और नाख़ून, 2. ख़ंजर की नोक की लाली, 3. तलवार की नोक का रंग, 4. राजाओं की सेवा में व्यय होनेवाला, 5. ख़ून की क़ीमत, 6. धर्म, 7. पुण्यफल के लिए पेशगी भुगतान, 8. रणक्षेत्र, 9. पताका, 10. चर्चित, 11. सुनवाई के लिए, 12. मिट्टी में बैठनेवालों का ख़ून, 13. मिट्टी की ख़ुराक।

यहाँ से शहर को देखो

यहाँ से शह्र को देखो तो हल्क़ा-दर-हल्क़ा[1]
खिंची है जेल की सूरत[2] हर एक सिम्त फ़सील[3]
हरेक राहगुज़र गर्दिशे-असीराँ[4] है
नः संगे-मील[5], नः मंज़िल, न मुख़लिसी की सबील[6]

जो कोई तेज़ चले रह, तो पूछता है ख़याल
केः टोकने कोई ललकार क्यूँ नहीं आई
जो कोई हाथ हिलाये तो वह्म[7] को है सवाल
कोई छनक, कोई झंकार क्यूँ नहीं आई

यहाँ से शह्र को देखो तो सारी ख़ल्क़त[8] में
न कोई साहिबे-तमकीं[9] न कोई वाली-ए-होश[10]
हरेक मर्दे-जवाँमुजरिमे-रसन-ब-गुलू[11]
हरइक हसीना-ए-रा'ना[12] कनीज़े-हल्क़ा-ब-गोश[13]

जो साये दूर चिराग़ों के गिर्द लरज़ाँ हैं[14]
न जाने महफ़िले-ग़म है केः बज़्मे-जामो-सुबू[15]
जो रंग हर दरो-दीवार पर परीशाँ[16] हैं
यहाँ से कुछ नहीं खुलता—ये फूल हैं केः लहू

---

1. घेरे के अंदर घेरे, 2. जेल की तरह, 3. चारदीवारी, 4. क़ैदियों के भाग्य का फेर, 5. मील का पत्थर, 6. छुटकारे का रास्ता, 7. आशंका, 8. आबादी, 9. मर्यादावान, 10. सचेत बुद्धि, 11. गले में रस्सी से बँधा हुआ मुजरिम, 12. सुंदरी, 13. कानों में (दासता के प्रतीक) कुंडल पहने हुए दासी, 14. काँप रहे हैं, 15. शराब की महफ़िल, 16. फैला हुआ।

ग़म न कर, ग़म न कर

दर्द थम जाएगा, ग़म न कर, ग़म न कर
यार लौट आएँगे, दिल ठहर जाएगा, ग़म न कर, ग़म न कर
ज़ख़्म भर जाएगा
ग़म न कर, ग़म न कर
दिन निकल आएगा
ग़म न कर, ग़म न कर
अब्र खुल जाएगा, रात ढल जाएगी
ग़म न कर, ग़म न कर
रुत बदल जाएगी
ग़म न कर, ग़म न कर

ब्लैक आउट

जब से बे-नूर हुई हैं शमएँ
ख़ाक में ढूँढ़ता फिरता हूँ न जाने किस जा[1]
खो गई हैं मेरी दोनों आँखें
तुम जो वाक़िफ़[2] हो बताओ कोई पहचान मेरी

इस तरह है केः हर इक रंग में उतर आया है
मौज-दर-मौज[3] किसी ज़हर का क़ातिल दरिया
तेरा अरमान, तेरी याद लिये जान मेरी
जाने किस मौज में ग़ल्ताँ[4] है कहाँ दिल मेरा
एक पल ठहरो केः उस पार किसी दुनिया से
बर्क़[5] आये मेरी जानिब, यदे-बैज़ा[6] लेकर
और मेरी आँखों के गुमगश्ता गुहर[7]
जामे-ज़ुल्मत[8] से सियह मस्त
नई आँखों के शबताब गुहर[9]
लौटा दे

एक पल ठहरो केः दरिया का कहीं पाट लगे
और नया दिल मेरा
ज़हर में घुल के, फ़ना हो के
किसी घाट लगे
फिर पये-नज़्र[10] नये दीदः-ओ-दिल[11] ले के चलूँ
हुस्न की मदह[12] करूँ, शौक़ का मज़मूँ लिक्खूँ

सितंबर, 1965

---

1. जगह, 2. परिचित, 3. हर लहर में, 4. उलझा हुआ, 5. (आकाश की) बिजली, 6. प्रकाशमय हाथ, 7. खोये हुए मोती, 8. अंधकार, 9. रात्रि में चमकनेवाले मोती, 10. भेंट देने हेतु, 11. आँखें व दिल, 12. प्रशंसा।

सिपाही का मर्सिया

उट्ठो अब माटी से उट्ठो
जागो मेरे लाल
अब जागो मेरे लाल
तुम्हारी सेज सजावन कारन
देखो आई रैन अँधियारन
नीले शाल-दोशाले लेकर
जिनमें इन दुखियन अँखियन ने
ढेर किये हैं इतने मोती
इतने मोती जिन की ज्योती
दान से तुम्हरा, जगमग लागा
नाम चमकने

उट्ठो अब माटी से उट्ठो
जागो मेरे लाल
अब जागो मेरे लाल
घर-घर बिखरा भोर का कुन्दन
घोर अँधेरा अपना आँगन
जाने कब से राह तके हैं
बाली दुल्हनिया, बाँके वीरन
सूना तुम्हरा राज पड़ा है
देखो कितना काज पड़ा है

बैरी बिराजे राज सिंहासन
तुम माटी में लाल
उट्ठो अब माटी से उट्ठो, जागो मेरे लाल
हठ न करो माटी से उट्ठो, जागो मेरे लाल
अब जागो मेरे लाल

अक्तूबर, 1965

ऐ वतन, ऐ वतन

तेरे पैग़ाम पर, ऐ वतन, ऐ वतन
आ गये हम फ़िदा हो तिरे नाम पर
तेरे पैग़ाम पर, ऐ वतन, ऐ वतन
नज़्र क्या दें कि हम मालवाले नहीं
आन वाले हैं इक़बाल वाले नहीं
हाँ, यह जाँ है कि सुख जिसने देखा नहीं
या ये तन जिस पे कपड़े का टुकड़ा नहीं
अपनी दौलत यही, अपना धन है यही
अपना जो कुछ भी है, ऐ वतन, है यही
वार देंगे यह सब कुछ तिरे नाम पर
तेरी ललकार पर, तेरे पैग़ाम पर
तेरे पैग़ाम पर, ऐ वतन, ऐ वतन
हम लुटा देंगे जानें तिरे नाम पर,
तेरे ग़द्दार ग़ैरत से मुँह मोड़कर
आज फिर ऐरों-ग़ैरों से सर-जोड़कर
तेरी इज़्ज़त का भाव लगाने चले
तेरी अस्मत का सौदा चुकाने चले
दम में दम है तो यह करने देंगे न हम
चाल उनकी कोई चलने देंगे न हम
तुझको बिकने न देंगे किसी दाम पर
हम लुटा देंगे जानें तिरे नाम पर
सर कटा देंगे हम तेरे पैग़ाम पर
तेरे पैग़ाम पर, ऐ वतन, ऐ वतन

एक शहूर आशोब का आग़ाज़[1]

अब बज़्मे-सुख़न[2] सोहबते-लबसोख़्तगाँ[3] है
अब हलक़ए-मय[4] ताएफ़[5]-ए-बेतलबाँ[6] है

घर रहिए तो वीरानिए-दिल खाने को आवे
रह चलिए तो हर गाम पे ग़ौग़ाए-सगाँ[7] है

पैवन्दे-रहे-कूचए-ज़र[8] चश्मे-ग़िज़ालाँ[9]
पाबोसे[10]-हवस[11] अफ़सरे[12]-शम्शादक़दाँ[13] है

याँ अहले-जुनूँ[14] यक-ब-दिगर[15]-दस्तो-गरेबाँ[16]
वाँ जैशे-हवस[17] तेग़-ब-कफ़[18]-दरपाये-जाँ[19] है

अब साहबे-इन्साफ़[20] है ख़ुद तालिबे-इन्साफ़[21]
मुहर[22] उसकी है, मीज़ान[23] व-दस्ते-दिगराँ[24] है

हम सहलतलब[25] कौन-से फ़रहाद[26] थे, लेकिन
अब शहर में तेरे कोई हम-सा भी कहाँ है

फरवरी, 1966

---

1. नागरिक जीवन की दुर्दशा के वर्णन का आरंभ-मात्र, 2. काव्य-रसिकों की गोष्ठी, 3. जले-झुलसे होठों वालों की संगत, 4. मद्यपायीजनों का हलक़ा या संगत, 5-6. ऐसे रागीजन जिनकी कलात्मक आकांक्षाएँ अब कुछ नहीं माँगतीं (ताएफ़=राग-रंगवालों या गानेवालों का दल; बेतलबाँ=जिनकी कोई तलब या माँग नहीं रह गई), 7. कुत्तों का शोर, सग=कुत्ता (सगाँ: बहुवचन), 8. ज़र, पूँजी (अर्थात् पूँजीवालों के कूचे की राह का पैवंद, फटेहाल, आश्रित), 9. मृगनयनी सुंदरियाँ (ग़िज़ाल=मृग), 10-11, मृगनयनियाँ कामी-लोभी जनों के पाँव चूमती हैं (पाबोस=पाँव; हवस=लोभ, वासना), 12-13. ऊँचे-सीधे आकर्षक क़दवाली (शमशाद वृक्ष की उपमेय) सुंदरियों का सर (अफ़सर=शिर; शम्शादकदाँ=शमशाद वृक्ष की तरह ऊँचे-सीधे क़दवाली), 14. मजनूँ लोग (अपने-अपने आदर्शों के पीछे बावले लोग), 15. एक-दूसरे से, 16. एक-दूसरे के गरेबान में हाथ (यानि, हाथापाई, तू-तू मैं-मैं, करते हुए), 17. लोभ-लिप्सा और वासनाओं का लश्कर (जैश्=लश्कर, हवस=लिप्सा, वासना), 18. हाथ में तलवार लिये, 19. जान के दरपे अर्थात् जान लेने पर तुला, 20. न्यायी, न्यायप्रिय व्यक्ति (सच्चे न्यायाधीश से तात्पर्य है), 21. न्याय का प्रार्थी, 22. (न्यायालय की सरकारी) मुहर तो उसकी है, मगर..., 23. तुला (न्याय की तुला), 24. दूसरे के हाथ, 25. सरल सामान्य माँगें रखनेवाले, 26. प्रसिद्ध आदर्श प्रेमी, जिसने एक मलिका (शीरीं) के प्रेम में प्राण न्यौछावर किए थे।

सोचने दो

[आंद्रे वोज्नेसेंस्की के नाम]

इक ज़रा सोचने दो
इस ख़याबाँ में[1]
जो इस लहज़ा[2] बियाबाँ[3] भी नहीं
कौन-सी शाख़ में फूल आये थे सबसे पहले
कौन बे-रंग हुई रंजो-तअब[4] से पहले
और अब से पहले
किस घड़ी कौन-से मौसम में यहाँ
ख़ून का क़ह्त[5] पड़ा
गुल की शहरग[6] पे कड़ा
वक़्त पड़ा
सोचने दो

इक ज़रा सोचने दो
येः भरा शह्र जो अब वादी-ए-वीराँ[7] भी नहीं
इसमें किस वक़्त कहाँ
आग लगी थी पहले
इसके सफ़बस्ता दरीचों[8] में से किस में अव्वल[9]
ज़ह हुई सुर्ख़ शुआ'ओं की कमाँ[10]
किस जगह जोत जगी थी पहले
सोचने दो

हम से उस देस का तुम नामो-निशाँ पूछते हो
जिसकी तारीख़ न जुग़राफ़िया[11] अब याद आये

और याद आए तो महबूबे-गुज़श्ता[12] की तरह
रू-ब-रू[13] आने से जी घबराये

हाँ, मगर जैसे कोई
ऐसे महबूब या महबूबा का दिल रखने को
आ निकलता है
कभी रात बिताने के लिए
हम अब उस उम्र को आ पहुँचे हैं
जब हम भी यूँ ही
दिल से मिल आते हैं बस रस्म[14] निभाने के लिए
दिल की क्या पूछते हो
सोचने दो

मास्को,
मार्च, 1967

---

1. हरियाली का क्षेत्र, 2. क्षण, 3. सुनसान जंगल, 4. दुख व थकन, 5. अकाल, 6. मुख्य रंग, 7. सुनसान घाटी, 8. पंक्तिबद्ध झरोखों, 9. पहले, 10. लाल किरणों की कमान बनी, 11. न इतिहास न भूगोल, 12. भूतपूर्व प्रेमी, 13. समक्ष, 14. रीति।

सरे-वादिए-सीना

[अरब-इसराइल जंग, सन् 1967, के बाद]

[1]

फिर बर्क़[1] फ़रोजाँ[2] है सरे-वादिए-सीना[3]
फिर रंग पे है शोलए-रुख़सारे-हक़ीक़त[4]
पैग़ामे-अज़ल,[5] दावते-दीदारे-हक़ीक़त[6]

ऐ दीदए-बीना[7]
अब वक़्त है दीदार का, दम है कि नहीं है
ऐ जज़्बए-दिल, दिल का भरम है कि नहीं है
अब क़ातिले-जाँ चारागरे-कुल्फ़ते-ग़म[8] है
गुलज़ारे-इरम[9], परतवे-सहरा-ए-अदम[10] है
पिंदारे-जुनूँ[11], हौसलए-राहे-अदम[12] है कि नहीं है

[2]

फिर बर्क़ फ़रोज़ाँ है सरे-वादिए-सीना
ऐ दीदए-बीना
फिर दिल को मुसफ़्फ़ा[13] करो, इस लौह पे शायद
माबैने-मनो-तू[14], नया पैमाँ कोई उतरे
अब रस्मे-सितम, हिकमते-ख़ासाने-ज़मीं[15] है
ताईदे-सितम[16], मसलहते-मुफ़्ती-ए-दीं[17] है
अब सदियों के इक़रारे-इताअत[18] को बदलने
लाज़िम है कि इन्कार का फ़रमाँ कोई उतरे

[3]

सुनो कि शायद यह नूरे-सैक़ल[19]
है उस सहीफ़े[20] का हर्फ़े-अव्वल
जो हर कसो-नाकसे-ज़मीं पर
दिले - गदायाने - अजमई[21] पर
उतर रहा है फ़लक से अबके,
सुनो कि इस हर्फ़े-लये-अज़ल[22] के
हमीं तुम्हीं बन्दगाने - बेबस
अलीम[23] भी हैं, ख़बीर[24] भी हैं
सुनो कि हम बेज़ुबान-ओ-बेकस
बशीर[25] भी हैं, नज़ीर[26] भी हैं

हर् इक औला-इल-अम्र[27] को सदा दो
कि अपनी फ़र्दे-अमल[28] सँभाले
उठेगा जब जम्मे-सरफ़रोशाँ[29]
पड़ेंगे दार - ओ - रसन के लाले
कोई न होगा कि जो बचा ले
जज़ा, सज़ा, सब यहीं पे होगी
यहीं अज़ाब - ओ - सवाब होगा
यहीं से उट्ठेगा शोरे-महशर
यहीं पे रोज़े-हिसाब होगा

---

1. बिजली, 2. चमकती हुई, 3. सीना की घाटी में, जहाँ हज़रत मूसा ने तूर का जल्वा देखा, 4. सत्य के गाल की लपट, 5. मौत का संदेश, 6. सत्य के दर्शन का निमंत्रण, 7. देखनेवाली आँख, 8. दुख की पीड़ा का इलाज करनेवाला, 9. स्वर्ग के उद्यान की नक़ल पर बनाया हुआ शद्दाद का बाग, 10. स्वर्ग के उद्यान की परछाईं, 11. उन्माद का अभिमान, 12. स्वर्ग-लोक तक पहुँचने का हौसला, 13. साफ़, 14. मेरे-तेरे बीच, 15. पृथ्वी के ख़ास लोगों की तरकीब, 16. अन्याय का समर्थन, 17. धर्म-गुरु की व्यवहार-कुशलता, 18. उपासना का बंधन, 19. तेज़ रोशनी, 20. धर्म-ग्रंथ, 21. तमाम फ़क़ीरों का दल, 22. सृष्टि का आदि स्वर, 23. सब कुछ जाननेवाला, 24. खबर रखनेवाला, 25. शुभ संदेश लानेवाला, 26. डरानेवाला, ईश्वर का एक नाम, 27. बड़े हाकिम, 28. कर्मों की सूची, 29. सर की बाज़ी लगाने वालों का समूह।

दुआ

आइए, हाथ उठायें हम भी
हम जिन्हें रस्मे-दुआ याद नहीं

हम जिन्हें सोज़े-मोहब्बत[1] के सिवा
कोई बुत कोई ख़ुदा याद नहीं

आइए, अर्ज़ गुज़ारें कि निगारे-हस्ती[2]
ज़ह्रे-इमरोज़[3] में शीरीनी-ए-फ़र्दा[4] भर दे

वोः जिन्हें ताबे-गराँबारी-ए-अय्याम[5] नहीं
उनकी पलकों पे शबो-रोज़ को हल्का कर दे

जिनकी आँखों को रुख़े-सुब्ह[6] का यारा[7] भी नहीं
उनकी रातों में कोई शम्अ मुनव्वर[8] कर दे

जिनके क़दमों को किसी रह का सहारा भी नहीं
उनकी नज़रों पे कोई राह उजागर कर दे

जिनका दीं[9] पैरविए-कज़्बो-रिया[10] है उनको
हिम्मते-कुफ़्र[11] मिले, जुरअते-तहक़ीक़[12] मिले

जिनके सर मुंतज़िरे-तेग़े-जफ़ा[13] हैं उनको
दस्ते-क़ातिल को झटक देने की तौफ़ीक़[14] मिले

इ'श्क का सर्रे-निहाँ[15] जान-तपाँ[16] है जिससे
आज इक़रार करें और तपिश मिट जाये

हर्फ़े-हक़[17] दिल में खटकता है जो काँटे की तरह
आज इज़हार करें और ख़लिश मिट जाये

---

1. प्रेम की ज्वाला, 2. जीवन का सौंदर्य, 3. वर्तमान का विष, 4. भविष्य की मिठास, 5. जीवन का बोझ उठाने की शक्ति, 6. प्रातः काल का मुखड़ा, 7. सहन शक्ति, 8. प्रकाशमान, 9. धर्म, 10. झूठ और मक्कारी का समर्थन, 11. धर्मद्रोह का साहस, 12. जिज्ञासा का साहस, 13. अत्याचार की तलवार की प्रतीक्षा में, 14. सामर्थ्य, 15. चुभा हुआ तीर, 16. तपते हुए प्राण, 17. सत्यवाणी।

दिलदार देखना

तूफ़ाँ-ब-दिल[1] है हर कोई दिलदार देखना
गुल हो न जाये मशअले-रुख़सार देखना

आतिश-ब-जाँ[2] है न कोई सरकार देखना
लौ दे उठे न तुर्रः-ए-तर्रार[3] देखना

जज़्बे-मुसाफ़िराने-रहे यार[4] देखना
सर देखना, न संग न दीवार देखना

कूए-जफ़ा[5] में कहते-ख़रीदार[6] देखना
हम आ गये तो गर्मिए-बाज़ार देखना

उस दिलनवाज़े-शह्र के अतवार[7] देखना
बेइल्तिफ़ात[8] बोलना, बेज़ार देखना

ख़ाली हैं गर्चे मसनदो-मिम्बर, निगूँ[9] ख़ल्क
रू'आबे-क़बा[10] व हयबते-दस्तार[11] देखना

जब तक नसीब था तिरा दीदार देखना
जिस सिम्त देखना गुलो-गुलज़ार देखना

हम फिर तमीज़े-रोज़ो-महो-साल[12] कर सके
ऐ यादे-यार फिर इधर इक बार देखना

1967

---

1. दिल में तूफ़ान भरे, 2. प्राणों में आग लिये, 3. गिरहकट, 4. प्रियतम के मार्ग पर चलनेवाले यात्रियों का आकर्षण, 5. जुल्म की गली में, 6. ख़रीदारों का अकाल, 7. ढंग, 8. बेध्यानी के साथ, 9. झुका हुआ, 10. पोशाक का रुआब, 11. पगड़ी का डर, 12. दिन, महीने और वर्ष की पहचान।

हार्ट अटैक*

दर्द इतना था केः उस रात दिले-वहशी ने
हर रगे-जाँ से
उलझना चाहा
हर बुने-मू[1] से टपकना चाहा
और कहीं दूर से तेरे सहने-चमन[2] में गोया[3]
पत्ता-पत्ता मेरे अफ़सुर्दा[4] लहू में धुलकर
हुस्ने-मेहताब से आज़ुर्दा[5] नज़र आने लगा
मेरे वीरानः-ए-तन[6] में गोया
सारे दुखते हुए रेशों की तनाबें[7] खुलकर

सिलसिलावार पता देने लगीं
रुख़्सते-क़ाफ़िलः-ए-शौक़[8] की तैयारी का
और जब याद की बुझती हुई शम्ओं में नज़र आया कहीं
एक पल आख़िरी लम्हा तेरी दिलदारी का
दर्द इतना था केः उससे भी गुज़रना चाहा
हमने चाहा भी, मगर दिल न ठहरना चाहा

1967

** यह कविता 'रुख़्सत' शीर्षक से भी प्राप्त होती है।*

---

1. रोम-रोम, 2. वाटिका, 3. जैसे, 4. उदास, 5. दुखी, 6. शरीर की निर्जनता, 7. कसे हुए बंधन, 8. प्रेम के कारवाँ की विदाई।

ख़ुर्शीदे-महशर की लौ

आज के दिन न पूछो मेरे दोस्तो
दूर कितने हैं ख़ुशियाँ मनाने के दिन
खुल के हँसने के दिन, गीत गाने के दिन
प्यार करने के दिन, दिल लगाने के दिन

आज के दिन न पूछो मेरे दोस्तो
ज़ख़्म कितने अभी बख़्ते-बिस्मिल[1] में हैं
दश्त कितने अभी राहे-मंज़िल में हैं
तीर कितने अभी दस्ते-क़ातिल में हैं

आज का दिन जबूँ[2] है मेरे दोस्तो
आज के दिन तो यूँ है मेरे दोस्तो
जैसे दर्दो-अलम के पुराने निशाँ
सब चले सूए-दिल कारवाँ-कारवाँ
हाथ सीने पे रक्खो तो हर उस्तख़्वाँ[3]
से उठे नालः-ए-अलअमाँ[4] अलअमाँ

आज के दिन न पूछो मेरे दोस्तो
कब तुम्हारे लहू के दरीदः[5] अ'लम[6]
फ़र्क़े-ख़ुर्शीदे-महशर[7] पे होंगे रक़म
अज़ कराँ ता कराँ[8] कब तुम्हारे क़दम
लेके उट्ठेगा वो बह्‌रे-ख़ूँ यम-ब-यम[9]
जिसमें धुल जायेगा आज के दिन का ग़म

सारे दर्दो-अलम सारे जौरो-सितम[10]
दूर कितनी है ख़ुर्शीदे-महशर[11] की लौ
आज के दिन न पूछो मेरे दोस्तो

मार्च-अप्रैल, 1969

---

1. घायल प्राणी की क़िस्मत, 2. ख़राब, 3. हड्डी, 4. शांति की फ़रियाद, 5. निर्लज्ज, 6. चिह्न, 7. क़यामत के रोज़ उगनेवाले सूर्य के टुकड़े, 8. किनारे से किनारे तक, 9. दरिया, 10. जुल्म और सितम, 11. प्रलय का सूर्य।

जरसे-गुल[1] की सदा

इस हवस में कि पुकारे जरसे-गुल की सदा
दश्तो-सहरा में सबा फिरती है यूँ आवारः
जिस तरह फिरते हैं हम अहले-जुनूँ आवारः

हम पे वारफ़्तगी-ए-होश[2] की तोहमत न धरो
हम केः रम्माज़े-रूमूज़े-ग़मे-पिन्हानी[3] हैं
अपनी गर्दन पे भी है रिश्ता-फ़िगन[4] खातिरे-दोस्त
हम भी शौक़े-रहे-दिलदार के ज़िन्दानी[5] हैं

जब भी अबरू-ए-दरे-यार[6] ने इरशाद किया
जिस बियाबाँ में भी हम होंगे चले आयेंगे
दर खुला देखा तो शायद तुम्हें फिर देख सकें
बन्द होगा तो सदा देके चले जायेंगे

जुलाई, 1970

---

1. फूल की घंटी, 2. समझ की तुच्छता, 3. अपने ग़म को इशारे से छिपाए हुए, 4. संबंधविच्छेद, 5. क़ैदी, 6. प्रिया की भौंहों का द्वार।

फ़र्शे-नौमीदिए-दीदार[1]

देखने की तो किसे ताब है, लेकिन अब तक
जब भी उस राह से गुज़रो तो किसी दुख की कसक
टोकती है कि वो दरवाज़ा खुला है अब तक
और उस सह्‌न में हर सू युँही पहले की तरह
फ़र्शे-नौमीदिए-दीदार बिछा है अब भी
और् कहीं याद किसी दिलज़दा[2] बच्चे की तरह
हाथ फैलाये हुए बैठी है फ़रियादकुना[3]
दिल ये कहता है, कहीं और चले जायँ, जहाँ
कोई दरवाज़ा अबस[4] वा[5] हो, न बेकार कोई
याद फ़रियाद का किश्कोल[6] लिये बैठी हो
मुहरिमे-हसरते-दीदार[7] हो दीवार कोई
न कोई सायए-गुल हिजरते-गुल[8] से वीराँ
ये भी कर देखा है सौ बार, कि जब राहों में,
देस-परदेस की बेमेह्‌र[9] गुज़रगाहों में,
क़ाफ़िले क़ामतो[10]-रुख़सारो-लबो-गेसू के
पर्दए-चश्म पे यों उतरे हैं बे-सूरतो-रंग
जिस तरह बन्द दरीचों[11] पे गिरे बारिशे-संग
और दिल कहता है हर बार, चलो, लौट चलो
इससे पहले कि वहाँ जायें तो यह दुख भी न हो
ये निशानी कि वो दरवाज़ा खुला है अब भी
और इस सह्‌न में हर सू युँही पहले की तरह
फ़र्शे-नौमीदिए-दीदार बिछा है अब भी

अगस्त, 1970

---

1. दर्शन की निराशा का फ़र्श, 2. दुखी-दिल, 3. फरियाद करती, अपना दुखड़ा रोती, 4. युँही, व्यर्थ को, 5. खुला, 6. फ़कीरों का कमंडल, 7. दर्शन की लालसा का छुपा राज़ जाननेवाली, राज़दार, 8. फूल का प्रवास, 9. हृदयहीन, 10. सुडौल देह, 11. झरोखों, खिड़कियों।

टूटी जहाँ-जहाँ पे कमन्द

रहा न कुछ भी ज़माने में जब नज़र को पसन्द
तिरी नज़र से किया रिश्तः-ए-नज़र पैवन्द

तिरे जमाल से हर सुब्ह पर वज़ू लाज़िम
हरेक शब तेरे दर पर सुजूद[1] की पाबन्द

नहीं रहा हरमे-दिल[2] में इक सनम बातिल[3]
तिरे ख़्याल के लातो-मनात[4] की सौगन्द

मिसाले-ज़ीनः-ए-मंज़िल बकारे-शौक़ आया
हर इक मुक़ाम केः टूटी जहाँ-जहाँ पे कमन्द

ख़िज़ाँ तमाम हुई किस हिसाब में लिखिए
बहारे-गुल में जो पहुँचे हैं शाख़े-गुल को गज़न्द[5]

दरीदः[6] दिल है कोई शह्र में हमारी तरह
कोई दरीदः दहन[7] शैख़े-शह्र के मानन्द

शु'आर[8] की जो मुदाराते-क़ामते-जानाँ[9]
किया है 'फ़ैज़' दरे-दिल, दरे-फ़लक से बुलन्द

नवंबर, 1970

---

1. सज्दा का बहुवचन, 2. दिल का क़ाबा, 3. झूठा, 4. लात और मनात अरब के प्रसिद्ध देवी और देवता रहे हैं, 5. अनिष्ट, 6. फटा हुआ, विदीर्ण, 7. मुँहफट, 8. शऊर का बहुवचन, 9. प्रियतम की देह का स्वागत।

हज़र करो[1] मिरे तन से

सजे तो कैसे सजे क़त्ले-आम का मेला
किसे लुभायेगा मेरे लहू का बावेला
मिरे नज़ार[2] बदन में लहू ही कितना है
चराग़ हो कोई रौशन न कोई जाम भरे
न उससे आग ही भड़के, न उससे प्यास बुझे
मिरे फ़िगार[3] बदन में लहू ही कितना है

मगर वो ज़ह्रे-हलाहल भरा है नस-नस में
जिसे भी छेदो, हर इक बूँद ज़हरे-अफ़ई[4] है
हर इक कशीद[5] है सदियों के दर्दो-हसरत की
हर इक में मुहर-ब-लब[6] ग़ैज़ो-ग़म[7] की गर्मी है

हज़र करो मिरे तन से, ये सम[8] का दरिया है
हज़र करो कि मिरा तन वो चोबे-सहरा[9] है
जिसे जलाओ तो सहने-चमन में दहकेंगे
बजाय सरो-समन[10] मेरी हड्डियों के बबूल
उसे बिखेरा, तो दश्तो-दमन[11] में बिखरेगी
बजाय मुश्के-सबा[12] मेरी जाने-ज़ार[13] की धूल
हज़र करो कि मिरा दिल लहू का प्यासा है

मार्च, 1971

---

1. बचो, डरो, 2. कमज़ोर, दुबले, 3. ज़ख़्मी, 4. सर्प-दंश का ज़हर, भीषण यातना-रूप, 5. आसव, रस, खिंचा हुआ अरक, नशीला पेय, 6. मुहरबंद, 7. क्रोध और संताप, 8. ज़हर, 9. जंगल, बियाबान की लकड़ी, 10. सरो और चमेली का झाड़, 11. जंगल बियाबान, 12. (मुश्क=कस्तूरी, सबा=मलयानिल) सगंधित वायु, 13. दुर्बल प्राण।

तह-ब-तह दिल की कदूरत

तब-ब-तह दिल की कदूरत[1]
मेरी आँखों में उमँड आई तो कुछ चारा न था
चारागर[2] की मान ली
और मैंने गर्द-आलूद[3] आँखों को लहू से धो लिया

और अब हर शक्लो-सूरत
आलमे-मौजूद की हर एक शै[4]
मेरी आँखों के लहू से इस तरह हमरंग[5] है
ख़ुशीर्द[6] का कुन्दन लहू
महताब की चाँदी लहू
सुब्हों का हँसना भी लहू
रातों का रोना भी लहू

हर शजर मीनार-ए-ख़ूँ, हर फूल ख़ूने-दीदा है[7]
हर नज़र एक तार-ए-ख़ूँ हर अक्स ख़ूँ-मालीदा है[8]

मौज-ए-ख़ूँ[9] जब तक रवाँ[10] रहती है उसका सुर्ख़ रंग
जज़्बा-ए-शौक़-ए-शहादत,[11] दर्द ग़ैज़-ओ-ग़म[12] का रंग
और थम जाये तो कजला कर
फ़क़त नफ़रत का, शब का, मौत का
हर रंग के मातम का रंग

चारागर ऐसा न होने दे
कहीं से ला कोई सैलाबे-अश्क[13]
जिससे वज़ू
कर लें तो शायद धुल सके
मेरी आँखों, मेरी ग़र्द-आलूद आँखों का लहू

---

1. द्वेष भावना, 2. चिकित्सक, 3. गर्द से लिपटी हुई, 4. इस संसार की हर वस्तु, 5. साथ रँगी है, 6. सूरज, 7. हर पेड़ खून की मीनार व हर फूल ख़ून की आँख है, 8. हर आँख ख़ून का तारा व हर छवि ख़ून से सनी हुई है, 9. खून की लहर, 10. बहती, 11. आहुति देने की भावना, 12. क्रोध, आवेश और संताप, 13. आँसुओं की बाढ़।

तराना—1

हम मेहनतकश जगवालों से जब अपना हिस्सा माँगेंगे
इक खेत नहीं इक देश नहीं हम सारी दुनिया माँगेंगे

याँ सागर-सागर मोती हैं याँ परबत-परबत हीरे हैं
ये सारा माल हमारा है हम सारा ख़ज़ाना माँगेंगे

जो ख़ून बहा जो बाग़ उजड़े जो गीत दिलों में क़त्ल हुए
हर क़तरे का हर गुंचे का हर गीत का बदला माँगेंगे

से सेठ ब्यौपारी रजवाड़े दस लाख तो हम दस लाख करोड़
ये कितने दिन अमरीका से जीने का सहारा माँगेंगे

जब सफ़ सीधी हो जायेगी जब सब झगड़े मिट जायेंगे
हम हर इक देश के झंडे पर इक लाल सितारा माँगेंगे

शामे-शहरे-याराँ

उमीदे-सहर की बात सुनो

जिगर-दरीदः[1] हूँ, चाके-जिगर की बात सुनो
अलम-रसीदः[2] हूँ, दामाने-तर की बात सुनो
ज़बाँ-बुरीदः[3] हूँ, ज़ख़्मे-गुलू से हर्फ़ करो
शिकस्तः-पा हूँ, मलाले-सफ़र की बात सुनो
मुसाफ़िरे-रहे-सहरा-ए-ज़ुल्मते-शब से
अब इल्तिफ़ाते-निगारे-सहर[4] की बात सुनो
सहर की बात उमीदे-सहर की बात सुनो

1. विदीर्ण हृदय, 2. दुखी, 3. कटी हुई जबानवाला, 4. प्रातःकाल रूपी प्रिया का कटाक्ष।

जिस रोज़ क़ज़ा आयेगी

किस तरह आयेगी ज़िस रोज़ क़ज़ा आयेगी
शायद इस तरह केः जिस तौर कभी अव्वले-शब
बेतलब पहले-पहल मरहमते-बोसः-ए-लब[1]
जिससे खुलने लगे हर सिम्त तिलस्मात के दर
और कहीं दूर से अनजान गुलाबों की बहार
यक-ब-यक सीनः-ए-महताब को तड़पाने लगे

शायद इस तरह केः जिस तौर कभी आख़िरे-शब
नीम-वा[2] कलियों से सरसब्ज़ सहर
यक-ब-यक हुजरः-ए-महबूब[3] में लहराने लगे
और ख़ामोश दरीचों से बहंगामे-रहील[4]
झनझनाते हुए तारों की सदा आने लगे

किस तरह आयेगी जिस रोज़ क़ज़ा आयेगी
शायद इस तरह केः जिस तौर तहे-नोके-सिनाँ[5]
कोई रग वाहिमः-ए-दर्द[6] से चिल्लाने लगे
और क़ज़्ज़ाके-सिनाँ-दस्त[7] का धुँधला साया
अज़-कराँ-ता-ब-कराँ[8] दह्र[9] पे मँडलाने लगे

जिस तरह आयेगी जिस रोज़ क़ज़ा आयेगी
ख़्वाह क़ातिल की तरह आये केः महबूब सिफ़त
दिल से बस होगी यही हर्फ़े-विदा[10] की सूरत
लिल्लाहिल हम्द बअंजामे-दिले-दिलज़दगाँ[11]
कलमः-ए-शुक्र बनामे-लबे-शीरीं-दहनाँ[12]

---

1. होठों के चुंबन की कृपा, 2. अधखिली, 3. प्रियतम के कक्ष, 4. कूच के वक़्त, 5. तीर की नोक पर, 6. दर्द के भ्रम, 7. हाथ में तीर लिये हुए डाकू, 8. इस छोर से उस छोर तक, 9. ज़माना, 10. विदाई के वक़्त उच्चारित ध्वनि, 11. दुःखी हृदय से अंततः 'लिल्लाहिल हम्द' यानी ख़ुदा की तारीफ़ ही निकलेगी, 12. और होठों से मरहमी मिठास के साथ शुक्रिया का कलमा।

अश्क आबाद की शाम

जब सूरज ने जाते-जाते
अश्क आबाद के नीले उफ़क़ से
अपने सुनहरी जाम
में ढाली
सुर्ख़िए-अव्वले शाम
और ये जाम
तुम्हारे सामने रखकर
तुमसे किया कलाम
कहा : परनाम !
उठो
और अपने तन की सेज से उठकर
इक शीरीं पैग़ाम
सब्त करो इस शाम
किसी के नाम
किनारे जाम
शायद तुम ये मान गयीं और तुमने
अपने लबे-गुलफ़ाम
किये इनआम
किसी के नाम
किनारे जाम
या शायद
तुम अपने तन की सेज पे सजकर
थीं यूँ मह्वे-आराम

कि रस्ता तकते-तकते
बुझ गयी शम्मः-ए-जाम
अश्क आबाद के नीले उफ़क़ पर
ग़ारत हो गयी शाम

1972

मेरे दर्द को जो ज़बाँ मिले

मेरा दर्द नग़मा-ए-बे-सदा[1]
मेरी ज़ात[2] ज़र्रा-ए-बे-निशाँ[3]
मेरे दर्द को जो ज़बाँ मिले
मुझे अपना नामो-निशाँ मिले

मेरी ज़ात का जो निशाँ मिले
मुझे राज़े-नज़्मे-जहाँ[4] मिले
जो मुझे ये राज़े-निहाँ[5] मिले
मेरी ख़ामशी को बयाँ मिले
मुझे कायनात की सरवरी[6]
मुझे दौलते-दो-जहाँ[7] मिले

1973

---

1. बे-आवाज़ गीत, 2. अस्तित्व, 3. बे-निशान कण, 4. विश्व-व्यवस्था का रहस्य, 5. छुपा हुआ, 6. विश्व की बादशाही, 7. दोनों विश्व।

पाँवों से लहू को धो डालो

हम क्या करते किस रह चलते
हर राह में काँटे बिखरे थे
उन रिश्तों के जो छूट गये
उन सदियों के यारानों के
जो इक-इक करके टूट गये
जिस राह चले जिस सिम्त[1] गये
यूँ पाँव लहू-लुहान हुए
सब देखने वाले कहते थे
ये कैसी रीत रचाई है
ये मेहँदी क्यूँ लगवाई है
वो कहते थे, क्यूँ क़हत-ए-वफ़ा[2]
का नाहक़[3] चर्चा करते हो
पाँवों से लहू को धो डालो
ये राहें जब अट जायेंगी
सौ रस्ते इनसे फूटेंगे
तुम दिल को सँभालो जिसमें अभी
सौ तरह के नश्तर टूटेंगे

1973

---

1. ओर, 2. वफ़ादारी का अकाल, 3. अनुचित।

सज्जाद ज़हीर के नाम

न अब हम साथ सैरे-गुल[1] करेंगे
न अब मिलकर सरे-मक़्तल[2] चलेंगे
हदीसे-दिलबराँ बाहम करेंगे[3]
न ख़ूने-दिल से शरहे-ग़म[4] करेंगे
न लैला-ए-सुख़न[5] की दोस्तदारी
न ग़महा-ए-वतन पर अश्कबारी[6]
सुनेंगे नग़मए-ज़ंजीर[7] मिलकर
न शब-भर मिलके छलकायेंगे सागर

ब - नामे - शाहिदे - नाज़ुकख़यालाँ[8]
ब - यादे - मस्तिए - चश्मे - ग़िज़ालाँ[9]
ब - नामे - इम्बिसाते - बज़्मे - रिन्दाँ[10]
ब - यादे - कुल्फ़ते - अय्यामे - ज़िन्दाँ[11]

सबा[12] और उसका अन्दाज़े-तकल्लुम[13]
सहर[14] और उसका अन्दाज़े तबस्सुम[15]

फ़िज़ा में एक हाला-सा[16] जहाँ है
यही तो मसनदे-पीरे-मुग़ाँ[17] है
सहरगह[18] अब उसी के नाम, साक़ी
करें इत्मामे[19] दौरे-जाम, साक़ी

बिसाते-बादा-ओ-मीना उठा लो
बढ़ा दो[20] शम्ए-महफ़िल, बज़्मवालो
पियो अब एक जामे-अलविदाई
पियो, और पीके साग़र तोड़ डालो

दिल्ली
सितंबर, 1973

---

1. बाग़ की सैर करेंगे, अर्थात् सौंदर्य और कला का साथ-साथ आनंद लेंगे, 2. शहादत के स्थान तक, 3. न तो चित्ताकर्षक प्रेमिकाओं के आख्यान या अफ़साने एक-दूसरे को सुनायेंगे, 4. और न दिल के ख़ून से दुख-दर्द की व्याख्या करेंगे, 5. काव्यरूपी लैला, 6. वतन के दुखड़ों पर आँसू बहाना, 7. बंदीगृह में पाँवों की बेड़ियों का संगीत, 8. कोमल भावनाओं-कल्पनाओं में निहित प्रेमिकाओं के नाम, 9. मृगनयनियों की मस्ती की याद में, 10. रिंदों की महफ़िल की मस्ती और आनंद के नाम पर, 11. जेल की मुसीबतों की याद में, 12. मलयानिल, 13. बात करने का अंदाज़, 14. भोर, प्रभात, 15. मुस्कान का आरंभ, 16. प्रभात मंडल-सा, 17. मस्तों के गुरु की मसनद (आसन), 18. भोर बेला में, 19. इत्माम=समाप्ति (जाम का दौर समाप्त करें), 20. अब गुल कर दो, बुझा दो।

ऐ शाम मेह्रबाँ हो

ऐ शाम मेह्रबाँ हो
ऐ शामे-शह्रे-याराँ[1]
हम पे मेह्रबाँ हो

दोज़ख़ी[2] दोपहर सितम की
बेसबब[3] सितम की
दोपहर दर्दो-ग़ैज़ो[4]-ग़म की
बे-ज़बाँ दर्दो-ग़ैज़ो-ग़म की
इस दोज़ख़ी दोपहर के ताज़ियाने[5]
आज तन पर धनक की सूरत
क़ौस[6]-दर-क़ौस बट गये हैं
ज़ख़्म सब खुल गये हैं जिनके
दाग़ जाना था, छुट गये हैं
तेरे तोशे[7] में कुछ तो होगा
मरहमे-दर्द का दुशाला
तन के उस अंग पर उढ़ा दे
दर्द सबसे सिवा जहाँ हो
ऐ शाम मेह्रबाँ हो
ऐ शामे-शह्रे-याराँ
हम पे मेह्रबाँ हो

दोज़ख़ी दश्त नफ़रतों के
बेदर्द नफ़रतों के

किर्चियाँ दीदा-ए-हसद[8] की
ख़स-ओ-ख़ाशाक[9] रंजिशों के
इतनी सुनसान शाहराहें
इतनी गुंजान क़त्लगाहें
जिनसे आये हैं हम गुज़रकर
आबला बनके हर क़दम पर
यूँ पाँव कट गये हैं
रस्ते सिमट गये हैं
मखमलें अपने बादलों की
आज पाँवों तले बिछा दे
शाफ़ी-ए-कर्ब-ए-रह-रवाँ[10] हो
ऐ शाम मेह्रबाँ हो

ऐ मह-ए-शब निगाराँ[11]
ऐ रफ़ीक़-ए-दिल फ़िगाराँ[12]
इस शाम हमज़बाँ[13] हो
ऐ शाम मेह्रबाँ हो
ऐ शाम मेह्रबाँ हो
ऐ शामे-शह्रे-याराँ
हम पे मेह्रबाँ हो

1. बादशाहों की शाम, 2. नरक की, 3. बिना कारण, 4. आवेश, 5. कोड़े, 6. धनुष, 7. सामान, 8. ईर्ष्यालु दृष्टि, 9. घास-फूस, 10. यात्रियों के दुख को हरनेवाली, 11. रात्रि की रूपसियों के चंद्रमा, 12. ज़ख़्मी दिलवालों के साथी, 13. अपनी बात समझनेवाला।

गीत

चलो फिर से मुस्कुराएँ
चलो फिर से दिल जलाएँ

जो गुज़र गई हैं रातें
उन्हें फिर जगा के लाएँ
जो बिसर गई हैं बातें
उन्हें याद में बुलाएँ
चलो फिर से दिल लगाएँ
चलो फिर से मुस्कुराएँ

किसी शह-नशीं[1] पे झलकी
वो धनक किसी क़बा[2] की
किसी रग में कसमसाई
वो कसक किसी अदा की
कोई हर्फ़े-बे-मुरव्वत[3]
किसी कुंजे-लब से फूटा
वो छनक के शीशा-ए-दिल
तहे-बाम[4] फिर से टूटा

ये मिलन की, नामिलन की
ये लगन की और जलन की
जो सही हैं वारदातें
जो गुज़र गई हैं रातें

जो बिसर गई हैं बातें
कोई इनकी धुन बनाएँ
कोई इनका गीत गाएँ
चलो फिर से मुस्कुराएँ
चलो फिर से दिल जलाएँ

1974

1. बैठने का उच्च स्थान, 2. अँगरखा, 3. निष्ठुर, 4. अटारी के नीचे॥

हम तो मजबूर थे इस दिल से

हम तो मजबूर थे इस दिल से केः जिसमें हर दम
गर्दिशे-ख़ूँ[1] से वो कोहराम बपा[2] रहता है
जैसे रिंदाने-बलानोश[3] जो मिल बैठें ब-हम[4]
मयक़दे में सफ़र-ए-जाम बपा रहता है

सोज़े-ख़ातिर[5] को मिला जब भी सहारा कोई
दाग़े-हिरमान[6] कोई दर्द-ए-तमन्ना कोई
मरहमे-यास[7] से माइल-ब-शिफ़ा[8] होने लगा
ज़ख़्मे-उम्मीद कोई फिर से हरा होने लगा

हम तो मजबूर थे इस दिल से केः जिसकी ज़िद पर
हमने उस रात के माथे पेः सहर की तहरीर
जिसके दामन में अँधेरे के सिवा कुछ भी न था
हमने उस दश्त को ठहरा दिया फ़िरदौस नज़ीर[9]
जिसमें जुज़ सनअते-ख़ूने-सरे-पा[10] कुछ भी न था

दिल को ताबीर[11] कोई और गवारा ही न थी
कुल्फ़ते-ज़ीस्त[12] तो मंज़ूर थी हर तौर मगर
राहते-मर्ग़[13] किसी तौर गवारा ही न थी

1974

---

1. रक्त की गति, 2. शोर मचा, 3. बहुत पीनेवाले शराबी, 4. इकट्ठे, 5. दिल की जलन, 6. दुर्भाग्य, 7. निराशा का मरहम, 8. रोगमुक्ति की ओर अग्रसर, 9. स्वर्ग समान, 10. सिर व पैर का ख़ून करने के अतिरिक्त, 11. स्वप्न-फल, 12. ज़िंदगी का दुख, 13. मौत का आराम।

ढाका से वापसी पर

हम केः ठहरे अजनबी इतनी मदारातों[1] के बाद
फिर बनेंगे आशना[2] कितनी मुलाक़ातों के बाद

कब नज़र में आयेगी बे-दाग़ सब्ज़े की बहार
ख़ून के धब्बे धुलेंगे कितनी बरसातों के बाद

थे बहुत बे-दर्द लम्हे ख़त्मे-दर्दे-इश्क़[3] के
थीं बहुत बे-मह्र[4] सुब्हें मह्रबाँ रातों के बाद

दिल को चाहा पर शिकस्ते-दिल[5] ने मोहलत[6] ही न दी
कुछ गिले-शिकवे भी कर लेते, मुनाजातों[7] के बाद

उनसे जो कहने गए थे 'फ़ैज़' जाँ सदक़ा[8] किये
अनकही ही रह गई तो बात सब बातों के बाद

1974

---

1. आवभगत, 2. परिचित, 3. प्रेम की पीड़ा की समाप्ति के क्षण, 4. निर्दयी, 5. दिल की हार, 6. अवकाश, 7. प्रार्थना-गीत, 8. प्राण न्यौछावर।

बहार आयी

बहार आयी तो जैसे एक बार
लौट आये हैं फिर अदम[1] से
वो ख़्वाब सारे, शबाब सारे
जो तेरे होंठों पे मर मिटे थे
जो मिट के हर बार फिर जिये थे
निखर गये हैं गुलाब सारे
जो तेरी यादों से मुश्कबू[2] हैं
जो तेरे उश्शाक़[3] का लहू हैं

उबल पड़े हैं अज़ाब[4] सारे
मलाले-अहवाले-दोस्ताँ[5] भी
ख़ुमारे-आग़ोशे-महवशाँ[6] भी
गुबारे-ख़ातिर के बाब[7] सारे
तेरे हमारे
सवाल सारे, जवाब सारे
बहार आयी तो खुल गए हैं
नये सिरे से हिसाब सारे

अप्रैल, 1975

---

1. शून्य लोक, 2. कस्तूरी गंध, 3. प्रेमियों, 4. यातनाएँ, 5. दोस्तों की दशा का दुख, 6. चंद्र-बदन प्रेयसियों के आलिंगन का टूटता नशा, 7. दिल की भड़ास के प्रसंग।

तुम अपनी करनी कर गुज़रो

अब क्यूँ उस दिन का ज़िक्र करो
जब दिल टुकड़े हो जायेगा
और सारे ग़म मिट जायेंगे
जो कुछ पाया खो जायेगा
जो मिल न सका वो पायेंगे
ये दिन तो वही पहला दिन है
जो पहला दिन था चाहत का
हम जिसकी तमन्ना करते रहे
और जिससे हरदम डरते रहे
ये दिन तो कितनी बार आया
सौ बार बसे और उजड़ गये
सौ बार लुटे और भर पाया

अब क्यूँ उस दिन की फ़िक्र करो
जब दिल टुकड़े हो जायेगा
और सारे ग़म मिट जायेंगे
तुम ख़ौफ़ो-ख़तर से दरगुज़रो
जो होना है सो होना है
गर हँसना है तो हँसना है
गर रोना है तो रोना है
तुम अपनी करनी कर गुज़रो
जो होगा देखा जायेगा

अक्तूबर, 1975

मोरी अरज सुनो

[नज़्रे-ख़ुसरो]

''मोरी अरज सुनो दस्तगीर[1] पीर''
''माई री कहूँ कासे मैं
अपने जिया की पीर''
''नैया बाँधो रे
बाँधो रे कनारे-दरिया''
''मोरे मन्दिर अब क्यूँ नहिं आये''

—इस सूरत से
अर्ज़ सुनाते
दर्द बताते
नैया खेते
मिन्नत करते
रस्ता तकते
कितनी सदियाँ बीत गई हैं
अब जाकर ये भेद खुला है
जिसको तुमने अर्ज़ गुज़ारी[2]
जो था हाथ पकड़नेवाला
जिस जा लागी नाव तुम्हारी
जिससे दुख का दारू[3] माँगा
तोरे मन्दिर में जो नहिं आया
वो तो तुम्हीं थे
वो तो तुम्हीं थे

सितंबर, 1975

1. मददगार, 2. विनती की, 3. उपचार।

लेनिनग्राड का गोरिस्तान[1]

सर्द सिलों पर
ज़र्द सिलों पर
ताज़ा गर्म लहू की सूरत
गुलदस्तों के छींटे हैं
कतबे[2] सब बे-नाम हैं लेकिन
हर इक फूल पे नाम लिखा है
ग़ाफ़िल[3] सोनेवाले का
याद में रोनेवाले का
अपने फ़र्ज़ से फ़ारिग़[4] होकर
अपने लहू की तान के चादर
सारे बेटे ख़्वाब[5] में हैं
अपने ग़मों का हार पिरोकर
अम्माँ अकेली जाग रही है

लेनिनग्राड, 1976

---

1. कब्रिस्तान, 2. क़ब्र पर लगी मृतक की परिचय-पट्टी, 3. बेहोश, 4. कर्तव्य निबटाकर, 5. नींद।

कुछ इश्क़ किया कुछ काम किया

वो लोग बहुत ख़ुश-क़िस्मत थे
जो इश्क़ को काम समझते थे
या काम से आशिक़ी करते थे
हम जीते-जी मसरूफ़ रहे
कुछ इश्क़ किया, कुछ काम किया

काम इश्क़ के आड़े आता रहा
और इश्क़ से काम उलझता रहा
फिर आख़िर तंग आकर हमने
दोनों को अधूरा छोड़ दिया

1976

दरे-उम्मीद के दरयूज़ःगर

फिर फरेरे[1] बन के मेरे तन-बदन की धज्जियाँ
शहर के दीवारो-दर को रंग पहनाने लगीं
फिर क़फ़-आलूदा[2] ज़बानें मदहो-ज़म[3] की क़मचियाँ
मेरे ज़ह्नो-गोश[4] के ज़ख़्मों पे बरसाने लगीं

फिर निकल आये हवसनाकों के रक़्साँ तायफ़े[5]
दर्दमंदे-इश्क़ पर ठट्ठे लगाने के लिए
फिर दुहल[6] करने लगे तशहीरे-इख़्लासो-वफ़ा[7]
कुश्ता-ए-सिद्क़ो-सफ़ा[8] का दिल जलाने के लिए

हम केः हैं कब से दरे-उम्मीद के दरयूज़ःगर[9]
ये घड़ी गुज़री तो फिर दस्ते-तलब[10] फैलायेंगे
कूचा-ओ-बाज़ार से फिर चुन के रेज़ा-रेज़ा ख़्वाब[11]
हम युँ ही पहले की सूरत[12] जोड़ने लग जायेंगे

मार्च, 1972

---

1. पताकाएँ, 2. गंदी, 3. प्रशंसा व निंदा, 4. मस्तिष्क व कान, 5. दुराचारी लोगों की नृत्यरत मंडलियाँ, 6. नगाड़े, 7. निश्छलता व प्रेम-मुहब्बत का प्रचार, 8. सत्य और ईमानदारी पर मिटे हुओं, 9. आशा-द्वार के भिक्षुक, 10. माँगनेवाला हाथ, 11. कण-कण (टूटे) स्वप्न, 12. पहले की तरह।

आज इक हर्फ़ को फिर

[1]

आज इक हर्फ़ को फिर ढूँढ़ता फिरता है ख़याल
मध-भरा हर्फ़ कोई ज़हर-भरा हर्फ़ कोई
दिलनशीं हर्फ़ कोई क़हर-भरा हर्फ़ कोई
हर्फ़े-उल्फ़त कोई दिलदारे-नज़र हो जैसे
जिससे मिलती है नज़र बोसः-ए-लब की सूरत
इतना रौशन कि सरे-मौजः-ए-ज़र हो जैसे
सोहबते-यार में आग़ाज़े-तरब[1] की सूरत
हर्फ़े-नफ़रत कोई शमशीरे-ग़ज़ब हो जैसे
ता-अबद[2] शहरे-सितम जिससे तबह हो जायें
इतना तारीक केः शमशान की शब हो जैसे
लब पे लाऊँ तो मेरे होंठ सियह हो जायें

[2]

आज हर सुर से हर इक राग का नाता टूटा
ढूँढ़ती फिरती है मुतरिब को फिर उसकी आवाज़
जोशिशे-दर्द[3] से मजनूँ के गरेबाँ की तरह
आज हर मौज हवा से है सवाली ख़िलक़त[4]
ला कोई नग़्मा कोई सौत[5] तेरी उम्र दराज़
नौहः-ए-ग़म ही सही शोरे-शहादत ही सही
सूरे-महशर[6] ही सही बाँगे-क़यामत[7] ही सही

जुलाई, 1977

---

1. ख़ुशी की शुरुआत, 2. सदा के लिए, 3. दर्द के उत्साह, 4. दुनिया, 5. कोड़ा, 6. वह बाजा (तुरही) जो क़यामत के रोज़ बजेगा और जिसे हज़रत इसराफ़ील बजाएँगे, 7. क़यामत की आवाज़।

मर्सिया-ए-इमाम*

रात आई है शब्बीर पे यलग़ारे-बला[1] है
साथी न कोई यार न ग़मख़्वार रहा है
मूनिस[2] है तो एक दर्द की घनघोर घटा है
मुशफ़िक़[3] है तो इक दिल के धड़कने की सदा है

तनहाई की, गुर्बत[4] की, परेशानी की शब है
ये ख़ाना-ए-शब्बीर की वीरानी की शब[5] है

दुश्मन की सिपह ख़्वाब में मदहोश[6] पड़ी थी
पल-भर को किसी की न इधर आँख लगी थी
हर एक घड़ी आज क़यामत की घड़ी थी
ये रात बहुत आले-मुहम्मद[7] पे कड़ी थी
रह-रहके बुका[8] अह्‌ले-हरम[9] करते थे ऐसे
थम-थम के दिया आख़िरे-शब जलता है जैसे

इक गोशे[10] में इन सोख़्ता सामानों के सालार[11]
इन ख़ाक ब सर,[12] ख़ानमाँ वीरानों[13] के सरदार
तिश्ना लबो-दरमाँदा-ओ-मजबूरो-दिल-अफ़गार[14]
इस शान से बैठे थे शहे-लश्करे-अहरार[15]

मसनद[16] थी, न ख़िल'अत[17] थी, न ख़ुद्दाम[18] खड़े थे
हाँ तन पे जिधर देखिए, सो ज़ख़्म सजे थे

कुछ ख़ौफ़ था चेहरे पे, न तश्वीश[19] ज़रा थी
हर एक अदा मज़्हरे-तसलीमो-रज़ा[20] थी
हर एक निगह शाहिदे-इक़रारे-वफ़ा[21] थी
हर जुंबिशे-लब[22] मुन्किरे-दस्तूरे-जफ़ा[23] थी
पहले तो बहुत प्यार से हर फ़र्द को देखा
फिर नाम ख़ुदा का लिया और यूँ हुए गोया[24]

अलहम्द,[25] क़रीब आया ग़मे-इश्क़ का साहिल
अलहम्द, केः अब सुब्हे-शहादत हुई नाज़िल[26]
बाज़ी है बहुत सख़्त मियाने-हक़्क़ो-बातिल[27]
वो ज़ुल्म में कामिल हैं तो हम सब्र में कामिल[28]
बाज़ी हुई अंजाम[29] मुबारक हो अज़ीज़ो[30]
बातिल हुआ नाकाम, मुबारक हो अज़ीज़ो
फिर सुब्ह की लौ आई रुख़े-पाक[31] पे चमकी
और एक किरन मक़तले-ख़ूँनाक[32] पे चमकी
नेज़े की अनी[33] थी ख़सो-ख़ाशाक पे चमकी
शमशीर बरहना[34] थी केः अफ़लाक[35] पे चमकी

दम-भर के लिए आईना-रू हो गया सहरा[36]
ख़ुर्शीद[37] जो उभरा तो लहू हो गया सहरा

पा बाँधे हुए हमले को आई सफ़े-आ'दा[38]
था सामने एक बंदा-ए-हक़ यक्का-वो-तन्हा[39]
हरचन्द केः हर इक था उधर ख़ून का प्यासा
ये रौब का आलम था केः कोई पहलू न करता

की आने में ताख़ीर[40] जो लैला-ए-क़ज़ा[41] ने
ख़ुतबा किया इर्शाद[42] इमामे-शुहदा[43] ने

फ़रमाया केः क्यूँ दर-पए-आज़ार[44] हो लोगो
हक़ वालों से क्यूँ बर सरे-पैकार[45] हो लोगो
वल्लाह केः मुजरिम हो, गुनहगार हो लोगो
मालूम है कुछ किस के तरफ़दार हो लोगो

क्यूँ आप के आक़ाओं[46] में और हम में ठनी है
मालूम है किस वास्ते इस जाँ पे बनी है

सत्वत न हुकूमत न हशम[47] चाहिए हमको
औरंग[48] न अफ़सर, न अलम[49] चाहिए हमको
ज़र चाहिए, नै मालो-दिरम[50] चाहिए हमको
जो चीज़ भी फ़ानी[51] है, वो कम चाहिए हमको

सरदारी की ख़्वाहिश है न शाही की हवस है
इक हर्फ़े-यक़ीं[52] दौलते-ईमाँ[53] हमें बस है[54]

तालिब[55] हैं अगर हम तो फ़क़त हक़[56] के तलबगार
बातिल के मुक़ाबिल में सदाक़त के परस्तार
इन्साफ़ के, नेकी के, मुरव्वत के तरफ़दार
ज़ालिम के मुख़ालिफ़ हैं तो बेकस के मददगार
जो ज़ुल्म पेः लानत न करे, आप लईं[57] है
जो जब्र का मुन्किर नहीं, वो मुन्किरे-दीं[58] है

ता-हश्र[59] ज़माना तुम्हें मक्कार कहेगा
तुम अहद-शिकन[60] हो, तुम्हें गद्दार कहेगा
जो साहिबे-दिल है हमें अबरार[61] कहेगा
जो बंदा-ए-हुर है, हमें अह्‌रार कहेगा

नाम ऊँचा ज़माने में हर अंदाज़ रहेगा
नेज़े पे भी सर अपना सर-अफ़राज़[62] रहेगा

कर ख़त्म सुख़न[63], महवे-दुआ[64] हो गये शब्बीर
फिर नारा-ज़नाँ महवे-विग़ा[65] हो गये शब्बीर

क़ुर्बाने-रहे-सिदक़ो-सफ़ा हो गये शब्बीर
ख़ेमों में था कोहराम, जुदा हो गये शब्बीर
मर्कब[66] पे तने-पाक था और ख़ाक पे सर था
उस ख़ाक तले जन्नते-फ़िर्दोस[67] का दर था

**इमाम की मौत पर लिखा गया शोक गीत—हज़रत मुहम्मद के नाती हज़रत इमाम हुसैन (शब्बीर) व उनके 72 साथियों को जिनमें बूढ़े, दूध पीते बच्चे और औरतें भी शामिल थीं, दुराचारी ख़लीफ़ा यज़ीद को धर्म-नेता के रूप में स्वीकार न करने पर उसकी फौज द्वारा कई दिनों तक भूखा व प्यासा रखकर करबला के मैदान (ईराक में फरात नदी के किनारे पर) में एक-एक करके शहीद किया गया, शहीदों के सिरों को बर्छियों पर उछाला गया और औरतों को दमिश्क़ के बाज़ारों में घुमाया गया। इस घटना का सोग मनाने और करबला के पवित्र शहीदों को श्रद्धांजलि पेश करने के लिए मुहर्रम के महीने में शोक प्रकट किया जाता है व मर्सिये पढ़े जाते हैं।*

---

1. मुसीबतों के आक्रमण, 2. साथी, 3. महरबान, 4. अपनी धरती से दूर होना, 5. शब्बीर के घर की बरबादी की रात, 6. नींद में मस्त फौज, 7. हज़रत मुहम्मद की औलाद, 8. बैन, 9. मक्का-निवासी (हज़रत इमाम हुसैन व उसके साथी), 10. कोने, 11. हारे हुओं के सरदार, 12. सिर पर धूल, 13. बरबाद घरोंवाले, 14. प्यासे, थके हुए, परेशान व ज़ख़्मी दिलवाले, 15. आज़ाद लोगों के दल के राजा, 16. राज-सिंहासन, 17. राजसी वेशभूषा, 18. सेवक, 19. चिंता, 20. हर बात मानने की सूचक, 21. वफ़ादारी की गवाह, 22. होंठ हिलना, 23. अन्याय की नीति को नकारती, 24. बोले, 25. वंदना करो, 26. प्रकट, 27. सच-झूठ के बीच, 28. पूर्ण, 29. समाप्त, 30. दोस्तो, 31. पवित्र मुख, 32. वध करने का स्थान, 33. बर्छी की नोक, 34. नंगी तलवार, 35. आसमानों, 36. क्षण-भर के लिए जंगल दर्पण की तरह हो गया, 37. सूर्य, 38. दुश्मनों की पंक्ति, 39. सत्य पर चलनेवाला अकेला व्यक्ति, 40. देर, 41. मृत्यु रूपी प्रेमिका, 42. फर्माया, 43. शहीदों के सरदार, 44. दुख पहुँचाने को तैयार, 45. युद्धरत, 46. स्वामियों, 47. प्रताप, सत्ता व श्रेष्ठता, 48. सिंहासन, 49. पताका, 50. सोना व माल-दौलत, 51. मिटनेवाली, 52. आस्था का शब्द, 53. ईमान की दौलत, 54. काफ़ी है, 55. इच्छुक, 56. सत्य, 57. धिक्कृत, 58. धर्म को नकारनेवाला, 59. क़यामत तक, 60. वचन तोड़नेवाला, 61. ऋषि, 62. प्रतिष्ठित, 63. बात, 64. प्रार्थना-मग्न, 65. नारे लगाना व गर्जना करना, 66. अश्व, 67. स्वर्ग।

मद्ह[1]

[हसीन शहीद सुहरवर्दी मरहूम ने रावलपिंडी साज़िश केस में मुल्ज़िमों की जानिब से वक़ालत की थी। मुक़दमे के ख़ात्मे पर उन्हें यह सिपासनामा (अभिनंदनपत्र) पेश किया गया।]

किस तरह बयाँ हो तिरा पैरायः ए-तक़रीर[2]
गोया सरे-बातिल[3] पे चमकने लगी शमशीर
वो ज़ोर है इक लफ़्ज़ इधर नुत्क़[4] से निकला
वाँ सीनः-ए-अग़ियार में पैवस्त हुए तीर
गर्मी भी है ठंडक भी रवानी भी सुकूँ भी
तासीर का क्या कहिये, है तासीर-सी तासीर
एजाज़[6] उसी का है केः अरबाबे-सितम की
अब तक कोई अंजाम को पहुँची नहीं तदबीर
इतराफ़े-वतन[7] में हुआ हक़ बात का शोहरा
हर एक जगह मक्रो-रिया[8] की हुई तशहीर[9]
रौशन हुए उम्मीद से रुख़ अहले-वफ़ा के
पेशानिए-आदा[10] पे सियाही हुई तहरीर

हुर्रीयते-आदम[11] की रहे सख़्त केः रहगीर
ख़ातिर में नहीं लाते ख़याले-दमे-ताज़ीर[12]
कुछ नंग[13] नहीं रंजे-असीरी[14] केः पुराना
मर्दाने-सफ़ाकेश[15] से है रिश्तः-ए-ज़ंजीर
कब दबदबः-ए-जब्र से दबते हैं कि जिनके
ईमानो-यकीं दिल में किये रहते हैं तनवीर[16]

मालूम है इनको कि रिहा होगी किसी दिन
ज़ालिम के गराँ हाथ से मज़लूम की तक़दीर
आख़िर को सरअफ़राज़[17] हुआ करते हैं अहरार[18]
आख़िर को गिरा करती है हर जौर[19] की ता'मीर
हर दौर में सर होते हैं क़स्रे-जमो-दार[20]
हर अह्द[21] में दीवारे-सितम होती है तसख़ीर[22]
हर दौर में मलऊन[23] शक़ावत[24] है शिम्र[25] की
हर अह्द में मसऊद[26] है क़ुर्बानिए-शब्बीर[27]
करता है क़लम अपने लबो-नुत्क़ की तत्हीर[28]
पहुँची है सरे-हर्फ़ दुआ अब मिरी तहरीर
हर काम में बरकत हो हर इक क़ौल में क़ूवत
हर गाम पे हो मंज़िले-मक़सूद क़दमगीर
हर लहज़ा तेरा तालि-ए-इक़बाल[29] सिवा हो
हर लहज़ा मददगार हो तदबीर की तक़दीर
हर बात हो मक़बूल, हर इक बोल हो बाला
कुछ और भी रौनक में बढ़े शोलः-ए-तक़रीर
हर दिन हो तेरा लुत्फ़े-ज़बाँ और ज़ियादः
अल्लाह करे ज़ोरे-बयाँ और ज़ियादः

---

1. स्तुति, 2. वक्तृता, भाषण की शैली, 3. झूठ के सिर पर, 4. वाणी, 5. विपक्षी के सीने में, 6. चमत्कार, 7. देश-भर में, 8. छद्म और पाखंड, 9. भर्त्सना, 10. शत्रुओं के चेहरे पर, 11. मानव-स्वतंत्रता, 12. दंड के समय का ध्यान, 13. शर्म, 14. कारावास की चिंता, 15. शुद्धात्मा, 16. प्रकाश, 17. उन्नत सिर, 18. आज़ाद लोग, 19. जुल्म, 20. जमशेद-जैसी शानो-शौक़तवाली इमारतें, 21. युग, 22. ध्वस्त, 23. दुष्ट (बहुवचन में), 24. निर्दयता, 25. हज़रत इमाम हुसैन का हत्यारा, 26. शुभ, 27. शब्बीर (इमाम हुसैन) की क़ुर्बानी, 28. पवित्रता, 29. सौभाग्य।

गीत*

मंज़िलें, मंज़िलें
शौक़े-दीदार की मंज़िलें
हुस्ने-दिलदार की मंज़िलें, प्यार की मंज़िलें
प्यार की बेपनह रात की मंज़िलें
कहकशानों की[1] बारात की मंज़िलें

बलन्दी की, हिम्मत की, परवाज़[2] की
जोशे-परवाज़ की मंज़िलें
राज़ की मंज़िलें
ज़िन्दगी की कठिन राह की मंज़िलें
बलन्दी की, हिम्मत की, परवाज़ की मंज़िलें
जोशे-परवाज़ की मंज़िलें
राज़ की मंज़िलें

आन मिलने के दिन
फूल खिलने के दिन
वक़्त के घोर सागर में सुब्ह की
शाम की मंज़िलें
चाह की मंज़िलें
आस की, प्यास की
हसरते-यार की
प्यार की मंज़िलें

मंज़िलें, हुस्ने-आलम के गुलज़ार की मंज़िलें, मंज़िलें

मौज-दर-मौज[3] ढलती हुई रात के दर्द की मंज़िलें
चाँद-तारों के वीरान संसार की मंज़िलें

अपनी धरती के आबाद बाज़ार की मंज़िलें
हक़ के इर्फ़ान[4] की
नूरे-अनवार की
वस्ले-दिलदार की
क़ौलो-इक़रार की मंज़िलें
मंज़िलें, मंज़िलें

*फ़िल्म : 'कसम उस वक़्त की' से

---

1. आकाशगंगाओं की, 2. उड़ान, 3. लहर के बाद लहर, 4. सत्य का तात्त्विक ज्ञान।

गीत*

अब क्या देखें राह तुम्हारी
बीत चली है रात
छोड़ो
छोड़ो ग़म की बात
थक गये आँसू
थक गईं अँखियाँ
गुज़र गई बरसात
बीत चली है रात

छोड़ो
छोड़ो ग़म की बात
कब से आस लगी दर्शन की
कोई न जाने बात
कोई न जाने
बीत चली है रात
छोड़ो ग़म की बात

तुम आओ तो मन में उतरे
फूलों की बारात
बीत चली है रात
अब क्या देखें राह तुम्हारी
बीत चली है रात

*फ़िल्म 'जागो हुआ सवेरा' से

गीत*

हम तेरे पास आये
सारे भरम मिटा कर
सब चाहते भुला कर
कितने उदास आये
हम तेरे पास जाकर
क्या-क्या न दिल दुखा है
क्या-क्या बही हैं अँखियाँ
क्या-क्या न हम पे बीती
क्या-क्या हुए परीशाँ
हम तुझसे दिल लगा कर
तुझसे नज़र मिला कर
कितने फ़रेब खाये
अपना तुझे बना कर

हम तेरे पास आये
सारे भरम मिटा कर
थी आस आज हम पर कुछ होगी मेह्रबानी
हलका करेंगे जी को सब हाले-दिल ज़बानी
तुझको सुना-सुना कर
आँसू बहा-बहा कर

कितने उदास आये
हम तेरे पास जाकर
हम तेरे पास आये
सारे भरम मिटा कर

*फ़िल्म 'सुख का सपना' से

मिरे दिल मिरे मुसाफ़िर

दिले-मन मुसाफ़िरे-मन

मिरे दिल, मिरे मुसाफ़िर
हुआ फिर से हुक्म सादिर[1]
कि वतन-बदर[2] हों हम तुम
दें गली-गली सदाएँ
करें रुख़ नगर-नगर का
कि सुराग़ कोई पाएँ
किसी यार-ए-नामा-बर[3] का
हर एक अजनबी से पूछें
जो पता था अपने घर का
सर-ए-कू-ए-न-आशनायाँ[4]
हमें दिन से रात करना
कभी इस से बात करना
कभी उस से बात करना
तुम्हें क्या कहूँ कि क्या है
शब-ए-ग़म बुरी बला है
हमें ये भी था ग़नीमत
जो कोई शुमार होता
'हमें क्या बुरा था मरना
अगर एक बार होता'

लंदन, 1978

---

1. घोषित, 2. देश निकाला, 3. पत्रवाहक, 4. अजनबी गलियों में।

फूल मुरझा गये हैं सारे

फूल मुरझा गए हैं सारे
थमते नहीं हैं आस्माँ के आँसू
शम्एँ बेनूर हो गई हैं
आइने चूर हो गए हैं
साज़ सब बज के खो गए हैं
पायलें बुझ के सो गई हैं
और इन बादलों के पीछे
दूर इस रात का दुलारा
दर्द का सितारा
टिमटिमा रहा है
झनझना रहा है
मुस्कुरा रहा है

लंदन, 1978

कोई आशिक़ किसी मेहबूबा से

गुलशने-याद में गर आज दमे-बादे-सबा[1]
फिर से चाहे कि गुल-अफ़शाँ[2] हो तो हो जाने दो
उम्रे-रफ़्ता[3] के किसी ताक़ पे बिसूरा हुआ दर्द
फिर से चाहे कि फ़रोज़ाँ[4] हो तो हो जाने दो

जैसे बेगाना से अब मिलते हो वैसे ही सही
आओ दो-चार घड़ी मेरे मुक़ाबिल बैठो
गरचे मिल बैठेंगे हम तुम तो मुलाक़ात के बाद
अपना एहसासे-ज़ियाँ[5] और ज़ियादा होगा
हमसुख़न[6] होंगे जो हम दोनों तो हर बात के बीच
अनकही बात का मौहूम[7]-सा पर्दा होगा
कोई इक़रार न मैं याद दिलाऊँगा न तुम
कोई मज़्मून वफ़ा का न जफ़ा का होगा

गर्दे-अय्याम[8] की तहरीर[9] को धोने के लिए
तुम से गोया हों दमे-दीद[10] जो मेरी पलकें
तुम जो चाहो वो सुनो
और जो न चाहो न सुनो
और जो हर्फ़ करें मुझ से गुरेज़ाँ[11] आँखें
तुम जो चाहो तो कहो
और जो न चाहो न कहो

लंदन, 1978

---

1. पवन का झोंका, 2. फूल बिखराना, 3. बीती हुई उम्र, 4. उज्ज्वल, रौशन, 5. खोने की अनुभूति, 6. दूसरे से बात करते हुए, 7. आशंकित, हलका-सा, 8. युग, 9. लिखावट, 10. देखते समय, 11. बचते हुए।

मंज़र

आस्माँ आज इक बहरे-पुरशोर[1] है
जिसमें हर सू रवाँ बादलों के जहाज़
उनके अर्शे[2] पे किरनों के मस्तूल हैं
बादबानों की पहने हुए फ़ुर्गुलें[3]
नील में गुम्बदों के जज़ीरे कई
एक बाज़ी में मसरूफ़[4] है हर कोई
अबाबील कोई नहाती हुई
कोई चील ग़ोते में जाती हुई
कोई ताक़त नहीं इसमें ज़ोर-आज़मा[5]
कोई बेड़ा नहीं है किसी मुल्क का
इसकी तह में कोई आबदोज़ें[6] नहीं
कोई राकट नहीं कोई तोपें नहीं
यूँ तो सारे अनासिर[7] हैं याँ ज़ोर में
अम्न कितना है इस बहरे-पुरशोर में

समरकंद, मार्च, 1978

1. शोर-भरा समुद्र, 2. डेक, 3. वस्त्र, ढीला-ढाला कुर्ता, 4. व्यस्त, 5. शक्ति-परीक्षक, 6. पनडुब्बी, 7. तत्त्व।

शाइर लोग

[क़फ़क़ाज के शाइर क़ासिन कुली से माख़ूज़]

हर-इक दौर में, हर ज़माने में हम
ज़ह्र पीते रहे, गीत गाते रहे
जान देते रहे ज़िन्दगी के लिए
साअते-वस्ल[1] की सरख़ुशी[2] के लिए
दीनो-दुनिया की दौलत लुटाते रहे
फ़क्रो-फ़ाक़ा[3] का तोशा[4] सँभाले हुए
जो भी रस्ता चुना उस पे चलते रहे
माल वाले हिक़ारत[5] से तकते रहे
ता'न[6] करते रहे हाथ मलते रहे
हमने उन पर किया हर्फ़े-हक़[7] संगज़न[8]
जिन की हैबत[9] से दुनिया लरज़ती रही
जिन पे आँसू बहाने को कोई न था
अपनी आँख उनके ग़म में बरसती रही
सबसे ओझल हुए हुक्मे हाकिम पे हम
क़ैदख़ाने सहे ताज़याने[10] सहे
लोग सुनते रहे साज़े-दिल की सदा
अपने नग़्मे सलाख़ों से छनते रहे
ख़ूँचकाँ[11] दह्र का ख़ूँचकाँ आईना
दुख भरी ख़ल्क़ का दुख भरा दिल हैं हम
तब्ए-शाइर[12] हैं जंगाहे-अद्लो-सितम
मुन्सिफ़े-ख़ैरो-शर[13] हक़्क़ो-बातिल[14] हैं हम

1. मिलन की घड़ी, 2. मस्ती की चरम सीमा, 3. निर्धनता और भूख, 4. सामग्री, 5. घृणा, 6. व्यंग्य, 7. सत्य-वचन, 8. पत्थर मारनेवाला, 9. भयभीत होना, 10. कोड़े, 11. ख़ून टपकाना, 12. अंतरात्मा के कवि, 13. अच्छाई और बुराई, 14. सत्य और असत्य।

शोपेन* का नग़्मा बजता है

छलनी है अँधेरे का सीना, बरखा के भाले बरसे हैं
दीवारों के आँसू हैं रवाँ, घर ख़ामोशी में डूबे हैं
पानी में नहाये हैं बूटे,
गलियों में हू का फेरा है
शोपेन का नग़्मा बजता है

इक ग़मगीं लड़की के चेहरे पर चाँद की ज़र्दी छाई है
जो बर्फ़ गिरी थी इस पे लहू के छींटों की रुशनाई है
ख़ूँ का हर दाग़ दमकता है
शोपेन का नग़्मा बजता है

कुछ आज़ादी के मतवाले, जाँ कफ़[1] पे लिये मैदाँ में गये
हर सू दुश्मन का नर्ग़ा[2] था, कुछ बच निकले, कुछ खेत रहे
आलम में उनका शोहरा है
शोपेन का नग़्मा बजता है

इक कूँज को सखियाँ छोड़ गयीं आकाश की नीली राहों में
वो याद में तन्हा रोती थी, लिपटाये अपनी बाँहों में
इक शाहीं[3] उस पर झपटा है
शोपेन का नग़्मा बजता है

ग़म ने साँचे में ढाला है
इक बाप के पत्थर चेहरे को
मुर्दा बेटे के माथे को
इक माँ के रोकर चूमा है
शोपेन का नग़मा बजता है

फिर फूलों की रुत लौट आई
और चाहने वालों की गर्दन में झूले डाले बाँहों ने
फिर झरने नाचे छन छन छन
अब बादल है ना बरखा है
शोपेन का नग़मा बजता है

मास्को, 1979

*Chopin, पौलैंड का प्रसिद्ध संगीतकार।

---

1. हथेली, 2. घेरा, 3. बाज़ की तरह का एक पक्षी।

लाओ तो क़त्लनामः मिरा

सुनने को भीड़ है सरे-महशर[1] लगी हुई
तोहमत तुम्हारे इश्क़ की हम पर लगी हुई
रिन्दों[2] के दम से आतिशे-मय[3] के बग़ैर भी
है मयकदे में आग बराबर लगी हुई
आबाद करके शहरे-ख़मोशाँ[4] हर एक सू
किस खोज में है तेग़े-सितमगर[5] लगी हुई
आख़िर को आज अपने लहू पर हुई तमाम
बाज़ी मियाने-क़ातिलो-ख़ंजर[6] लगी हुई
लाओ तो क़त्लनामः मिरा, मैं भी देख लूँ
किस-किस की मुह्र है सरे-महज़र[7] लगी हुई

---

1. प्रलय के दिन, 2. शराबियों, मस्तों, 3. शराब की आग, 4. क़ब्रिस्तान, सन्नाटे का नगर, 5. ज़ालिम की तलवार, 6. क़ातिल और ख़ंजर के बीच, 7. आज्ञापत्र पर।

आवाज़ें

ज़ालिम

जश्न है मातमे-उम्मीद[1] का आओ लोगो
मर्गे-अम्बोह[2] का त्योहार मनाओ लोगो
अदम-आबाद[3] को आबाद किया है मैंने
तुम को दिन-रात से आज़ाद किया है मैंने
जलवः-ए-सुब्ह से क्या माँगते हो
बिस्तरे-ख्वाब से क्या चाहते हो
सारी आँखों को तहे-तेग़[4] किया है मैंने
सारे ख़्वाबों का गला घोंट दिया है मैंने
अब न लहकेगी किसी शाख़ पे फूलों की हिना[5]
फ़स्ले-गुल आयेगी नमरूद[6] के अंगार लिये
अब न बरसात में बरसेगी गुहर[7] की बरखा
अब्र आयेगा ख़सो-ख़ार[8] के अम्बार लिये
मेरा मसलक[9] भी नया राहे-तरीक़त[10] भी नयी
मेरे क़ानूँ भी नये मेरी शरीअत[11] भी नयी
अब फ़क़ीहाने-हरम[12] दस्ते-सनम[13] चूमेंगे
सर्वक़द[14] मिट्टी के बौनों के क़दम चूमेंगे
फ़र्श पर आज दरे-सिद्क़ो-सफ़ा[15] बन्द हुआ
अर्श[16] पर आज हर इक बाबे-दुआ[17] बन्द हुआ

मज़लूम[18]

रात छायी तो हर इक दर्द के धारे फूटे
सुब्ह फूटी तो हर इक ज़ख़्म के टाँके टूटे

दोपहर आयी तो हर रग ने लहू बरसाया
दिन ढला, ख़ौफ़ का इफ़्रीत[19] मुक़ाबिल आया
या ख़ुदा ये मेरी गरदाने-शबो-रोज़ो-सहर[20]
ये मिरी उम्र का बेमंज़िलो-आराम सफ़र
क्या यही कुछ मिरी क़िस्मत में लिखा है तूने
हर मसर्रत[21] से मुझे आक़[22] किया है तूने
वो ये कहते हैं तू ख़ुशनूद[23] हर इक ज़ुल्म से है
वो ये कहते हैं हर इक ज़ुल्म तेरे हुक्म से है
गर ये सच है तिरे अद्ल[24] से इन्कार करूँ
उनकी मानूँ[25] कि तिरी ज़ात का इक़रार करूँ

निदा-ए-ग़ैब[26]

हर इक उलिल-अम्र[27] को सदा दो
कि अपनी फ़रदे-अमल[28] सँभाले
उठेगा जब जम्मे-सरफ़रोशाँ[29]
पड़ेंगे दारो-रसन[30] के लाले
कोई न होगा कि जो बचा ले
जज़ा[31] सज़ा सब यहीं पे होगी
यहीं अज़ाबो-सवाब[32] होगा
यहीं से उट्ठेगा शोरे-महशर[33]
यहीं पे रोज़े-हिसाब[34] होगा

समरकंद, मई, 1979

---

1. उम्मीद का मातम, 2. बहुत लोगों की मृत्यु, 3. परलोक, 4. तलवार से मारना, 5. मेहँदी, 6. एक ज़ालिम बादशाह, 7. मोती, 8. कूड़ा-करकट, घास-फूस और काँटे, 9. तरीक़ा, 10. भक्ति का रास्ता, 11. रीति, 12. मौलवी, 13. मूर्तियों के साथ, 14. लंबे क़दवाले, 15. सत्य एवं पवित्रता का द्वार, 16. वह जगह जहाँ ख़ुदा रहता है, 17. दुआ का दरवाजा, 18. शोषित, 19 भूत, 20. रात और दिन का चक्र, 21. ख़ुशी, 22. वंचित, 23. संतुष्ट, ख़ुशी, 24. न्याय, 25. मान्यता, 26. आकाशवाणी, 27. सत्ताधारी, 28. कार्य-सूची, 29. बहादुरों की भीड़, 30. फाँसी का तख़्ता और रस्सी, 31. पुरस्कार, 32. ईश्वरप्रदत्त कष्ट और पुण्य का पुरस्कार, 33. प्रलय का शोर, 34. प्रलय का दिन।

ये मातमे-वक़्त की घड़ी है

ठहर गयी आस्माँ की नदिया
वो जा लगी है उफ़क़[1] किनारे
उदास रंगों की चाँद नैया
उतर गये साहिले-ज़मीं पर
सभी खिवैया
तमाम तारे
उखड़ गयी साँस पत्तियों की
चली गयीं ऊँघ में हवाएँ
गजर बजा हुक्मे-ख़ामशी का
तो चुप में गुम हो गयीं सदाएँ
सहर की गोरी की छातियों से
ढलक गयी तीरगी[2] की चादर
और इस बजाय
बिखर गये उसके तन-बदन पर
निरास तन्हाइयों के साये
और उसको कुछ भी ख़बर नहीं है
किसी को कुछ भी ख़बर नहीं है
कि दिन ढले शहर से निकलकर
किधर को जाने का रुख़ किया था
न कोई जादा[3], न कोई मंज़िल
किसी मुसाफ़िर को
अब दिमाग़े-सफ़र[4] नहीं है
ये वक़्त ज़ंजीरे-रोज़ो-शब की

कहीं से टूटी हुई कड़ी है
ये मातमे-वक़्त की घड़ी है
ये वक़्त आये तो बेइरादा
कभी-कभी मैं भी देखता हूँ
उतारकर ज़ात[5] का लबादा
कहीं सियाही मलामतों की
कहीं पे गुल-बूटे उल्फ़तों के
कहीं लकीरें हैं आँसुओं की
कहीं पे ख़ूने-जिगर के धब्बे
ये चाक है पंजः-ए-अदू[6] का
ये मुहर है यारे-मेहरबाँ की
ये लाल लब-हाए-महवशाँ[7] के
ये मरहमत[8] शैख़े-बदज़ुबाँ की
ये जामः-ए-रोज़ो-शब-गज़ीदा[9]
मुझे ये पैराहने-दरीदा[10]
अज़ीज़ भी, नापसन्द भी है
कभी ये फ़रमाने-जोशे-वहशत[11]
कि नोचकर इसको फेंक डालो
कभी ये इस्रारे-हर्फ़े-उल्फ़त[12]
कि चूमकर फिर गले लगा लो

ताशकंद, 1979

---

1. क्षितिज, 2. अँधेरा, 3. रास्ता, 4. यात्रा का साहस, 5. अस्तित्व, 6. दुश्मन का पंजा, 7. चाँद से चेहरेवाली के होंठ, 8. उपाधि, 9. रात और दिन का डसा हुआ कपड़ा, 10. फटा हुआ, 11. दीवानगी के जोश की आज्ञा, 12. आग्रह और प्यार के बोल।

हम तो मजबूरे-वफ़ा हैं

तुझको कितनों का लहू चाहिए ऐ अर्ज़े-वतन[1]
जो तिरे आरिज़े-बेरंग[2] को गुलनार[3] करें
कितनी आहों से कलेजा तेरा ठंडा होगा
कितने आँसू तिरे सहराओं[4] को गुलज़ार करें
तेरे ऐवानों[5] में पुर्ज़े हुए पैमाँ[6] कितने
कितने वादे जो न आसूदः-ए-इक़रार[7] हुए
कितनी आँखों को नज़र खा गयी बदख़ाहों[8] की
ख़्वाब कितने तिरी शाहराओं[9] में संगसार[10] हुए
'बला कशाने[11] मुहब्बत पे जो हुआ सो हुआ
जो मुझ पे गुज़री मत उस से कहो, हुआ सो हुआ
मबादा[12] हो कोई ज़ालिम तेरा गरीबाँगीर[13]
लहू के दाग़ तू दामन से धो, हुआ सो हुआ'
हम तो मजबूरे-वफ़ा हैं मगर ऐ जाने-जहाँ
अपने उश्शाक़[14] से ऐसे भी कोई करता है
तेरी महफ़िल को ख़ुदा रक्खे अबद[15] तक क़ायम
हम तो मेहमाँ हैं घड़ी-भर के हमारा क्या है

---

1. वतन की ज़मीन, 2. मुरझाए हुए गाल, 3. फूलों (गुलाब) जैसे सुर्ख़, 4. रेगिस्तान, 5. महलों, 6. प्रतिज्ञा, 7. मान्यता से परिपूरित, 8. बुरा चाहनेवालों, 9. सड़क, मार्ग, 10. पत्थर मारना, 11. सख्तियाँ झेलनेवाले, 12. कहीं ऐसा न हो, 13. गरीबान पकड़नेवाला, 14. चाहनेवाले, 15. हमेशा, दुनिया के अंतिम दिन तक।

पेरिस

दिन ढला, कूचः-ओ-बाज़ार में सफ़बस्ता[1] हुईं
ज़र्द-रू रौशनियाँ
इनमें हर एक के कशकोल[2] से बरसें रिम-झिम
इस भरे शहर की नासूदगियाँ[3]
दूर पसमंज़रे-अफ़लाक[4] में धुँधलाने लगे
अज़्मते-रफ़ता[5] के निशाँ
पेश मंज़र[6] में
किसी सायः-ए-दीवार से लिपटा हुआ साया कोई
दूसरे साये की मौहूम[7]-सी उम्मीद लिये
ज़ेरे-लब[8] शामे-गुज़िस्तः की तरह
शर्हे-बेदरदी-ए-अय्याम[9] की तमहीद[10] लिये
और कोई अजनबी
इन रौशनियों के सायों से कतराता हुआ
अपने बेख़्वाब शबिस्ताँ[11] की तरफ़ जाता हुआ

पेरिस, अगस्त, 1979

---

1. पंक्ति में खड़े होना, 2. भीख का प्याला, 3. दुख, असंतुष्टि, 4. आसमानों की पृष्ठभूमि में, 5. बीती हुई शान, 6. पूर्व दृश्य, भूमिका, 7. धुँधली, 8. नीचे स्वर में, 9. ज़माने की निम्नता की टीका, 10. भूमिका, 11. रैन बसेरा।

क़व्वाली

जला फिर सब्र का ख़िर्मन[1], फिर आहों का धुआँ उट्ठा
हुआ फिर नज़्रे-सरसर[2] हर नशेमन[3] का हर इक तिनका
हुई फिर सुब्हे-मातम आँसुओं से भर गये दरिया
चला फिर सू-ए-गर्दूं[4] कारवाने-नालः-ए-शब हा[5]
हर इक जानिब फ़ज़ा में फिर मचा कुहरामे-या-रब-हा[6]
उमड़ आयी कहीं से फिर घटा वहशी ज़मानों की
फ़ज़ा में बिजलियाँ लहरायीं फिर से ताज़ियानों[7] की
क़लम होने लगी गर्दन क़लम के पासबानों[8] की
खुला नीलाम ज़हनों का, लगी बोली ज़बानों की
लहू देने लगा हर इक दहन[9] में बख़ियः-ए-लब हा[10]
चला फिर सू-ए-गर्दूं कारवाने-नालः-ए-शब हा[11]
सितम की आग का ईंधन बने दिल फिर से, वा दिल हा[12]
ये तेरे सादा दिल बन्दे किधर जायें ख़ुदावन्दा
बना फिरता है हर इक मुद्दई[13] पैग़ामबर तेरा
हर इक बुत को सनमख़ाने[14] में दावा है ख़ुदाई का
ख़ुदा महफ़ूज रक्खे अज़ ख़ुदावन्दाने-मज़हब[15] हा
चला फिर सू-ए-गर्दूं कारवाने-नालः-ए-शब हा

बेरूत, 1979

---

1. खलिहान, 2. पवन को अर्पित, 3. घोंसला, 4. आसमान की तरफ़, 5. रात की फ़रियादों के क़ाफ़िले, 6. या ख़ुदा, 7. कोड़े, 8. रक्षक, 9. मुँह, 10. होठों को सीनेवाले टाँके, 11. रातों की फ़रियाद के क़ाफ़िले, 12. वाह ऐ दिल, 13. दुश्मन, 14. बुतख़ाने, 15. धर्मों के ठकेदार।

क्या करें

मिरी तिरी निगाह में
जो लाख इन्तज़ार हैं
जो मेरे तेरे तन बदन में
लाख दिल फ़िगार[1] हैं
जो मेरी तेरी उँगलियों की बेहिसी[2] से
सब क़लम नज़ार[3] हैं
जो मेरे तेरे शह्र की
हर इक गली में
मेरे तेरे नक़्शे-पा के बेनिशाँ मज़ार हैं
जो मेरी तेरी रात के
सितारे ज़ख़्म-ज़ख़्म हैं
जो मेरी तेरी सुब्ह के
गुलाब चाक-चाक हैं
ये ज़ख़्म सारे बेदवा
ये चाक सारे बेरफ़ू
किसी पे राख चाँद की
किसी पे ओस का लहू
ये है भी या नहीं बता
ये है कि महज़ जाल है
मिरे तुम्हारे अन्कबूते[4]-वह्म का बुना हुआ
जो है तो इसका क्या करें
नहीं है तो भी क्या करें
बता, बता
बता, बता

बेरूत, 1980

---

1. घायल, 2. जिसे एहसास न हो, 3. दुर्बल, 4. मकड़ी।

फ़लिस्तीन के लिए–1

[फ़लिस्तीनी शुहुदा जो परदेस में काम आये]

मैं जहाँ पर भी गया अर्ज़े-वतन
तेरी तज़लील[1] के दाग़ों की जलन दिल में लिये
तेरी हुर्मत[2] के चराग़ों की लगन दिल में लिये
तेरी उल्फ़त, तेरी यादों की कसक साथ गयी
तेरे नारंज[3] शगूफ़ों[4] की महक साथ गयी
सारे अनदेखे रफ़ीक़ों का जिलौ[5] साथ रहा
कितने हाथों से हम-आग़ोश मिरा हाथ रहा
दूर परदेस की बेमेहर गुज़रगाहों में
अजनबी शह्र की बेनामो-निशाँ राहों में
जिस ज़मीं पर भी खुला मेरे लहू का परचम[6]
लहलहाता है वहाँ अर्ज़े[7]-फ़लिस्तीं का अलम[8]
तेरे आदा[9] ने किया एक फ़लिस्तीं बर्बाद
मेरे ज़ख़्मों ने किये कितने फ़लिस्तीं आबाद

बेरूत, 1980

1. अपमान, 2. शुद्धता, 3. नारंगी रंग, 4. कलियाँ, 5. लगाम, 6. झंडा, 7. धरती, 8. ध्वजा, 9. दुश्मन।

फ़लिस्तीन के लिए–2

[फ़लिस्तीनी बच्चों के लिए लोरी]

मत रो बच्चे
रो रो के अभी
तेरे अम्मी की आँख लगी है

मत रो बच्चे
कुछ ही पहले
तेरे अब्बा ने
अपने ग़म से रुख़्सत ली है

मत रो बच्चे
तेरा भाई
अपने ख़्वाब की तितली पीछे
दूर कहीं परदेस गया है

मत रो बच्चे
तेरी बाजी का
डोला पराये देस गया है

मत रो बच्चे
तेरे आँगन में
मुर्दा सूरज नहला के गये हैं
चन्दरमा दफ़ना के गये हैं

मत रो बच्चे
गर तू रोयेगा तो ये सब
अम्मी, अब्बा, बाजी, भाई
चाँद और सूरज

और भी तुझको रुलवायेंगे
तू मुस्करायेगा तो शायद
सारे इक दिन भेस बदलकर
तुझसे खेलने लौट आयेंगे

बेरूत, 1980

मेरे मिलनेवाले

वो दर खुला मेरे ग़मकदे[1] का
वो आ गये मेरे मिलनेवाले
वा आ गयी शाम, अपनी राहों में
फ़र्शे-अफ़सुर्दगी[2] बिछाने
वो आ गयी रात चाँद-तारों को
अपनी आज़ुर्दगी[3] सुनाने
वो सुब्ह आयी दमकते नश्तर से
याद के ज़ख़्म को मनाने
वो दोपहर आयी, आस्तीं में
छुपाये शोलों के ताज़याने
ये आये सब मेरे मिलनेवाले
कि जिन से दिन-रात वास्ता है
ये कौन कब आया, कब गया है
निगाहो-दिल को ख़बर कहाँ है
ख़याल सू-ए-वतन रवाँ है
समन्दरों की अयाल थामे
हज़ार वह्मो-गुमाँ[4] सँभाले
कई तरह के सवाल थामे

बेरूत, 1980

---

1. दुःखों से भरा घर, 2. उदासी का फ़र्श, 3. उदासी, 4. आशंकाएँ।

गाँव की सड़क

ये देस मुफ़लिसो-नादार कजकुलाहों[1] का
ये देस बेज़रो-दीनार[2] बादशाहों का
कि जिसकी ख़ाक में क़ुदरत है कीमियाई[3] की
ये नायबाने-ख़ुदावन्दे-अर्ज़[4] का मसकन[5]
ये नेक पाक बुज़ुर्गों की रूह का मदफ़न[6]
जहाँ पे चाँद सितारों ने जब्हासाई[7] की
न जाने कितने ज़मानों से इसका हर रस्ता
मिसाले-ख़ानः-ए-बेख़ानमाँ[8] था दरबस्ता[9]
ख़ुशा[10] कि आज बफ़ज़्ले-ख़ुदा[11] वो दिन आया
कि दस्ते-ग़ैब[12] ने इस घर की दर-कुशाई[13] की
चुने गये हैं सभी ख़ार इसकी राहों से
सुनी गयी है बिलआख़िर[14] बरहनापाई[15] की

बेरूत, 1980

---

1. बाँकपन, तिरछी टोपीवाले, 2. निर्धन, 3. कुंदन, 4. ज़मीन के मालिकों के नायक, उपमंत्री, 5. ठिकाना, 6. क़ब्र, 7. सिर झुकाना, माथा रगड़ना, 8. वीरान घर, 9. बंद, 10. वाह, वाह, धन्य है, 11. ईश्वर कृपा से, 12. आकाश से रहस्यपूर्ण मदद, 13. दरवाज़ा खोलना, 14. अंत में, 15. नंगे पैर।

गीत

जलने लगीं यादों की चिताएँ
आओ कोई बैत[1] बनायें
जिनकी रह तकते जुग बीते
चाहे वो आयें या नहीं आयें
आँखें मूँद के नित पल देखें
आँखों में उनकी परछाईं
अपने दर्दों का मुकुट पहनकर
बेदर्दों के सामने जायें
जब रोना आवे मुस्कायें
जब दिल टूटे दीप जलायें
प्रेम कथा का अन्त न कोई
कितनी बार उसे दुहरायें
प्रीत की रीत अनोखी साजन
कुछ नहीं माँगे सब कुछ पायें
'फ़ैज़' उनसे क्या बात छुपी है
हम कुछ कहकर क्यूँ पछतायें

1. शे'र।

गुबारे-अय्याम

तुम ही कहो क्या करना है

जब दुख की नदिया में हमने
जीवन की नाव डाली है
था कितना कस-बल बाँहों में
लोहू में कितनी लाली थी
यूँ लगता था दो हाथ लगे
और नाव पूरम्पार लगी
ऐसा न हुआ, हर धारे में
कुछ अनदेखी मझधारें थीं
कुछ माँझी थे अनजान बहुत
कुछ बेपरखी पतवारें थीं
अब जो भी चाहो छान करो
अब जितने चाहो दोष धरो
नदिया तो वही है नाव वही
अब तुम ही कहो क्या करना है
अब कैसे पार उतरना है

जब अपनी छाती में हमने
इस देश के घाव देखे थे
था वैदों पर विश्वास बहुत
और याद बहुत-से नुस्ख़े थे
यूँ लगता था बस कुछ दिन में
सारी बिपता कट जायेगी
और सब घाव भर जायेंगे

ऐसा न हुआ केः रोग अपने
तो सदियों ढेर पुराने थे
वैद इनकी तह को पा न सके
और टोटके सब नाकाम गये
अब जो भी चाहो छान करो
अब चाहे कितने दोष धरो
छाती तो वही है घाव वही
अब तुम ही कहो क्या करना है
ये घाव कैसे भरना है

लंदन, 1981

इश्क़ अपने मुजरिमों को पा-ब-जौलाँ[1] ले चला

दार[2] की रस्सियों के गुलूबन्द गर्दन में पहने हुए
गानेवाले इक रोज़ गाते रहे
पायलें बेड़ियों की बजाते हुए
नाचनेवाले धूमें मचाते रहे
हम जो न इस सफ़ में थे और न उस सफ़ में थे
रास्ते में खड़े उनको तकते रहे
रश्क़[3] करते रहे
और चुपचाप आँसू बहाते रहे
लौटकर आ के देखा तो फूलों का रंग
जो कभी सुर्ख़ था ज़र्द ही ज़र्द है
अपना पहलू टटोला तो ऐसा लगा
दिल जहाँ था वहाँ दर्द ही दर्द है
गले में कभी तौक़ का वाहिमा[4]
कभी पाँव में लम्स[5] ज़ंजीर का
और फिर एक दिन इश्क़ उन्हीं की तरह
रसन-दर-गुलू[6], पा-ब-जौलाँ हमें
इसी क़ाफ़िले में कशाँ[7] ले चला

बेरूत, अगस्त, 1981

---

1. पाँव में बेड़ी पहने, 2. फाँसी, 3. ईर्ष्या, 4. वहम, 5. स्पर्श, 6. गले में रस्सी, 7. खींचते हुए।

मेजर इसहाक़ की याद में

लो तुम भी गये हमने तो समझा था कि तुमने
बाँधा था कोई यारों से पैमाने-वफ़ा और
ये अहद केः ताउम्रे-रवाँ साथ रहोगे
रस्ते में बिछड़ जायेंगे जब अहले-सफ़ा और
हम समझे थे सैयाद का तरकश हुआ ख़ाली
बाक़ी था मगर उसमें अभी तीरे-क़ज़ा और
हर ख़ार रहे-दश्त वतन का है सवाली
कब देखिये आता है आबला-पा और
आने में तअम्मुल था अगर रोज़े-जज़ा को
अच्छा था ठहर जाते अगर तुम भी ज़रा और

बेरूत
3 जून, 1982

एक नग़्मा करबला-ए-बेरूत के लिए*

बेरूत निगारे-बज़्मे-जहाँ[1]
बेरूत बदीले-बाग़े-जिनाँ[2]

बच्चों की हँसती आँखों के
जो आईने चकनाचूर हुए
अब उनके सितारों की लौ से
इस शहर की रातें रौशन हैं

जो चेहरे लहू के ग़ाज़े[3] की
ज़ीनत से सिवा पुरनूर[4] हुए
अब उनकी दमक के परतव[5] से
इस शहर की गलियाँ रौशन हैं
अब जगमग है अर्ज़े-लबनाँ[6]

बेरूत निगारे - बज़्मे - जहाँ
बेरूत बदीले - बाग़े - जिनाँ

हर कुश्ता मकाँ[7] हर इक खंडर
हम-पायः-ए-क़स्रे-दारा[8] है
हर ग़ाज़ी[9] रश्के-इस्कन्दर[10]
हर दुख़्तर[11] क़ामते-लैला[12] है

ये शह्र अज़ल[13] से क़ायम है
बेरूत दिले - अर्ज़े - लबनाँ
बेरूत निगारे - बज़्मे - जहाँ
बेरूत बदीले - बाग़े - जिनाँ

बेरूत
जून, 1982

**बेरूत पर इस्राइल के आक्रमण के समय रचित।*

1. विश्वसुंदरी, 2. स्वर्ग वाटिका के समान, 3. पाउडर, 4. और अधिक सुशोभित, 5. चमक, 6. लेबनान की धरती, 7. जला हुआ मकान, 8. दारा के महल समान, 9. योद्धा, 10. सिकंदर से बढ़कर, 11. बेटी, 12. लैला-जैसी, 13. आदि-दिवस।

एक तराना मुजाहिदीने-फ़लिस्तीन* के लिए

हम जीतेंगे
हक़्क़ा हम इक दिन जीतेंगे
बिल आख़िर इक दिन जीतेंगे
क्या ख़ौफ़ ज़ि-यलग़ारे-आ'दा[1]
है सीना सिपर[2] हर ग़ाज़ी का
क्या ख़ौफ़ युरूशे-जैशे-क़ज़ा[3]
सफ़बस्ता[4] हैं अरवाहुल-शुहदा[5]
डर काहे का

हम जीतेंगे
हक़्क़ा[6] हम जीतेंगे
कद-ज़ा अलहक़्क़ो-ज़हक़ अलबातिल[7]
फ़र्मूदः रब्बे-अकबर[8]
है जन्नत अपने पाँवों तले
और सायः-ए-रहमत[9] सर पर है
फिर क्या डर है

हम जीतेंगे
हक़्क़ा हम इक दिन जीतेंगे
बिल आख़िर इक दिन जीतेंगे

बेरूत
15 जून, 1983
**फ़लिस्तीनी योद्धा*

---

1. शत्रु के आक्रमण का, 2. कवच, 3. मृत्युरूपी सेना की चढ़ाई, 4. पंक्तिबद्ध, 5. शहीदों की आत्माएँ, 6. ख़ुदा की क़सम, 7. श्रम करनेवाला सत्य है, नाशकर्त्ता मिथ्या है, 8. ख़ुदा ने फ़रमा दिया है, 9. कृपा की छाया।

ख़्वाब बसेरा

इस वक़्त तो यूँ लगता है अब कुछ भी नहीं है
महताब न सूरज न अँधेरा न सवेरा
आँखों के दरीचों में किसी हुस्न की झलकन
और दिल की पनाहों[1] में किसी दर्द का डेरा
मुमकिन है कोई वह्म हो मुमकिन है सुना हो
गलियों में किसी चाप का एक आख़िरी फेरा
शाख़ों में ख़यालों के घने पेड़ की शायद
अब आ के करेगा न कोई ख़्वाब बसेरा
इक बैर, न इक मह्र[2] न इक रब्त[3], न रिश्ता
तेरा कोई अपना न पराया कोई मेरा
माना केः ये सुनसान घड़ी सख़्त बड़ी है
लेकिन मेरे दिल ये तो फ़क़त[4] एक घड़ी है
हिम्मत करो जीने को अभी उम्र पड़ी है

मेयो अस्पताल, लाहौर
4 मार्च, 1982

---

1. शरण, 2. मेहरबानी, 3. संबंध, 4. केवल।

हिज्र की राख और विसाल के फूल

आज फिर दर्दो-ग़म के धागे में
हम पिरोकर तिरे ख़याल के फूल
तर्के-उल्फ़त के दश्त से चुनकर
आशनाई के माहो-साल के फूल
तेरी दहलीज़ पर सजा आये
फिर तिरी याद पर चढ़ा आये
बाँधकर आरज़ू के पल्ले में
हिज्र की राख और विसाल के फूल

ये किस दयारे-अदम[1] में

नहीं है यूँ तो नहीं है कि अब नहीं पैदा
किसी के हुस्न में शमशीरे-आफ़ताब[2] का हुस्न
निगाह जिससे मिलाओ तो आँख दुखने लगे
किसी अदा में अदा-ए-ख़रामे-बादे-सबा[3]
जिसे ख़याल में लाओ तो दिल सुलगने लगे
किये हैं अब भी अलाओ कहीं वो रंगे-बदन
हिजाब[4] था जो किसी तन का पैरहन[5] की तरह
उदास बाँहों में खोया हुआ कोई आग़ोश
कुशादः[6] अब भी है शायद दरे-वतन की तरह
नहीं है यूँ तो नहीं है कि अब नहीं बाक़ी
जहाँ में बज़्मे-गहे-हुस्नो-इश्क़ का मेला
बिना-ए-लुत्फ़ो-मुहब्बत[7], रिवाजे-मेहरो-वफ़ा[8]
ये किस दयारे-अदम[9] में मुक़ीम[10] हैं हम तुम
जहाँ पे मुज्दः-ए-दीदारे-हुस्ने-यार तो क्या
नवैदे-आमदे-रोज़े-जज़ा नहीं आती*
ये किस ख़ुमारकदे[11] में नदीम[12] हैं हम तुम
जहाँ पे शोरिशे-रिन्दाने-मयगुसार[13] तो क्या
शिकस्ते-शीशः-ए-दिल[14] की सदा नहीं आती

(ना-तमाम)

बेरूत, मार्च, 1981

**पाठांतर (लन्दन से प्रकाशित प्रति में) के: जिसमें मरहते-हुस्ने-रूये-यार तो क्या नवैदे-रहमते-दस्ते-क़ज़ा नहीं आती।*

1. परलोक, 2. सूरज की तलवार, 3. पवन के चलने की अदा, 4. पर्दा, 5. कुर्ता, 6. फैला हुआ, खुला हुआ, 7. मेहरबानी की बुनियाद, 8. मेहरबानी और निष्ठा का चलन, 9. शून्य स्थान, 10. ठहरे हुए, 11. नशा टूटना, 12. दोस्त, 13. शराबियों का शोर-शराबा, 14. दिल के प्याले का टूटना।

नज़्रे-हसरत मोहानी

मर जायेंगे ज़ालिम कें: हिमायत न करेंगे
अहरार[1] कभी तर्के-रवायत[2] न करेंगे

क्या कुछ न मिला है जो कभी तुझसे मिले थे
अब तेरे न मिलने की शिकायत न करेंगे

शब बीत गयी है तो गुज़र जायेगा दिन भी
हर लहज़ा जो गुज़री वो हिकायत[3] न करेंगे

ये फ़िक्र दिले-ज़ार का एवज़ानः[4] बहुत है
शाही नहीं माँगेंगे विलायत न करेंगे

हम शैख़ न लीडर न मुसाहिब न सहाफ़ी[5]
जो ख़ुद नहीं करते वो हिदायत न करेंगे

---

1. आज़ाद लोग, 2. परंपरा का त्याग, 3. बयान, 4. बदल, 5. ग्रंथकार।

जो मेरा तुम्हारा रिश्ता है

मैं क्या लिखूँ कि जो मेरा तुम्हारा रिश्ता है
वो आशिक़ी की ज़बाँ में कहीं भी दर्ज नहीं
लिखा गया है बहुत लुत्फ़े-वस्लो-दर्दे-फ़िराक़[1]
मगर ये कैफ़ियत[2] अपनी रक़म[3] नहीं है कहीं
ये अपना इश्क़ हम आग़ोश[4] जिसमें हिज्रो-विसाल
ये अपना दर्द केः है कब से हमदमे-महो-साल[5]
इस इश्क़े-ख़ास को हर एक से छुपाये हुए
गुज़र गया है ज़माना गले लगाये हुए

ताशकंद, 1981

1. मिलन का आनंद और विरह का दुःख, 2. हालत, 3. अंकित, 4. आलिंगनबद्ध, 5. महीने और वर्ष का साथी।

आज शब कोई नहीं है

आज शब दिल के क़रीं कोई नहीं है
आँख से दूर तिलस्मात के दर वा हैं कई
ख़्वाब-दर-ख़्वाब महल्लात के दर वा हैं कई
और मकीं कोई नहीं है
आज शब दिल के क़रीं कोई नहीं है
"कोई नग़्मा कोई ख़ुशबू कोई काफ़िर-सूरत"
कोई उम्मीद कोई आस मुसाफ़िर सूरत
कोई ग़म कोई कसक कोई शक कोई यक़ीं
कोई नहीं है
आज शब दिल के क़रीं कोई नहीं है
तुम अगर हो तो मेरे पास हो या दूर हो तुम
हर घड़ी सायागरे-ख़ातिरे-रंजूर हो तुम
और नहीं हो तो कहीं कोई नहीं कोई नहीं है
आज शब दिल के करीं कोई नहीं है

इधर न देखो

इधर न देखो केः जो बहादुर
क़लम के या तेग़ के धनी थे
जो अज़्मो-हिम्मत के मुद्दई थे
अब उनके हाथों में सिद्क़ ईमाँ की
आज़मूदः पुरानी तलवार मुड़ गयी है
जो कजकुलह साहबे-चश्म थे
जो अहले-दस्तार मुहतरम थे
हविस के परपेंच रास्तों में
कुलह किसी ने गिरो रख दी
किसी ने दस्तार बेच दी है
उधर भी देखो
जो अपने रख़्शाँ लहू के दीनार
मुफ़्त बाज़ार में लुटाकर
नज़र से ओझल हुए
और अपनी लहद में इस वक़्त तक ग़नी हैं
उधर भी देखो
जो सिर्फ़ हक़ की सलीब पर अपना तन सजाकर
जहाँ से रुख़्सत हुए
और अहले-जहाँ में इस वक़्त तक बनी हैं

शामे-गुरबत[1]

दश्त में सोख़्ता सामानों पे रात आई है
ग़म के सुनसान बियाबानों पे रात आई है
नूरे-इरफ़ान के दीवानों पे रात आई है
शम्ए-ईमान के परवानों पे रात आई है
बैते-शब्बीर[2] पे जुल्मत[3] की घटा छाई है
दर्द-सा दर्द है तन्हाई-सी तन्हाई है
ऐसी तन्हाई कि प्यारे नहीं देखे जाते
आँख से आँख के तारे नहीं देखे जाते
दर्द से दर्द के मारे नहीं देखे जाते
जुअफ़[4] से चाँद-सितारे नहीं देखे जाते
ऐसा सन्नाटा कि शमशानों की याद आती है
दिल धड़कने की बहुत दूर सदा आती है

1. परदेश की शाम, 2. शब्बीर के अनुयायी, 3. अँधेरा, 4. दुःखी लोग।

तराना-2

हम देखेंगे
लाज़िम[1] है केः हम भी देखेंगे
वोः दिन केः जिसका वादा है
जो लौहे-अज़ल[2] में लिक्खा है
जब ज़ुल्मो-सितम के कोहे-गराँ[3]
रूई की तरह उड़ जायेंगे
हम महकूमों[4] के पाँव-तले
जब धरती धड़-धड़ धड़केगी
और अह्ले-हिकम[5] के सर ऊपर
जब बिजली कड़कड़ कड़केगी
जब अर्ज़-ए-ख़ुदा[6] के का'बे से
सब बुत उठवाये जायेंगे
हम अह्ले-सफ़ा[7], मर्दूद-ए-हरम[8]
मसनद पे बिठाये जायेंगे
सब ताज उछाले जायेंगे
सब तख़्त गिराये जायेंगे
बस नाम रहेगा अल्लाह का
जो ग़ायब भी है हाज़िर भी
जो मंज़र[9] भी हैं, नाज़िर[10] भी
उठ्ठेगा 'अनलहक़'[11] का नारा
जो मैं भी हूँ और तुम भी हो
और राज करेगी ख़ल्के-ख़ुदा[12]
जो मैं भी हूँ और तुम भी हो

---

1. निश्चित, 2. पहले से लिखित भाग्यलेख, 3. भारी पहाड़, 4. दलितों, 5. सत्ताधारियों, 6. ख़ुदा की ज़मीन, 7. खरे लोग, 8. कट्टरपंथियों द्वारा निंदित, 9. दृश्य, 10. दर्शक, 11. "मैं सत्य हूँ" सूफ़ी संत मंसूर का नारा, जिसको इस घोषणा के कारण सूली पर लटकाया गया था, 12. जन-समूह।

असंकलित नज़्में

यार अग़ियार हो गये हैं

यार अग़ियार हो गये हैं
और अग़ियार मुसिर हैं कि वो सब
यारे-ग़ार हो गये हैं
अब कोई नदीमे-बासफ़ा नहीं है
सब रिन्द शराबख़्वार हो गये हैं

गर हिम्मत है तो बिस्मिल्लाह

कैसे मुमकिन है यार मेरे
मजनूँ तो बनो लेकिन तुमसे
इक संग न रस्मो-राह करे
हो कोहकनी[1] का दावा भी
सर फोड़ने की हिम्मत भी न हो
हर इक को बुलाओ मक़तल में
और आप वहाँ से भाग रहो
बेहतर तो यही है जान मेरी
जिस जा सर धड़ की बाज़ी हो
वो इश्क की हो या ज़ंग की हो
गर हिम्मत है तो बिस्मिल्लाह[2]
वरना अपने आपे में रहो
लाज़िम तो नहीं है हर कोई
मंसूर बने फ़रहाद बने
अलबत्ता इतना लाज़िम है
सच जान के जो भी राह चुने
बस एक उसी का हो के रहे

---

1. पहाड़ खोदना, 2. अल्लाह का नाम लेकर शुरू करो।

इक़बाल*

ज़माना था केः हर फ़र्द इन्तज़ारे-मौत करता था
अमल की आरज़ू बाक़ी न थी बाज़ू-ए-इन्साँ में
बिसाते-दह्र[1] पर गोया सुकूते-मर्ग[2] तारी था
सदा-ए-नौहाख़्वाँ[3] तक भी न थी इस बज़्मे-वीराँ में

रगे-मश्रिक[4] में ख़ूने-ज़िन्दगी थम-थम के चलता था
ख़िज़ाँ का रंग था गुलज़ारे-मिल्लत की बहारों में
फ़ज़ा की गोद में चुप थे सितेज़-अंगेज़[5] हंगामे
शहीदों की सदाएँ सो रही थीं कारज़ारों[6] में

सुनी वामान्दः-ए-मंज़िल[7] ने आवाज़े-दार आख़िर
तिरे नग़्मों ने आख़िर तोड़ डाला सह्रे-ख़ामोशी[8]
मये-ग़फ़लत के माते ख़्वाबे-दैरीना[9] से जाग उट्ठे
ख़ुद-आगाही[10] से बदली क़ल्बो-जाँ[11] की ख़ुदफ़रामोशी

उरूक़े-मुर्दा[12] मश्रिक में ख़ूने-ज़िन्दगी दौड़ा
फ़सुर्दा[13] मुश्ते-ख़ाकिस्तर[14] से फिर लाखों शरर निकले
ज़मीं से नूर याँ ता आस्माँ परवाज़ करते थे
ये ख़ाकी ज़िन्दःतर ता बन्दःतर ता इन्दःतर निकले

नबूदो-बूद[15] के सब राज़ तूने फिर से बतलाये
हर इक क़तरे को वुसअत[16] दे के दरिया कर दिया तूने
हर इक फ़ितरत को तूने उसके इम्कानात जतलाये
हर इक ज़र्रे को हमदोशे-सुरैया[17] कर दिया तूने

फ़रोग़े-आरज़ू की बस्तियाँ आबाद कर डालीं
जुज़ाने-ज़िन्दगी[18] को आतिशे-दोशीं[19] से भर डाला
तिलिस्मे-कुन[20] से तेरा लुक़्मः-ए-जाँ-सोज़[21] क्या कम है
केः तूने सदहज़ार अफ़यूनियों[22] को मर्द कर डाला

**इसी शीर्षक से एक नज़्म 'नक़्शे-फ़रियादी' में भी है।*

---

1. संसार की सतह, 2. मौत का सन्नाटा, 3. शोकगीत गानेवाले की आवाज़, 4. पूरब (यानी पूर्वी भूखंड) की रग, 5. युद्ध से उत्पन्न होनेवाले, 6. संग्रामों, 7. जो थककर मंज़िल से पीछे रह गया हो, 8. ख़ामोशी का जादू, 9. गहरी नींद, 10. आत्मज्ञान, 11. हृदय एवं प्राण, 12. बेजान रगों, 13. उदास, 14. मुट्ठी में निहित राख, 15. अस्ति-नास्ति, 16. विस्तार, 17. सुरैया (यानी कृत्तिका नक्षत्र) के कंधे पर, 18. जीवन के भाग, 19. गत रात्रि की आग, 20. 'कुन' के चमत्कार (क़ुरआन के अनुसार ईश्वर द्वारा 'कुन' अर्थात् 'हो जा' कहते ही सृष्टि बन गई।), 21. दिल जला देनेवाला शब्द, 22. नशे से निष्क्रिय हो गए लोगों।

इन्क़लाब-ए-रूस

(रूसी क्रांति की 50वीं वर्षगाँठ पर)

मुर्ग़े-बिस्मिल के मानिंद[1] शब तिलमिलाई
उफ़क़-ता-उफ़क़[2]
सुब्हे-महशर[3] की पहली किरन जगमगाई
तो तारीक आँखों से बोसीदा[4] पर्दे हटाये गये
दिल जलाये गये
तबक़-दर-तबक़[5]
आसमानों के दर
यूँ खुले हफ़्त अफ़लाक[6] आईना से हो गये
शर्क़ ता ग़र्ब[7] सब क़ैदख़ानों के दर
आज वा हो गये[8]
क़स्रे-जम्हूर[9] की तरहे-नौ[10] के लिए
आज नक़्शे-कुहन[11] सब मिटाये गये
सीना-ए-वक़्त से सारे ख़ूनी कफ़न
आज के दिन सलामत[12] उठाये गये
आज पा-ए-गुलामाँ में ज़ंजीरे-पा[13]
ऐसी छनकी केः बाँगे-दिरा[14] बन गयी
दस्ते-मज़लूम[15] में हथकड़ी की कड़ी
ऐसी चमकी केः तेग़े-क़ज़ा[16] बन गयी

---

1. घायल परिंदे की तरह, 2. क्षितिज में, 3. प्रलय का सवेरा, 4. फटे-पुराने, 5. आसमानों में, 6. सात आसमान, 7. पूर्व से पश्चिम तक, 8. खुल गए, 9. जनतंत्र का महल, 10. नई व्यवस्था, 11. पुरातन चिह्न, 12. सुरक्षित, 13. गुलामों के पैरों में ज़ंजीर, 14. घंटे की आवाज़, 15. अत्याचार सहनेवाले का हाथ, 16. मौत की तलवार।

बालीं पे कहीं रात ढल रही है

बालीं पे[1] कहीं रात ढल रही है
या शमूअ पिघल रही है

पहलू में कोई चीज़ जल रही है
तुम हो कि मेरी जान निकल रही है

1. सिरहाने की ओर, सिर की ओर।

मेरे देस के नौनिहालों के नाम

वो गुंचे जो शबनम की इक बूँद
खिलखिलाने की उम्मीद लेकर
हमेशा तरसते रहे
वो लालो-गुहर
जिन्हें गुदड़ियों के अँधेरे से बाहर
चमकते हुए दिन की हर इक किरन
जगमगाने से पहलू बचाती रही
जिनके नन्हें दिलों के कटोरों में
मह्रो-मोहब्बत का रस
कोई टपकानेवाला न था
जिनकी मरहूम आँखें
उनकी माँओं की सूरत
मिरे देस की सारी माँओं की सूरत
आनेवाले दिनों में
हँसी के उजालों की रह तक रही हैं

और फिर एक दिन यूँ ख़िज़ाँ आ गई

और फिर एक दिन यूँ ख़िज़ाँ आ गई
आबनूसी तनों के बरहना शजर
सरनिगूँ सफ़-ब-सफ़ पेशे-दीवारो-दर
और चारों तरफ़ इनके बिखरे हुए
ज़र्द पत्ते दिलों के सरे-रहगुज़र
जिसने चाहा वो गुज़रा इन्हें रौंदकर
और किसी ने ज़रा-सी फ़ुँगाँ भी न की
इनकी शाख़ों से ख़्वाबों ख़यालों के सब नग़्मागर
जिनकी आवाज़ गर्दन का फन्दा बनी
जिससे जिस दम वो ना-आशना हो गये
आप ही आप सब ख़ाक में आ गिरे
और सैयाद ने ज़ह[1] कमाँ भी न की
ऐ ख़ुदा-ए-बहाराँ ज़रा रहम कर
सारी मुर्दा रगों को नुमू[2] बख़्श दे
सारे तिश्नः दिलों को लहू बख़्श दे
कोई इक पेड़ फिर लहलहाने लगे
कोई इक नग़्मागर चहचहाने लगे

---

1. धनुष नहीं चढ़ाया, 2. विकास।

एक गीत दर्द के नाम

ऐ हमारी सारी रातों को
दर्द देने वाले
और दिल जलाने वाले
ऐ हमारी अंखड़ियों को
बेख़्वाबियों के साग़र
सरे-शब पिलाने वाले
किसी रहगुज़र पे इक दिन
भीगी हुई सहर में
तू हमें कहीं मिला था
और हमने तरस खाकर
इक जाम मुल्तफ़ित[1] का
अपने दिलो-जिगर का
इक मुज़्तरब-सा[2] गोशा
तेरी नज़्र कर दिया था
वो दिन और आज का दिन
इक पल को साथ अपना
तूने कभी न छोड़ा
दुनिया की वुसअ'तो[3] में
गलियों में रास्तों में
तू साथ ही हमारे
जिस उदास सुब्ह इक दिन
तू हमें कहीं मिला था
ऐ काश हमने तुझ को

कुछ भी दिया न होता
ऐ दिल जलाने वाले
बेख़्वाबियों के साग़र
हम को पिलाने वाले

---

1. आकर्षण, 2. बेचैन, 3. विस्तार।

हम्द

मलिकए - शहरे - ज़िन्दगी तेरा
शुक्र किस तौर से अदा कीजे
दौलते-दिल का कुछ शुमार नहीं
तंगदस्ती का क्या गिला कीजे

जो तिरे हुस्न के फ़क़ीर हुए
उनको तशवीशे - रोज़गार[1] कहाँ
दर्द बेचेंगे गीत गायेंगे
इससे खुशवक़्त कारोबार कहाँ

जाम छलका तो जम गयी महफ़िल
मिन्नते - लुत्फ़े - ग़मगुसार[2] किसे
अश्क टपका तो खिल गया गुलशन
रंजे - कमज़र्फ़िए - बहार[3] किसे

खुशनशीं हैं कि चश्मे-दिल की मुराद
दैर में हैं न ख़ानक़ाह में हैं

हम कहाँ क़िस्मत आज़माने जायें
हर सनम अपनी बारगाह में है

कौन ऐसा ग़नी[4] है जिससे कोई
नक़्दे-शम्सो-क़मर[5] की बात करे
जिसको शौक़े-नबर्द[6] हो हमसे
जाए तस्ख़ीरे - कायनात[7] करे

जून, 1959

---

1. काम की चिंता, 2. सहानुभूति करनेवाले के आनंद की प्रार्थना, 3. बहार के ओछेपन का दुःख, 4. धनी, 5. चाँद-सूरज रूपी द्रव्य, 6. लड़ाई का शौक, 7. सृष्टि विजय।

दश्ते-ख़िज़ाँ में

दश्ते-ख़िज़ाँ[1] में जिस दम फैले
रुख़्सते-फ़स्ले-गुल[2] की ख़ुशबू
सुब्ह के चश्मे पर जब पहुँचे
प्यास का मारा रात का आहू[3]
यादों के ख़ाशाक[4] में जागे
शौक़ के अंगारों का जादू
शायद पल-भर को लौट आये
उम्रे-गुज़िश्ता[5], वस्ले-मनो-तू[6]

बेरूत,
मई, 1982

1. पतझर का जंगल, 2. बीतती हुई बहार, 3. हिरन, 4. कूड़ा-करकट, 5. बीती हुई उम्र, 6. मेरा-तुम्हारा मिलन।

नज़्र

तरबज़ारे-तख़य्युल शौक़े-रंगीकार की दुनिया
मिरे अफ़कार की जन्नत, मिरे अशआर की दुनिया

शबे-महताब की सहर आफ़रीं मदहोश मौसीक़ी
तुम्हारी दिलनशीं आवाज़ में आराम करती है
बहार आग़ोश में बहकी हुई रंगीनियाँ लेकर
तुम्हारे ख़न्दः-ए-गुलरेज़ को बदनाम करती है

तुम्हारी अम्बरी ज़ुल्फ़ों में लाखों फ़ितने आवारः
तुम्हारी हर नज़र से सैकड़ों सागर छलकते हैं
तुम्हारा दिल हसीं जज़्बों से यूँ आबाद है गोया
शफ़क़ ज़ारे-जवानी में फ़रिश्ते रक़्स करते हैं

जहाने-आरज़ू ये बेरुख़ी देखी नहीं जाती
केः शौक़े-दीद को तुम इस तरह बेसूद कर डालो
बहिश्ते-रंगो-बू रानाइयाँ महदूद कर डालो
नहीफ़ आँखों में इतनी दिलकशी देखी नहीं जाती

पयामे-तजदीद[1]

अहदे-उल्फ़त[2] को मुद्दतें गुज़रीं
दौरे-राहत[3] को मुद्दतें गुज़रीं
मिस्ले-तस्वीरे-यास[4] है दुनिया
हाय कितनी उदास है दुनिया
फिर तुझे याद कर रहा हूँ मैं

कितने बेक़ैफ़ रोज़ो-शब[5] हैं केः तू
वज्हे-तजईने-मह्रो-माह[6] नहीं
हसरते-दीद[7] खो चुका हूँ मैं
आह मैं और तेरी चाह नहीं
इस तसन्नो[8] से थक गया हूँ मैं

आ मुझे फिर शुमार[9] में ले
यादे-दोशीन[10] मत जगा प्यारी
बे-वफ़ाई का ज़िक्र रहने दे
मेरे शिकवों की फ़िक्र रहने दे
आ, गुज़श्ता[11] को भूल जा प्यारी
आ मुझे फिर कनार[12] में ले

दर्दे-अह्दे-फ़िराक़[13] रो डालूँ
दिल के दैरीना[14] दाग़ धो डालूँ

---

1. संबंधों के पुनरारंभ का संदेश, 2. प्रेम का प्रण, 3. आराम के दिनों, 4. निराशा के चित्र की तरह, 5. फ़ीके दिन-रात, 6. चंद्रमा व सूर्य के शृंगार का कोई बहाना, 7. देख लेने की अभिलाषा, 8. बनावट, 9. गिनती, 10. कल की याद, 11. गुज़रे हुए, 12. गोद, 13. विरह के युग का दर्द, 14. पुराने।

वापस लौट आई है बहार

जाग उठीं सरसों की किरनें
वापस लौट आई है बहार
पौधे सँवरे, सब्ज़ा[1] निखरा
धुल गये फूलों के रुख़्सार[2]
वापस लौट आई है बहार

सहमे-से अफ़सुर्दा[3] चेहरे
उन पर ग़म की गर्द वही
ज़ोरो-सितम[4] वैसे के वैसे
सदियों के दुख-दर्द वही
और वही बरसों के बीमार
वापस लौट आई है बहार

ग़म के तपते सहराओं में
धुँधली-सी राहत की चमक
या बेजाँ हाथों से हटकर
सिमटे-से आँचल की झलक
दिल की शिकस्तों[5] के अंबार
वापस लौट आई है बहार

---

1. हरियाली, 2. कपोल, 3. उदास, 4. अत्याचार, 5. पराजय।

ख़्वाबे-परीशाँ[1]

हाँ ख़्वाहिश केः बीमार मेरे तन्हा दिल ने
इक ख़्वाब सभी ख़्वाबों की तरह प्यारा देखा
लेकिन मेरे सब ख़्वाबों की तरह
ये ख़्वाब भी बे-मानी[2] निकला
ये ख़्वाब केः बन जाऊँगा किसी दिन
बोर्डिंग का मॉनीटर मैं

हैरत केः हुआ ऐसा ही मगर
थी किस को ख़बर
इस मोड़ पे आके बख़्ते-रसा[3] सो जायेगा
ज़ीनों की सदा आसेब-ज़दा[4]
हम्माम[5] में ग़म की गर्द अटी
और एक नहूसत का पैकर[6]
मीनार घड़ी
हर घंटा कराही वक़्त के लम्बे रस्ते पर
आवाज़ थकन में डूबी हुई थी
मैं, गुरमुख सिंह सुनता ही रहा

सुन-सुन के मगर ये कहना पड़ा
ये ख़्वाब भी कितना मोहमल[7] था !

---

1. व्यर्थ का स्वप्न, 2. निरर्थक, 3. सौभाग्य, 4. भुतहा सीढ़ियों का स्वर, 5. स्नानागार, 6. अशुभ आकृति, 7. व्यर्थ।

गीत : पंखी राजा मीठा बोल

पंखी राजा रे पंखी
राजा मीठा बोल
जोत जगी हर मन में
भँवरा गूँजा, डाली झूमे
बस्ती, बाड़ी, बन में
जोत जगी हर मन में

नदिया रानी रे
नदिया रानी मीठा बोल
मीठा बोल
घाट लगी हर नाव
रात गई सुख जागा
पायल बाँधो, नाचो, गाओ
घाट लगी हर नाव
नदिया रानी मीठा बोल

सुन्दर गोरी रे
सुन्दर गोरी मीठा बोल
जीवे रूप जवानी
बात करे तो फूल खिलें
अँखियाँ एक कहानी
जैसे दूर से तारा चमके
चमके रूप जवानी

जीवे रूप जवानी
जोत जगी हर मन में
पंखी राजा मीठा बोल
नदिया रानी मीठा बोल
सुन्दर गोरी मीठा बोल

गीत : सुखी रहे तेरी रात

सुखी रहे तेरी रात चंदा सुखी रहे तेरी रात
दूर है चैन की नगरी चंदा दूर है सुख का गाँव
जाने कैसे राह कटेगी हारे थक-थक पाँव
ओट में बैठे बैरी चंदा थाम ले मेरा हाथ
सुखी रहे तेरी रात
तेरी दया से दीप जला है इस पापन के द्वारे
जाने कैसे भाग जगे हैं भूल गये दुख सारे
मन काँपे जी धड़के, चंदा छूट न जाये साथ
सुखी रहे तेरी रात

गीत : कोई दीप जलाओ

बुझ गया चंदा, लुट गया घरवा, बाती बुझ गई रे
दैया राह दिखाओ
मोरी बाती बुझ गई रे, कोई दीप जलाओ
रोने से कब रात कटेगी, हठ न करो, मन जाओ
मनवा कोई दीप जलाओ
काली रात से ज्योती लाओ
अपने दुख का दीप बनाओ
हठ न करो, मन जाओ
मनवा कोई दीप जलाओ

सेहरा

सजाओ बज़्म[1] दरे-मयकदा कुशादा करो[2]
उठाओ साज़े-तरब[3], एहतमामे-बादा[4] करो
जलाओ चाँद सितारे, चिराग़ काफ़ी नहीं
येः शब है जश्न की शब रौशनी ज़ियादा करो

सजाओ बज़्म केः रंजो-अलम[5] के ज़ख़्म सिले
बिसाते-लुत्फ़ो-मुहब्बत पे[6] आज यार मिले
दुआ को हाथ उठाओ केः वक़्ते-नेक[7] आया
रुख़े-अज़ीज़[8] पे सेहरे के आज फूल खिले
उठाओ हाथ केः येः वक़्ते-ख़ुश मुदाम[9] रहे
शबे-निशातो-बिसाते-तरब दवाम रहे[10]
तुम्हारा सह्न मुनव्वर[11] हो मिस्ले-सह्ने-चमन[12]
और इस चमन में बहारों का इन्तज़ाम रहे

---

1. महफ़िल, 2. मयख़ाने के द्वार खोल दो, 3. ख़ुशी का साज़, 4. जाम का प्रबंध, 5. दुख-दर्द, 6. प्रेम की धरा पर, 7. शुभ घड़ी, 8. दोस्त के चेहरे पर, 9. हमेशा, 10. ऐश की रात और ख़ुशी का वातावरण स्थायी हो जाए, 11. प्रकाशमय, 12. वाटिका का आँगन।

मुनीज़ा की सालगिरह*

इक मुनीज़ा हमारी बेटी है
जो बहुत ही प्यारी बेटी है

हम ही कब उसको प्यार करते हैं
सब के सब उसको प्यार करते हैं

कैसे सब को ना आये प्यार उस पर
है वही तो हमारी डिक्टेटर

प्यार से जो भी जी चुरायेगा
वोः ज़रूर उससे मार खायेगा

ख़ैर येः बात तो हँसी की है
वैसे सचमुच बहुत वोः अच्छी है

फूल की तरह उसकी रंगत है
चाँद की तरह उसकी सूरत है

जब वोः ख़ुश होके मुस्कुराती है
चाँदनी जग में फैल जाती है

पढ़ने लिखने में ख़ूब क़ाबिल है
खेलने कूदने में कामिल है

उम्र देखो तो आठ साल की है
अक़्ल देखो तो साठ साल की है

फिर वोः गाना भी अच्छा गाती है
गरचे[1] तुम को नहीं सुनाती है

बात करती है इस क़दर मीठी
जैसे डाली पे कूक बुलबुल की

हाँ कोई उसको जब सताता है
तब ज़रा गुस्सा आ ही जाता है

पर वोः जल्दी से मन भी जाती है
कब किसी को भला सताती है

है शिगुफ़्ता बहुत मिज़ाज[2] उसका
सारा उम्दा है काम काज उसका

है मुनीज़ा की आज सालगिरह
हर तरफ़ शोर है मुबारक का

चाँद तारे दुआएँ देते हैं
फूल उसकी बलाएँ लेते हैं

बाग़ में गा रही है येः बुलबुल
"तुम सलामत रहो मुनीज़ा गुल"

अम्मी अब्बा भी और बाजी भी
आण्टियाँ और बहन भाई भी

आज सब उसको प्यार करते हैं
मिल के सब बार बार कहते हैं

फिर युँ ही शोर हो मुबारक का
आए सौ बार तेरी सालगिरह

सौ तो क्या सौ हज़ार बार आये
यूँ कहो, बेशुमार[3] बार आये

लाये हर बार अपने साथ ख़ुशी
और हम सब कहा करें यूँ ही

येः मुनीज़ा हमारी बेटी है
येः बहुत ही प्यारी बेटी है

अपनी छोटी बेटी मुनीज़ा की वर्षगाँठ पर।

1. यद्यपि, 2. प्रसन्न स्वभाव, 3. अनगिनत।

'फ़ैज़' की एक फ़ारसी रचना

ना'त*

ऐ तू केः हस्त हर दिले-महज़ूँ सराए तू
आवुर्दः-अम सराये दिगर अज़ बराए तू

ख़्वाजा ब-तख़्ते-बंदः-ए-तशवीशे-मुल्को-माल
बर ख़ाक रश्के-ख़ुसरवे-दौराँ गदाए तू

आँ जा क़सीदः-ख़्वानि-ए-लज़्ज़ाते सीमो-ज़र
ईं जा फ़क़त हदीसे-निशाते-लक़ाए तू

आतश-फ़शाँ ज़े क़ह्रो-मलामत ज़बाने-शैख़
अज़ अश्के-तर ज़े दर्दे-ग़रीबाँ रिदाए तू

बायद केः ज़ालिमाने-जहाँ-रा सदा कुनद
रोज़े - ब - सूये - अद्लो - इ'नायत सदाए तू

अनुवाद

तू वह है, जिसने हर ग़मगीन दिल में अपना घर बना लिया है। मैं तेरे लिए एक दूसरी सराय लेकर आया हूँ।

यह सत्ताधारी वर्ग सत्ता और माल की चिन्ता में लिप्त है, लेकिन इस धरती के समकालीन शासक तेरे इस भिक्षु से ईर्ष्या करते हैं।

वे लोग सोने-चाँदी के वैभव के प्रशंसक हैं और यहाँ मेरे पास तेरे मुखड़े के सौन्दर्य से मिलनेवाले आनन्द के अतिरिक्त कुछ नहीं है।

शैख़[1] की ज़बान से आक्रोश और निन्दा के शोले फूट रहे हैं, जबकि तेरी चादर को ग़रीबों की आँखों से बहनेवाली दर्द-भरी तरल धारा भिगोये जा रही है।

संसार के अत्याचारियों को सुना देना चाहिए, कि एक दिन उन्हें न्याय और सद्भाव की ओर आना ही पड़ेगा।

**ह. मुहम्मद साहब की तारीफ़ में लिखी गयी रचना।*

1. धर्मशास्त्री।

पंजाबी नज़्में

लम्मी रात-सी दर्द फ़िराक़वाली

लम्मी रात-सी दर्द फ़िराक़वाली
तेरे कौल ते असाँ वसाह करके
कौड़ा घुट कीती मिठड़े यार मेरे
मिठड़े यार मेरे, जानी यार मेरे
तेरे कौल ते असाँ वसाह करके
झाँजराँ वाँग, ज़ंजीराँ झनकाइयाँ नें
कदी पैरी बेड़ी चाइयाँ नें
कदी कन्नीं मुंदराँ पाइयाँ नें
तेरी ताँह्ग विच पट्ट दा मास दे के
असाँ काग सद्दे, असाँ सींहं घल्ले

रात मुकदी ए, यार, आवँदा ए
असीं तकदे रहे हज़ार वल्ले
कोई आया न बिना ख़ुनामियाँ दे
कोई पुज्जा न सिवा उलाहमियाँ दे

अज लाह उलाहमे मिठड़े यार मेरे
अज आ वेहड़े विछड़े यार मेरे
फ़जर होवे ते आखिये बिस्मिल्लाह
अज दौलताँ साडे घर आइयाँ नें
जिहदे कौल ते असाँ वसाह कीता
ऊहनें ओड़क तोड़ निभाइयाँ नें

गीत

किधरे न पैंदियाँ दस्साँ
वे परदेसिया तेरियाँ
काग उडावाँ शगन मनावाँ
वगदी वा दे तरले पावाँ
तेरी याद आवे ते रोवाँ
तेरा ज़िक्र कराँ ताँ हस्साँ
किधरे न पैंदियाँ दस्साँ
वे परदेसिया तेरियाँ

दर्द न दस्साँ घुलदी जावाँ
राज़ न खोलाँ, मुकदी जावाँ
किस नूँ दिल दे दाग़ दिखावाँ
किस दर अग्गे झोली डाहवाँ
वे मैं किस दा दामन खस्साँ
किधरे न पैंदियाँ दस्साँ
वे परदेसिया तेरियाँ

शाम उडीकाँ, फ़जर उडीकाँ
आखें ते सारी उमर उडीकाँ
आँढ गवाँडी दीवे बल्दे
रब्बा साडा चानन घल्ल दे
जग वसदाऐ मैं वी वस्साँ
किधरे न पैंदियाँ दस्साँ
किधरे न पैंदियाँ दस्साँ
किधरे न पैंदियाँ दस्साँ
वे परदेसिया तेरियाँ

मेरी डोली शौह दरया

[1974 के बाढ़-पीड़ितों के सहायता-कोष के लिए रचित]

कल ताँई सानूँ बाबला
तू रखिया हिक्क नाल ला
सतख़ैराँ साडियाँ मंगियाँ
जद झुल्ली तत्ती वा
अज कीकन वेहड़ेओं टुर्र्या
किवें लाहे नी मेरे चा
मेरे गहणे नील हत्थ पैर दे
मेरी डोली शौह दरिया
अज लत्थे सारे चा
मेरी डोली शौह दरिया

नाल रुहृडदियाँ रुहृड गयाँ सद्धराँ
नाल रोंदियाँ रुल गये नीर
नाल हूँजे हूँज के लै गये
मेरे हत्थ दी लेख लकीर
मेरे चुन्नी बुक सवाह दी
मेरा चोला लीरो-लीर
लज पालन बोहूड़े भैन दी
कोई कर्मांवाले वीर
मेरा चोला लीरो-लीर
मेरे लत्थे सारे चा
मेरी डोली शौह दरिया

सस्सी मर के जन्नतन हो गई
मैं तुर के औतर हाल
सुण हाड़े इस मस्कीन दे
रब्बा पूरा कर सवाल
मेरी झोक वसे, मेरा वीर वसे
फेर तेरी रहमत नाल

कोई पूरा करे सवाल रब्बा
तेरी रहमत नाल
मेरे लत्थे सारे चा
मेरी डोली शौह दरिया

रब्बा सच्चिया

रब्बा सच्चिया तूँ ते आखिया सी
जा ओए बंदिया जग दा शाह हैं तूँ
साडियाँ नेहमताँ तेरियाँ दौलताँ ने
साडा नैब ते आलीजाह है तूँ

एस लारे ते टोर कद पुछिया ई
कीह ऐस नमाणे ते बीतियाँ ने
कदी सार वी लई ओ रब साइयाँ
तेरे शाह नाल जग की कीतियाँ ने

किते धौंस पुलिस सरकार दीए
किते धाँदली माल पटवार दीए
ऐंवें हड्डाँ'च कल्पे जान मेरी
जिवें फाही च' कूंज कुरलावँदीए
चंगा शाह बनाया ई रब साइयाँ
पोले खाँदेयाँ वार न आँवदी ए
मैंनूँ शाही नईं चाहीदी रब मेरे
मैं ते इज़्ज़त दा टुक्कड़ मंगनाँ हाँ
मैंनूँ ताँहग नईं, महलाँ माड़ियाँ दी
मैं ते जीवीं दी नग्गर मंगनाँ हाँ

मेरी मन्ने ते तेरियाँ मैं मन्नाँ
तेरी सौंह जे इक वी गल्ल मोड़ाँ
जे इह मंग नई पुजदी तैं रब्बा
फेर मैं जावाँ ते रब कोई हौर लोड़ाँ

एक तराना पंजाबी किसान के लिए

उठ उताँह नूँ जट्टा
मरदा क्यूँ जानैं
भुलिया, तूँ जग दा अनदाता
तेरी बाँदी धरती माता
तूँ जग दा पालण हारा
ते मरदा क्यूँ जानैं
उठ उताँह नूँ जट्टा

मरदा क्यूँ जानैं
जरनल, करनल, सूबेदार
डिप्टी, डी सी, थानेदार
सारे तेरे दित्ता खावण
तूँ जे न बीजें, तूँ जे न गाहवें
भुक्खे, भाणे सब मर जावण
इह चाकर, तूँ सरकार
मरदा क्यूँ जानैं
उठ उताँह नूँ जट्टा

मरदा क्यूँ जानैं
विच कचहरी, चुंगी, थाणे
कीह अनभोल ते कीह सयाणे
कीह अशराफ़ ते कीह निमाणे
सारेख ज्जल ख़्वार

मरदा क्यूँ जानैं
उठ उताँह नूँ जट्टा
एका कर लो हो जओ कट्ठे
भुल जओ राँगड़, चीमे चट्ठे
सब्भे दा इक परवार

मरदा क्यूँ जानैं
जे चढ़ आवन फ़ौजाँ वाले
तूँ वी छवियाँ लंब करा लै
तेरा हक़ तेरी तलवार

तूँ मरदा क्यूँ जानैं
दे 'अल्लाह हू' दी मार
तूँ मरदा क्यूँ जानैं
उठ उताँह नूँ जट्टा

इक नग़्मा तारिकीने-वतन के लिए

''वतने दियाँ ठंडियाँ छावाँओ यार
टिक रौ थाँईं ओ यार''
रोज़ी देवेगा साँईं ओ यार
टिक रौ थाँईं ओ यार

हीर नूँ छँड टुर गयों रँझेटे
खेड़ियाँ दे घर पै गये हासे
पिंड विच कड्ढी टोर शरीकाँ
याराँ दे ढै पए मुँडासे
वीराँ दियाँ टुट्ट गय्याँ बाँईं, ओ यार
टिक रौ थाँईं ओ यार
रोज़ी देवेगा साँईं

काग उडावन मावाँ भैनाँ
तरले पावन लक्ख़ हज़ाराँ
ख़ैर मनावन संगी साथी
चरख़े ओहूले रोवन मुटियाराँ
हाड़ाँ करदियाँ सुंजियाँ राहीं ओ यार
टिक रौ थाँईं ओ यार

वतने दियाँ ठंडियाँ छाँईं
छड ग़ैराँ दे महल-चोमहले
अपने वेहड़े दीं रीस न काई

अपनी झोंक दियाँ सत्ते ख़ैराँ
बीबा तुस न क़दर न पाई
मोड़ मुहाराँ
ते आ घर-बाराँ
मुड़ आके भूल न जाँईं, ओ यार
टिक रौ थाँईं ओ यार

क़ता

अज रात इक रात दी रात जी के
असाँ जुग हज़ाराँ जी लित्ता ए
अज रात अमरत दे जाम वाँगूँ
इन्हाँ हत्था ने यार नूँ पी लित्ता ए

1971

अनूदित नज़्में

तुर्क शाइर नाज़िम हिकमत के अफ़कार

जीने के लिए मरना

जीने के लिए मरना
ये कैसी सआदत[1] है
मरने के लिए जीना
ये कैसी हिमाक़त है

अकेले जियो
एक शमशाद[2] तन की तरह
और मिलकर जियो
एक बन की तरह

हमने उम्मीद के सहारे
टूटकर यूँ ही ज़िन्दगी की है
जिस तरह तुमसे आशिक़ी की है

---

1. तेजस्विता, 2. सर्व का पेड़, जो बिल्कुल सीधा होता है और जिससे नायिका की उपमा दी जाती है।

ज़िन्दाँ से एक ख़त

मेरी जाँ तुझ को बतलाऊँ बहुत नाजुक येः नुक़्ता[1] है
बदल जाता है इंसाँ जब मकाँ उस का बदलता है
मुझे ज़िन्दाँ में प्यार आने लगा है अपने ख़्वाबों पर
जो शब को नींद अपने मेहरबाँ हाथों से
वा करती है दर उसका
तो आ गिरती है हर दीवार उसकी मेरे क़दमों पर
मैं ऐसे ग़र्क़ हो जाता हूँ इस दम अपने ख़्वाबों में
केः जैसे इक किरन ठहरे हुए पानी पेः गिरती है
मैं इन लम्हों[2] में कितना सरख़ुश-ओ-दिलशाद[3] फिरता हूँ
जहाँ[4] की जगमगाती वुसअतों[5] में किस क़दर आज़ाद फिरता हूँ
जहाँ दर्द-ओ-अलम का नाम है कोई नः ज़िन्दाँ[6] है
''तो फि'र बेदार होना[7] किस क़दर तुम पर गराँ[8] होगा''
नहीं ऐसा नहीं है मेरी जाँ मेरा येः क़िस्सा है
मैं अपने अज़्म[9]-ओ-हिम्मत से
वही कुछ बख़्शता हूँ[10] नींद को जो उसका हिस्सा है

---

1. भेद, 2. क्षणों, 3. प्रसन्नचित्त, 4. दुनिया, 5. विस्तार, 6. जेल, 7. जागना, 8. भारी, 9. संकल्प, 10. दान देता हूँ।

वीरा* के नाम

उसने कहा, आओ
उसने कहा, ठहरो
मुस्काओ, कहा उसने
मर जाओ, कहा उसने
मैं आया
मैं ठहर गया
मुस्काया
और मर भी गया

* नाज़िम हिकमत की रूसी पत्नी।

वा मेरे वतन

ओ मेरे वतन, ओ मेरे वतन, ओ मेरे वतन
मेरे सर पर वो टोपी न रही
जो तेरे देस से लाया था
पाँवों में वो अब जूते भी नहीं
वाक़िफ़ थे जो तेरी राहों से
मेरा आख़िरी कुर्ता चाक हुआ
तेरे शहर में जो सिलवाया था

अब तेरी झलक
बस उड़ती हुई रंगत है मेरे बालों की
या झुर्रियाँ मेरे माथे पर
या मेरा टूटा हुआ दिल है
वा मेरे वतन, वा मेरे वतन, वा मेरे वतन

रसूल हम्ज़ातोव के अनुवाद

मैं तेरे सपने देखूँ

बरखा बरसे छत पर, मैं तेरे सपने देखूँ
बर्फ़ गिरे परबत पर, मैं तेरे सपने देखूँ
सुब्ह की नील परी, मैं तेरे सपने देखूँ
कोयल धूम मचाये, मैं तेरे सपने देखूँ
आये और उड़ जाये, मैं तेरे सपने देखूँ
बाग़ों में पत्ते महकें, मैं तेरे सपने देखूँ
शबनम के मोती दहकें, मैं तेरे सपने देखूँ
इस प्यार में कोई धोखा है
तू नार नहीं कुछ और है शै
वरना क्यों हर एक समय
मैं तेरे सपने देखूँ

भाई

आज से बारह बरस पहले बड़ा भाई मिरा
स्तालिनग्राद की जंगाह[1] में काम आया था
मेरी माँ अब भी लिये फिरती है पहलू में ये ग़म
जब से अब तक है वह तन पे रिदा-ए-मातम[2]
और उस दुख से मेरी आँख का गोशा तर है
अब मेरी उम्र बड़े भाई से कुछ बढ़कर है

---

1. युद्धभूमि, 2. शोक की चादर।

दाग़िस्तानी ख़ातून और शाइर बेटा

उसने जब बोलना न सीखा था
उसकी हर बात मैं समझती थी
अब वो शाइर बना है नामे-ख़ुदा
लेकिन अफ़सोस कोई बात उसकी
मेरे पल्ले ज़रा नहीं पड़ती

ब-नोके-शमशीर

मेरे आबा[1] केः थे नामहरमे-तौक़ो-ज़ंजीर[2]
वो मज़ामीं[3] जो अदा करता है अब मेरा क़लम
नोके-शमशीर पे लिखते थे ब-नोके-शमशीर[4]
रौशनाई[5] से जो मैं करता हूँ काग़ज़ पे रक़म
संगो-सहरा[6] पे वो करते थे लहू से तहरीर

---

1. पुरखे, 2. क़ैदियों के गले में पड़नेवाली हँसली और बेड़ी से अपरिचित, 3. विषय, 4. तलवार की नोक से, 5. स्याही, 6. पत्थर और मरुभूमि।

आरज़ू

मुझे मोजज़ों[1] पे यकीं नहीं मगर आरज़ू है कि जब क़ज़ा[2]
मुझे बज़्मे-दहर[3] से ले चले
तो फिर एक बार ये अज़न[4] दे
कि लहद[5] से लौट के आ सकूँ
तिरे दर पे आके सदा करूँ[6]
तुझे ग़म-गुसार[7] की हो तलब तो तिरे हुज़ूर में आ रहूँ
ये न हो तो सूए-रहे-अदम[8] में फिर एक बार रवाना हूँ

---

1. चमत्कारों, 2. मृत्यु, 3. दुनिया की महफ़िल, 4. अनुमति, 5. क़ब्र, 6. आवाज़ हूँ, 7. दुखों से मुक्त करनेवाला, 8. परलोक के मार्ग पर।

सालगिरह

शाइर का जश्ने-सालगिरह है, शराब ला
मनसब ख़िताब रुतबा उन्हें क्या नहीं मिला
बस नुक़्स है तो इतना कि ममदूह[1] ने कोई
मिसरा कोई किताब के शायाँ[2] नहीं लिखा

1. जिसकी प्रशंसा की गई हो, 2. योग्य।

एक चट्टान के लिए कत्बः[1]

जवाँमर्दी उसी रिफ़अत[2] पे पहुँची
जहाँ से बुज़दिली ने जस्त[3] की थी

1. क़ब्र पर लगा हुआ शिलापट्ट, 2. बुलंदी, 3. छलाँग लगाना।

तीरगी जाल है

तीरगी[1] जाल है और भाला है नूर
इक शिकारी है दिन, इक शिकारी है रात
जग समंदर है जिसमें किनारे से दूर
मछलियों की तरह इब्ने-आदम की ज़ात[2]
जग समंदर है, साहिल पे हैं माहीगीर[3]
जाल थामे कोई, कोई भाला लिये
मेरी बारी कब आयेगी क्या जानिये
दिन के भाले से मुझ को करेंगे शिकार
रात के जाल में या करेंगे असीर[4]

1. अँधेरा, 2. मानव-पुत्र का अस्तित्व, 3. शिकारी (मछलियों के), 4. बंदी बनाना।

नुस्खः-ए-उल्फ़त मेरा

गर किसी तौर हर इक उल्फ़ते-जानाँ का ख़याल
शे'र में ढल के सना-ए-रुखे़-जानाना बने
फिर तो यूँ हो केः मेरे शेरो-सुख़न का दफ़्तर
तूल में तूले-शबे-हिज्र का अफ़साना बने
है बहुत तिश्नः मगर नुस्खः-ए-उल्फ़त मेरा
इस सबब से केः हर इक लम्हः-ए-फ़ुर्सत मेरा
दिल ये कहता है केः हो क़ुर्बते जानाँ में बसर

फ़ण्ड के लिए सिफ़ारिश

फ़ण्डवालों से गुजारिश है केः कुछ सदक़ः-ए-ज़र[1]
साइले-मुहव्वल-ए-बाला[2] को मिले बारे-दिगर[3]
पोच[4] लिखते हैं जो वो लिखते हैं तसलीम मगर
उनकी औलाद व अज़्ज़ा[5] को नहीं उसकी ख़बर
आल[6] बेहूदा-नवीसाँ[7] के लिए बाने-जूई[8]
टालस्टॉय के घराने से अहम कम तो नहीं

1. धन का दान, 2. उपयुक्त याचक, 3. दुबारा, 4. निरर्थक, अश्लील, 5. प्रियजन, 6. संतान, 7. अश्लील लेखकों, 8. भूख का कारण।

हमने देखा है

हमने देखा है मयगुसारों को
पी के और जी के आख़िरश मरते
जो नहीं पीते मौत को उनसे
किसने देखा है दरगुज़र करते

मर्दे-दाना[1]

मर्दे-दाना पी के अहमक़ से कभी बदतर हुआ
और कभी बरअक्स[2] भी इसके हुआ, अक्सर हुआ

1. समझदार मनुष्य, 2. विपरीत।

क़ज़ाकिस्तान के प्रसिद्ध नौजवान कवि उल्जुज़ उमर अली की कविता का अनुवाद

सहरा की रात

कहीं भी शबनम[1] कहीं नहीं है
अजब केः शबनम कहीं नहीं है
न सर्द ख़ुर्शीद की जबीं[2] पर
किसी के रुख़[3] पर न आस्तीं पर
ज़रा-सी शबनम कहीं नहीं है

पिसे हुए पत्थरों की मौजें
ख़मोश-ओ-साकिन[4]
हरारते-माहे-नीम शब[5] में सुलग रही हैं
और शबनम कहीं नहीं है

बरह्ना-पा ग़ोल[6] गीदड़ों के
लगा रहे हैं बनों में ठट्ठे
केः आज शबनम कहीं नहीं है

बबूल के इस्तख़्वाँ[7] के ढाँचे
पुकारते हैं
नहीं है शबनम, कहीं नहीं है

सफ़ैद, धुँधलाई रौशनी में
है दश्त[8] की छातियाँ बरह्ना[9]

तरस रही है जो हुस्ने-इंसाँ लिये केः शबनम का एक क़तरा
कहीं पे बरसे

ये चाँद भी सर्द हो रहेगा
उफ़क़[10] पेः जब सुब्ह का किनारा
किसी किरन से दहक उठेगा
केः एक दर्मांदा राहरौ[11] की
जबीं पे शबनम का हाथ चमके

---

1. ओस, 2. मस्तक, 3. चेहरे, 4. स्थिर, 5. आधी रात के चाँद की गर्मी, 6. नंगे पैर झुंड, 7. हड्डियों, 8. जंगल, 9. नग्न, 10. क्षितिज, 11. थका हुआ पथिक।

क़तआ'त और अशआ'र

रात यूँ दिल में तिरी खोई हुई याद आयी
जैसे वीराने में चुपके से बहार आ जाये
जैसे सहराओं[1] में हौले से चले बादे-नसीम[2]
जैसे बीमार को बे-वज्ह क़रार आ जाये

जुलाई, 1929

दिल रहीने-ग़मे-जहाँ[3] है आज
हर नफ़स[4] तश्नःए-फ़ुग़ाँ[5] है आज
सख़्त वीराँ है महफ़िले-हस्ती
ऐ ग़मे-दोस्त तू कहाँ है आज

मार्च, 1930

वक़्फ़े - हिर्मानो - यास[6] रहता है
दिल है अक्सर उदास रहता है
तुम तो ग़म देके भूल जाते हो
मुझ को एहसाँ का पास[7] रहता है

जून, 1931

1. निर्जन, जंगल, 2. सुगंधित हवा, 3. दुनिया के दुःखों से पीड़ित, 4. साँस, 5. क्रंदन की प्यासी, 6. निराशा में डूबा हुआ, 7. कृपा का ध्यान।

फ़ज़ा-ए-दिल पे उदासी बिखरती जाती है
फ़सुर्दगी[1] हैं केः जाँ तक उतरती जाती है
फ़रेबे-जीस्त[2] से कुदरत का मुद्दआ[3] मालूम
येः होश है केः जवानी गुज़रती जाती है

जनवरी, 1933

मता-ए-लौह-ओ क़लम[4] छिन गई तो क्या ग़म है
केः ख़ूने-दिल में डुबो ली हैं उँगलियाँ मैंने
ज़बाँ पे मुहर लगी है तो क्या केः रख दी है
हर एक हल्क़ा-ए-ज़ंजीर[5] में ज़बाँ मैंने

सितंबर, 1952

न पूछ जब से तिरा इंतज़ार कितना है
कि जिन दिनों से मुझे तेरा इंतज़ार नहीं
तिरा ही अक्स है उन अजनबी बहारों में
जो तेरे लब, तिरे बाज़ू, तेरा कनार[6] नहीं

जून, 1950

सबा के हात में नर्मी है उनके हातों की
ठहर-ठहर के ये होता है आज दिल को गुमाँ
वो हाथ ढूँढ़ रहे हैं बिसाते-महफ़िल में
कि दिल के दाग कहाँ हैं, नशिस्ते-दर्द[7] कहाँ

अगस्त, 1959

---

1. उदासी, 2. जीवन का धोखा, 3. उद्देश्य, 4. लेखनी व तख़्ती की पूँजी, 5. ज़ंजीर की कड़ी, 6. गोद, 7. पीड़ा का स्थान।

फिर हश्र के सामाँ हुए ऐवान-ए-हवस[1] में
बैठे हैं ज़विल-अद्‌ल[2] गुनहगार खड़े हैं
हाँ, जुर्मे-वफ़ा देखिये किस किस पे है साबित
वोः सारे ख़ताकार सरे-दार[3] खड़े हैं

मई, 1951

तेरा जमाल निगाहों में ले के उट्‌ठा हूँ
निखर गई है फ़ज़ा तेरे पैरहन[4] की - सी
नसीम तेरे शबिस्ताँ[5] से होके आई है
मेरी सहर में महक है तेरे बदन की - सी

जून, 1951

हमारे दम से है कू-ए-जुनूँ[6] में अब भी ख़जल[7]
अबा-ए-शेख़-ओ-क़बा-ए-अमीर-ओ-ताज-ए-शही[8]
हमीं से सुन्नते - मंसूरो - क़ैस[9] ज़िंदा है
हमीं से बाक़ी है गुलदामनी-ओ-कजकुलही[10]

नवंबर, 1951

मयख़ानों की रौनक हैं, कभी ख़ानक़हों की
अपना ली हवसवालों ने जो रस्म चली है
दिलदारी-ए-वाइज़ को हमीं बाक़ी हैं वरनः
अब शहर में हर रिन्दे-ख़राबात वली है

जुलाई, 1957

---

1. हवस का महल, 2. न्याय करनेवाले, 3. फाँसी के तख़्ते पर, 4. लिबास, 5. रैन-बसेरा, 6. जुनून की गली, 7. लज्जित, 8. उपदेशकों का चोला, धनवानों का अँगरखा, राजाओं का मुकुट, 9. मंसूर और मजनूँ की परंपरा, 10. समृद्धि और बाँकपन।

नः आज लुत्फ़ कर इतना केः गुज़र न सके
वोः रात जो केः तेरे गेसुओं की रात नहीं
ये आरज़ू भी बड़ी चीज़ है मगर हमदम
विसाले-यार फ़क़त आरज़ू की बात नहीं

नवंबर, 1953

फ़िक्रे - सूद - ओ - ज़ियाँ[1] तो छूटेगी
मिन्नते - ईन - ओ - आँ[2] तो छूटेगी
ख़ैर, दोज़ख में मय मिले न मिले
शैख़ साहब से जाँ तो छूटेगी

मई, 1954

सुब्ह फूटी तो आसमाँ पे तिरे
रंगे - रुख़सार की फोहार गिरी
रात छाई तो रू - ए - आ'लम[3] पर
तेरी ज़ुल्फ़ों की आबशार[4] गिरी

जनवरी, 1955

तमाम शब दिले-वहशी तलाश करता है
हर इक सदा में तिरे हर्फ़े-लुत्फ़ का आहंग
हर एक सुब्ह मिलाती है बार-बार नज़र
तिरे दहन से हर इक लालः-ओ-गुलाब का रंग

मार्च, 1956

1. लाभ-हानि की चिंता, 2. इसकी-उसकी खुशामद, 3. दुनिया का चेहरा, 4. झरना।

तुम्हारे हुस्न से रहती है हमकिनार नज़र
तुम्हारी याद से दिल हमकलाम रहता है
रही फ़राग़ते-हिज्राँ तो हो रहेगा तय
तुम्हारी चाह का जो-जो मुक़ाम रहता है

हैदराबाद जेल, 1951

खिले जो एक दरीचे में आज हुस्न के फूल
तो सुब्ह झूम के गुलज़ार हो गयी यक्सर
जहाँ कहीं भी गिरा नूर उन निगाहों से
हर एक चीज़ तरहदार हो गयी यक्सर

जिनाह अस्पताल, कराची

रात ढलने लगी है सीनों में
आग सुलगाओ आबगीनों[1] में
दिले - उश्शाक़[2] की ख़बर लेना
फूल खिलते हैं इन महीनों में

मार्च, 1957

---

1. शराब की बोतल, 2. प्रेमियों के हृदय।

येः ख़ूँ की महक है केः लबे-यार की ख़ुशबू
किस राह की जानिब से सदा आती है देखो
गुलशन में बहार आई, केः ज़िंदाँ[1] हुआ आबाद
किस सिम्त[2] से नग़मों की सदा आती है देखो

फरवरी, 1957

आज तन्हाई किसी हमदमे-दैरीं[3] की तरह
करने आयी है मेरी साक़ीगरी शाम ढले
मुन्तज़िर बैठे हैं हम दोनों केः महताब[4] उभरे
और तेरा अक्स झलकने लगे हर साये तले

अप्रैल, 1957

न दीद है न सुख़न, अब न हर्फ़ है न पयाम
कोई भी हीलः-ए-तस्कीं नहीं और आस बहुत है
उम्मीदे-यार, नज़र का मिज़ाज, दर्द का रंग
तुम आज कुछ भी न पूछो कि दिल उदास बहुत है

जनवरी, 1958

---

1. जेल, 2. दिशा, 3. पुराना दोस्त, 4. चंद्रमा।

हम खस्तःतनों से मुहतसिबो क्या माल मनाल[1] का पूछते हो
जो उम्र से हमने भर पाया सब सामने लाये देते हैं
दामन में है मुश्ते-ख़ाके-जिगर[2], साग़र में है ख़ूने-हसरते-मय[3]
लो हमने दामन थाम लिया, लो जाम उलटाये देते हैं

किला लाहौर
मार्च, 1959

आ गई फ़स्ले-सुकूँ[4] चाक गरेबाँ वालो[5]
सिल गये होंठ, कोई ज़ख़्म सिले या नः सिले
दोस्तो बज़्म सजाओ केः बहार आई है
खिल गये ज़ख़्म, कोई फूल खिले या नः खिले

अप्रैल, 1959

ढलती है मौजे-मय[6] की तरह रात इन दिनों
खिलती है सुब्हे-गुल की तरह रंगो-बू से पुर[7]
वीराँ है जाम, पास करो कुछ बहार का
दिल आरज़ू से पुर करो, आँखें लहू से पुर

फरवरी, 1959

इन दिनों रस्मो - रहे - शहरे - निगाराँ[8] क्या है
क़ासिदा[9], क़ीमते - गुलगश्ते - बहाराँ[10] क्या है
कू-ए-जानाँ[11] है, कि मक़तल[12] है, कि मयखानः है
आजकल सूरते - बर्बादी - ए - याराँ क्या है

जून, 1968

---

1. संपत्ति, 2. जिगर की मुट्ठी-भर ख़ाक, 3. शराब की लालसा का ख़ून, 4. शांति का मौसम, 5. दीवानों, 6. शराब की लहर, 7. भरी हुई, 8. रूपनगर की रस्म, 9. संदेशवाहक, 10. बहार की सैर की क़ीमत, 11. प्रेमिका की गली, 12. क़त्ल होने की जगह।

अदा - ए - हुस्न की मासूमियत को कम कर दे
गुनाहगार नज़र को हिजाब आता है

ज़िन्दाँ-ज़िन्दाँ शोरे-अनल-हक़, महफ़िल-महफ़िल कुलकुले-मय
ख़ूने तमन्ना दरिया-दरिया, दरिया-दरिया ऐ'श की लहर
दामन-दामन रुत फूलों की*, आँचल-आँचल अश्कों की
क़रियः क़रियः जश्न बपा है, मातम-मातम शहर-ब-शहर

कराची, जनवरी, 1965

*गुलाब का फूल साबिक़ सद्र अयूब ख़ाँ का इन्तख़ाबी निशान था।

दीदः-ए-तर[1] पे वहाँ कौन नज़र करता है
कासः-ए-चश्म[2] में ख़ूँ-नाबे-जिगर[3] ले के चलो
अब अगर जाओ पये-अर्ज़ो-तलब[4] उनके हुज़ूर[5]
दस्तो-कशकोल[6] नहीं कासः-ए-सर[7] ले के चलो

कराची, जनवरी, 1965

दीवारे - शब और अक्से - रुख़े - यार[8] सामने
फिर दिल के आईने से लहू फूटने लगा
फिर वज़्ए - एहतियात[9] से धुँधला गई नज़र
फिर ज़ब्ते - आरज़ू[10] से बदन टूटने लगा

जून, 1966

ज़ब्त का अह्द भी है शौक़ का पैमान भी है
अह्द-ओ-पैमाँ[11] से गुज़र जाने को जी चाहता है
दर्द इतना है के हर रग में है महशर[12] बर्पा
और सुकूँ ऐसा, केः मर जाने को जी चाहता है

---

1. आँसू-भरी आँख, 2. आँख का प्याला, 3. जिगर का ख़ून, 4. विनती करने और माँगने के लिए, 5. सामने, 6. हाथ और भीख का प्याला, 7. सर की भीख का प्याला, 8. प्रेमिका की छवि, 9. रोक-टोक, 10. भावनाओं का दमन, 11. प्रण और वचन, 12. क़यामत।

इक सुख़न मुतरिबे - ज़ेबा केः सुलग उट्ठे बदन
इक क़दः साक़ी-ए-महवश जो करे होश तमाम
ज़िक्रे-सब है केः रुख़े-यार से रंगीं था चमन
यादे-शबहा केः तने-यार था आग़ोश तमाम

जून, 1970

मैं दिलफ़िगार नहीं तू सितम शआर नहीं
बहुत दिनों से मुझे तेरा इंतज़ार नहीं
तेरा ही अक्स है इन अजनबी बहारों में
जो तेरे लब, तेरे बाज़ू, तेरा कनार नहीं*

शायद कभी अफ़शा[1] हो निगाहों पे तुम्हारी
हर सादः वरक़ जो सुख़ने-कुश्तः[2] से ख़ूँ[3] है
शायद कभी उस गीत का परचम हो सर-अफ़राज़[4]
जो आमदे-सरसर[5] की तमन्ना में निगूँ[6] है
शायद कभी उस दिल की कोई रग तुम्हें चुभ जाये
जो संगे - सरे - राह[7] की मानिंद ज़ुबूँ[8] है

**यह क़ता थोड़े भिन्न रूप में पहले भी आ चुका है।*

---

1. खुलना, 2. आहत वाणी, 3. रंगीन, 4. फहराना, 5. गर्म हवा का आना, 6. झुका हुआ, 7. रास्ते का पत्थर, 8. दलित।

जो पैरहन में कोई तार मुहतसिब से बचा
दराज़ दस्तिःए-पीरे-मुग़ाँ की नज़्र हुआ
अगर जराहते-क़ातिल से बख़्श्वा लाये
तो दिल सियासते-चारःगराँ की नज़्र हुआ

मार्च, 1971

हज़ार दर्द शबे-आरज़ू की राह में हैं
कोई ठिकाना बताओ केः क़ाफ़िला उतरे
क़रीब और भी आओ केः शौक़े-दीद मिटे
शराब और पिलाओ केः कुछ नशा उतरे

जनवरी, 1972

दूर जाकर क़रीब हो जितने
हमसे कब तुम क़रीब थे इतने
अब न आओगे तुम न जाओगे
वस्लो-हिज्राँ बहम हुए कितने

बेरूत, 1978

मक़तल में नः मस्जिद नः ख़राबात[1] में कोई
हम किस की अमानत में ग़मे-कारे-जहाँ[2] दें
शायद कोई उनमें से कफ़न फाड़ के निकले
अब जायें, शहीदों के मज़ारों पे अज़ाँ[3] दें

बेरूत, 1979

हम अपने वक़्त में गुज़रे जहाने-गुज़राँ से
नज़र में रात लिये दिल में आफ़ताब लिये
हम अपने वक़्त पे पहुँचे हुज़ूरे-यज़्दाँ में
ज़बाँ पे हम्द लिये हाथ में शराब लिये

बेरूत, 1981

---

1. मधुशाला, 2. दुनिया के कामों का ग़म, 3. अज़ान।

अपने इनआमे हुस्न के बदले
हम तहीदामनों से क्या लेना
आज फ़ुरक़तज़दों पे लुत्फ़ करो
फिर कभी सब्र आज़मा लेना

बेरूत, 1982

देस-परदेस के याराने-क़दहख़्वार के नाम
हुस्ने-आफ़ाक़ जमाले-लबो-रुख़सार के नाम

[दस्ते-तहे-संग का समर्पण]

रफ़ीक़े-राह थी मंज़िल हर इक तलाश के बाद
छुटा ये साथ तो रह की तलाश भी न रही
मलूल था दिले-आईनः हर ख़राश के बाद
जो पाश-पाश हुआ इक ख़राश भी न रही

शाम धुँधलाने लगी और मिरी तन्हाई
दिल में पत्थर की तरह बैठ गयी

चाँद उभरने लगा यकबार तिरी याद के साथ
ज़िन्दगी मूनिसो[1] ग़मख़्वार नज़र आने लगी
बाकी है कोई साथ तो बस एक उसी का
पहलू में लिये फिरते हैं जो दर्द किसी का
इक उम्र से इस धुन में कि उभरे कोई खुरशीद
बैठे हैं सहारा लिये शम्मए-सहरी[2] का

---

1. आत्मीय, 2. अंतिम पहर का टिमटिमाता हुआ दीपक।

'फ़ैज़' का आख़िरी कलाम

बहुत मिला न मिला ज़िन्दगी से ग़म क्या है
मताए-दर्द बहम है तो बेशो-कम क्या है

हम एक उम्र से वाक़िफ़ हैं अब न समझाओ
केः लुत्फ़ क्या है मेरे मेह्रबाँ सितम क्या है

करे न जग में अलाव तो शे'र किस मक़सद
करे न शह्र में जल-थल तो चश्मे-नम क्या है

अजल के हाथ कोई आ रहा है परवाना
न जाने आज की फ़ेहरिस्त में रक़म क्या है

सजाओ बज़्म ग़ज़ल गाओ जाम ताज़ा करो
बहुत सही ग़मे-गेती, शराब कम क्या है

नवंबर, 1984

अन्य उपलब्ध रचनाएँ

फ़ैज़ का पहला शे'र

लब बंद हैं साक़ी, मिरी आँखों को पिला दे
वो जाम जो मिन्नतकशे-सह्बा[1] नहीं होता

[1928 में कॉलेज ऑफ़ स्यालकोट की साहित्यिक संस्था 'अख़वानुस्सफ़ा' के तरही मुशायरे में पढ़ी गई ग़ज़ल का पहला शे'र। 'फ़ैज़' तब इंटरमीडिएट के विद्यार्थी थे।
'शबिस्ताँ' के फ़ैज़ नंबर से साभार, पृ. 32]

अनिल बिस्वास* के लिए

हरेक हर्फ़े-तमन्ना इस इज़्तिरार[2] में है
केः फिर नसीब हो दरबारे-यारे-बंदःनवाज़
हर इक ग़ज़ल का सफ़ीना इस इंतज़ार में है
केः आये मिस्ले-सबा[3] फिर अनील[4] की याद

**प्रसिद्ध संगीतकार एवं संगीत-निर्देशक।*

---

1. मदिरा के लिए इच्छुक, 2. आतुरता, 3. हवा की तरह, 4. अनिल बिस्वास, अनिल का अर्थ भी 'हवा' है।

ग़ज़ल

हवसे-मंज़िले-लैला न तुझे है न मुझे
ताबे-सरगर्मी-ए-सहरा[1] न तुझे है न मुझे

मैं भी साहिल से ख़ज़फ़[2] चुनता रहा हूँ, तुम भी
हासिल इक गौहरे-जद्दा[3] न तुझे है न मुझे

छोड़िए यूसुफ़े-गुमगश्तः की क्या बात करें
शिद्दते-शौक़े-जुलेख़ा न तुझे है न मुझे

इक चराग़े-तहे-दामाँ ही बहुत है हमको
ताक़ते-जल्वः-ए-सीना[4] न तुझे है न मुझे

---

1. रेगिस्तान की तपिश को सहने की सामर्थ्य, 2. मिट्टी के टूटे-फूटे बर्तन, ठीकरे, 3. जद्दा का मोती (अरब सागर से होकर मक्का जाते वक़्त जद्दा के बंदरगाह पर उतरना होता है।), 4. कोहे-तूर के चमत्कार की शक्ति (हज़रत मूसा ने कोहे-तूर (सीना की पहाड़ी) पर चढ़कर अल्लाह से अपना जल्वः दिखाने को कहा था, और नतीजे में कोहे-तूर जल गया था।)